四川历史名人丛书
传 记 系 列

方北辰-著

陈寿传

天地出版社 | TIANDI PRESS

四川历史名人（第二批）丛书
编委会名单

主　任：罗　勇

副主任：李　强　陈大利　王华光　马晓峰

委　员：谭继和　何一民　段　渝　高大伦　霍　巍
　　　　　张志烈　祁和晖　林　建　杨　政　黄立新
　　　　　唐海涛　常　青　泽仁扎西　侯安国　张庆宁
　　　　　李　云　蒋咏宁　张纪亮

四川历史名人（第二批）丛书总序

——传承巴蜀文脉，让历史名人"活"起来

文化是民族的血脉。文化兴国运兴，文化强民族强。

党的十八大以来，习近平总书记以政治家的战略眼光，以唯物主义的科学态度，从中华文化的思想内涵、道德精髓、现代价值和传承理念等方面多维度、系统化地阐述了对待中华文化的根本态度和思想观点。他将中华优秀传统文化提升到"中华民族的基因""中华民族的根和魂"的崭新高度，指出"一个国家、一个民族不能没有灵魂"，要"加强对中华优秀传统文化的挖掘和阐发"，努力实现传统文化的"创造性转化、创新性发展"。

中华文化源远流长，积淀着中华民族最深沉的精神追求，是中华民族独特的精神标识，为中华民族生生不息、发展壮大提供了丰厚滋养。与古印度、古埃及、古巴比伦文明相较中华文明至今仍然喷涌和焕发着蓬勃的生机。四川作为中华文明的重要发源地之一，历史文化源通流畅、悠久深厚。旧石器时代，巴蜀大地便有了巫山人和资阳人的活动，2021年公布的全国十大考古发现之一的稻城皮洛遗址，为研究早期人类迁徙提供了丰富材料。新石器时代，巴蜀创造了独特的灰陶文化、玉器文化和青铜文明。以宝墩文化为代表的古城遗址，昭示着城市文明的诞生；三星堆和金沙遗址，展示了古蜀文明的不同凡响；秦并巴蜀，开启了与中原文化的融通。汉文翁守蜀，兴学成都，蜀地人才济济，文风大盛。此后，四川具有影响力的文人学者，代不乏人。文学方面，汉司马相如、王褒、扬雄，唐陈子昂、李白、薛涛，宋苏洵、苏轼、苏辙，元虞集，明杨慎，清李调元、张问陶，现当代巴金、郭沫若等，堪称巨擘；史学方面，晋陈寿、常璩，宋范祖禹、张唐英、李焘、李心传等，名史俱传；蜀学传承，汉严遵，宋三苏、张栻、魏了翁，晚清民国刘沅、廖平、宋育仁等，统序不断，各领风骚。此外，经过一代代巴蜀人的筚路蓝缕、薪火相传，还创造了道教文化、三国文化、武术文化、川酒文化、川菜文化、川剧文化、蜀锦文化、藏羌彝民族文化等，都玄妙神奇、浩博精深。瑰丽多姿的巴蜀文化，是中华文化的重要组成部分，是四川人的根脉，是推动四川文化走向辉煌未来的重要基础。记得来路，不忘初心，我们要以"为往圣继绝学"的使命担当，担负起传承历史的使命和继往开来的重任，大力推动巴蜀文化的传承、接续与转化，让巴蜀文化的优秀基因代代相传。

"四川历史名人文化传承创新工程"是深入贯彻习近平新时代中国特色社会主义思想，践行"两个结合"，推动中华优秀传统文化创造性转化、创新性发展的生动实践。自2016年10月提出方案，2017年启动实施，推出首批十位四川历史名人，彰显了历史名人的当代价值，推动了中华优秀传统文化传承发展。2020年6月，经多个领域权威专家学者的多次评议，又推出文翁、司马相如、陈寿、常璩、陈子昂、薛涛、格萨尔王、张栻、秦九韶、李调元等十位第二批四川历史名人。这十位名人，从汉代到清代，来自政治、文学、思想、教育、科学、史学等领域，和首批历史名人一样，他们是四川历史上名人巨匠的杰出代表，在各自领域造诣很高，贡献突出：文翁化蜀兴公学，千秋播德馨；相如雄才书大赋，《汉书》称"辞宗"。陈寿会通古今写三国，并迁双固创史体；张栻融合儒道办书院，超熹迈谦新理学。薛涛通音律、善辩慧、工诗赋，女中豪杰；格萨尔王征南北、开疆土、安民生，旷世英雄。陈子昂提倡兴寄风骨，横制颓波，天下质文翕然一变；李调元钟情乡邦文献，复兴蜀学，有清学术旗鼓重振。常璩失意不愤，潜心历史、地理、人物，撰《华阳国志》，成就中国方志鼻祖；秦九韶在官偷闲，精研天文、历律、算术，著《数书九章》，站上世界数学顶峰。

"四川历史名人丛书"的编纂出版，是深入贯彻落实中央《关于加强和改进出版工作的意见》和中办、国办《关于推进新时代古籍工作的意见》精神，推动四川出版高质量发展的重大举措，是传承巴蜀文明、建设文化强省、振兴四川出版的品牌工程。其目的是深入挖掘历史名人的思想精髓，凝练时代所需的精神价值，增强川人的历史记忆，延续中华文化的巴蜀脉络，推动中华文化传承创新，为实现中华民族伟大复兴提供精神力量。

"四川历史名人丛书"的编纂出版，始终坚持正确的政治方向、出版导向、价值取向，深入挖掘名人的精神品质、道德风范，正面阐释名人著述的核心思想，借以增强川人的文化自信，激发川人了解家乡、热爱家乡、建设家乡的澎湃力量；始终坚守中华文化立场，着力传承中华文化的经典元素和优秀因子，促进人民在理想信念、价值理念、道德观念上团结一致；始终秉承辩证唯物主义和历史唯物主义观点，用客观、公正、多维的眼光去观察历史名人，还原全面、真实、立体的历史人物，塑造历史名人的优秀形象，展示四川文化的独特魅力，让历史名人文化为今天的社会发展提供精神动能。

"四川历史名人丛书"的编纂出版，注重在创新上下功夫，遵循出版规律，把握时代脉搏，用国际视野、百姓视角、现代意识、文化思维，将思想性、知识性、艺术性、可读性有机结合，找到与读者的共振点，打造有文化高度、历史厚度、现代热度的文化精品，经得起读者检验，经得起学者检验，经得起社会检验，经得起历史检验；注重在质量和水平上下功夫，立足原创、新创、精创，努力打造史实精准、思想精深、内容精彩、语言精妙、制作精美的文化精品，全面提升四川出版的知名度和美誉度，为建设文化强省、助推治蜀兴川再上新台阶提供思想引领、舆论推动、精神鼓励和文化支撑，为增强中华文化影响力贡献四川力量。

四川历史名人（第二批）丛书编委会
2022年4月5日

自序

天地出版社盛情邀请我撰写一部《陈寿传》，作为"四川历史名人丛书"传记系列的一种。这是一项比较艰巨的任务，但是，我经过认真思考之后，依然应允下来，因为有两方面的义不容辞。

首先，在于浓厚的乡土情结。陈寿，字承祚，蜀汉巴西郡安汉县（今四川省南充市）人氏。他的不朽杰作《三国志》，被列入我国古代纪传体正史二十四史当中的"前四史"，与司马迁《史记》、班固《汉书》、范晔《后汉书》一起，光耀史坛，流传千秋。他是四川古代众多的史学家之中，能够昂然进入纪传体"前四史"荣誉行列的作者，并且在全国范围甚至域外都产生了深广久远影响的第一人。因此，他在2020年6月，被正式公布为第二批"四川十大历史名人"之一。我是四川成都的本土学者，对陈寿这位出自巴山蜀水的先贤往哲，一直充满了"高山仰止"的崇敬之情。现今有幸为他撰写一部传记，在继承和弘扬家乡的灿烂文化上做一点贡献，我当然义不容辞。

其次，在于长期的专业关联。我从中学时代起就爱好文史，1962年虽然考入西安交通大学电机系学习工科，毕业后又在工厂从事技术工作，但是依然钟情于文史，在空闲时系统阅读大量的文史基本典籍，其中重点就有陈寿的《三国志》。1978年国家改革开放，恢复了招收研究生的制度。我抓住良机考取了四川大学历史系的硕士研究生，师从文史名家缪钺教授，攻读中国古代史专业的魏晋南北朝史方向。1980年毕业后留校任教，专业的方向一直不变。而魏晋南北朝这段历史开头的"魏",其实是指包括曹魏在内的整个三国时期。于是陈寿的《三国志》,又成为我必须深入研读的专业性史籍之一,40年来的教学和研究一直如此。既然我从陈寿的著作中得到了长期的滋养,现今有幸为他撰写传记,作为一种回报,我当然也义不容辞。

这项比较艰巨的任务,难点主要有二。一是陈寿生平。现今传世的古代典籍之中,有关陈寿的完整传记只有短短两篇,即东晋常璩《华阳国志·陈寿传》和唐代官修《晋书·陈寿传》。但是,两者都只有500多字,内容相当简略,对于完整叙述陈寿65岁曲折多彩的人生而言,这两者的史料就不够充分了,何况这两篇传记之间,还有彼此抵牾之处。因此,如何搜集更多的可靠史料,理清楚陈寿人生道路的前后历程,填补空白,打通关节,形成比较完整的全景,就是具有挑战性的难点之一。二是有关《三国志》一书的公正评价。此书问世之后,正面赞美者有之,负面贬低者也有之,就连同一篇《晋书·陈寿传》之中,也是正、负两面的评价并存。如何在宏观多变的社会政治背景之中,结合复杂纷繁的人际关系,拨开云雾,探求幽微,从而做出客观、准确和公正的评价,也是颇具挑战性的难点。

好在我有两方面的有利因素,帮助我克服上述难点。

最具关键性的因素,是恩师缪钺先生精深研究成果的全面正确指引。先生是文史兼长的学术名家,在史学领域中的突出贡献之一,就是对陈寿与《三国志》的研究。早在1962年,他就为高等学校历史系学生编注出版了《三国志选》一书，《三国志选》共19万字，在书前对于陈寿其人其书进行了精要的评述。此后的1984年，先生又扩大范围和分量，主编出版了58万字的《三国志选注》，并在书前写出了8500字的前言。这篇前言对于陈寿其人其书，进行了更加全面深入的记述和评论，完全是关于"陈寿和《三国志》"的专题学术论文，也是现今学术界在这方面的奠基性学术成果之一。此外，先生还发表了《陈寿评传》《〈三国志〉的书名》《〈三国志〉传抄本的"祖本"》等文章，现今都收入《缪钺全集》第四卷《陈寿与〈三国志〉》之中。先生的丰厚研究成果，使我在难点的探究上得到了全面正确的指引，从而在面对种种难点问题时不会迷失方向，能够找到有效办法逐一解决之。

其次的有利因素，是我本人多年研究成果的积累。1995年，我在先生的鼓励之下，完成出版了《三国志注译》一书。十年后进行全面修订，改用"三国志全本今译注"书名出版。另外还在《三国志》的标点、注释和评价等方面，发表了多篇文章。上述研究都为我如何完整叙述陈寿一生，如何客观、准确和公正评价《三国志》一书，打下了先期的可靠基础。

现今，书稿即将出版。谨以此书向先贤、恩师表达由衷的敬意！

坚持学术性与通俗性有机融合，使得历史人物的当代传记能够更加鲜活、生动，更加适合当今广大读者阅读，是我长期坚持的努力方向，这本书当然也是如此。但是能否做得比较好，还希望读者诸君不吝赐教。

最后，由衷感谢为此书出版付出辛劳的天地出版社漆秋香副总编和相关责任编辑，以及悉心照顾我生活健康的发妻刘敬淑医师。

方北辰
2021年6月于成都濯锦江畔双桐荫馆

第一章　巴山名族 _ 001

第二章　学界英才 _ 017

第三章　初入官场 _ 033

第四章　双重打击 _ 049

第五章　蜀汉悲歌 _ 067

第六章　入仕西晋 _ 085

第七章　洛阳新官 _ 103

第八章　宦海游踪 _ 121

第九章　外放平阳 _ 137

第十章　杰作开篇 _ 155

第十一章　修成青史 _ 171

第十二章　全书概貌 _ 189

第十三章　总体评价 _ 207

第十四章　增辉流传 _ 225

第十五章　源远流长 _ 243

附录一　陈寿年谱 _ 261

附录二　《华阳国志·陈寿传》_ 267

附录三　《晋书·陈寿传》_ 269

附录四　《宋书·裴松之传》（节选）_ 271

附录五　裴松之《上三国志注表》_ 273

附录六　主要参考书目 _ 275

第一章 巴山名族

时间，是在1700多年前的西晋惠帝元康七年（297年）。

地点，是在西晋皇朝首都洛阳城中的一处简朴住宅。

人物，是一位老年病危的中级官员，在这远离他家乡千里之外的异地，他寂寞而平静地离开了人间。按照当时人们计算虚岁的惯例，终年为65岁。

这位逝世者的姓名和故事，现今的人们不一定全都非常熟悉，但是他以一人之力，呕心沥血编撰问世的纪传体正史《三国志》，却是流传千秋的不朽史书，具有极其特殊的文献价值和极其深广的文化影响。

从极其特殊的文献价值来说，在该书中略加抽取选择，也能获得诸多名列第一的"最早"。

首先，它是现存纪传体正史之中，最早采用分国并列记载体例的断代史。

在它之前的两部纪传体正史，司马迁的《史记》是涵盖多个时代的通史，班固的《汉书》虽然也是断代史，然而记载的对象只是单独一个西汉皇朝，并非多个并列国家的政权。

第二，它是纪传体正史之中，最早开始记载诸葛亮将四川盆地单独定义为"天府之土"的历史场景者。

在此之前的战国时期，"天府"一词所赞美的地域，乃是包括了关中平原和四川盆地在内的大关中地区，而且是以关中平原为主体。但是，都江堰这一伟大水利工程的建成，使得四川盆地的综合经济实力迅速上升，到了秦朝末年刘邦起兵创业之时，已经形成后来居上的明显态势，所以刘邦才得以依靠巴蜀和汉中的根据地，挥兵北上一举攻占关中，进而向东扩张消灭项羽，成功建立起西汉皇朝。此后在隆中躬耕陇亩的诸葛亮，敏锐观察到这一重大的历史性变化，故而在与刘备的隆中对策之中，专门将益州单独赞美为"天府之土"，说是"益州险塞，沃野千里，天府之土，高祖因之以成帝业"。从此之后，"天府之国"就开始变成四川专门享有的美名,并且在当今衍生出许多冠以"天府"二字的新概念和新价值。

第三,它是纪传体正史之中,最早开始记载华夏大陆与台湾本岛发生正面接触关系的历史场景者。

孙吴君主孙权在黄龙二年(230年),派遣上万人的大规模船队出海探险,成功到达夷洲(今台湾本岛)后登陆,并且带回数千名原住民。对于这一历史事件的重要意义,王仲荦先生的名著《魏晋南北朝史》就指出:"这可以说是大陆上汉族人民利用先进的文化知识开发台湾的开始。从此之后,台湾和大陆在经济、文化等方面的联系逐渐地密切了起来,这个宝岛也就成为我国不可分割领土的一部分。"

第四,它是纪传体正史之中,最早开始记载"广州"这一地名诞生的历史场景者。

孙权又在黄武五年(226年),从岭南交州下属的七个郡之中,划分出占据主导地位的四个郡,新设立一个州一级的行政区划,取名为"广州",意思是地域广大的州,行政中心设在番禺县(今广东省广州市)。这是古代中国行政区划演变过程中的一件大事,也是现今粤港澳大湾区社会发展史的起首和开端。

第五,它是纪传体正史之中,最早开始记载"九品官人之法"在曹魏时期创立和施行的历史场景者。

这一重要的官员选拔新制度,又被称为"九品中正制",是以家世背景和个人才德为主要依据,将人才综合评定为从上上等到下下等共计九个品级,然后按照品级的高低授予不同的官职。这一制度不仅流行于整个魏晋南北朝时期,而且还迅速影响到官员职务高低等级的确定。从西晋皇朝开始,朝廷官职的高低等级,也正式开始采用从第一品到第九品的统一制度,并一直流行到了明清时期,甚至还传到了朝鲜半岛,被借鉴采用。

第六,它是纪传体正史之中,最早开始记载名医华佗使用自己创制的口服麻醉剂"麻沸散",成功进行腹部外科手术从而治愈严重疾病的历史场景者。

现今传世的《后汉书·华佗传》,虽然也记载了以上的内容,但是《后汉书》的作者,是南朝刘宋时期的史学家范晔,他在《三国志》问世100年之后才出生,所以《后汉书》的问世,比起《三国志》来要晚得多。而且他书中的《华佗传》,也基本上是从《三国志·华佗传》抄录而来。因此,上述记载的知识产权完全属于陈寿的《三国志》,而不属于范晔的《后汉书》。

第七,它是纪传体正史之中,最早开始记载定型化道教即"五斗米道"在蜀地的创始过程,以及在汉中地区创建政教合一性政权的历史场景者。

道教是中国本土产生的宗教。东汉后期客居蜀地的张陵,在鹤鸣山(今四川省大邑县境内)制定道教经书,招集信道民众,入道民众要捐出五斗米才能获得资格,故名"五斗米道",这被后世公认为道教定型化的发端。张衡之孙张鲁,占据汉中郡(治所在今陕西省汉中市),开始建立政教合一性质的政权。他将自己控制的地域分为若干个教区,每个教区取名为"治",教区的首领叫作"祭酒",地域大的教区首领叫作"治头大祭酒"。最为特殊的是,他在教区之内道路的沿线设置驿站,驿站之内放上米肉等食品,教民外出时可以无偿使用驿站,无偿享用其中食品,俨然是最原始的共享经济出现在人间。他用这种制度,雄踞汉中及其周边地区长达30年之久,种种具体情况都被陈寿如实记载到《三国志·张鲁传》之中,成为后世宗教史和社会史研究的珍贵史料。

第八,它是纪传体正史之中,最早开始记载东汉后期泗水流域大力修建佛寺,佛教在中国民间广泛传播的历史场景者。

佛教是外来宗教,在西汉末到东汉初之间,开始传入中国的内地,并逐渐在中国社会中产生深广的影响,堪称中国文化史上的大事。东汉时期是佛教在中国内地逐渐传播开来的起始阶段。但是,在纪传体的正史之中,对这一时期佛教在基层民间的种种具体活动,进行翔实而生动的描述者,却是以《三国志》为最早。其中的《刘繇传》记载,东汉献帝统治前期,徐州牧陶谦任命的漕运督办官员笮融,在泗水流域擅自从民间征调大量的财力,资助佛教的传播:他大规模修建佛教寺院,铸造铜质佛像,采用黄金涂饰,穿以锦绣衣服,还制作了九层高的大铜盘摆放供奉品;寺院中建立多层高楼和空中走廊,可以容纳三千多人一起诵读佛经;还调动所属地区的民众五千多人,前往寺院听讲入教;每逢"浴佛"的佛教重大节日,都要大摆酒食宴席,民众前来观看和就餐者将近万人之多。《三国志》中这段极其难得的生动记载,也是后世宗教史和社会史研究的珍贵史料,后来又被范晔抄录到《后汉书·陶谦传》之中。

第九，它是纪传体正史之中，最早开始以专篇的形式，记载古日本倭国的国情及其与中国友好交往关系的历史场景者。

我国东面的两个古代邻国即古朝鲜、古日本中，最先被纪传体正史《史记》《汉书》以专篇形式进行记载的是古朝鲜国。而以专篇形式对古日本国进行记载的，要数《三国志》为最早。书中的《倭传》一篇，详细记载了古日本国在地理、物产、风俗、民情、政治等多方面的具体情况，还记载了倭国女王的出现及与中国的友好交往。她在景初三年（239年）六月，专门派遣使臣前往曹魏朝廷觐见，呈送地方特产作为礼品。作为回报，曹魏朝廷也赏赐女王银质印章，以及精美织锦等大批珍贵物品。从此之后，双方频繁往来，建立起非常友好的交流关系。后来三国历史文化之所以受到很多日本民众的喜爱，重要原因之一，就是《三国志》中最早专篇记载了古代两国友好交流的历史。这篇《倭传》，后来也被范晔《后汉书》引录采用。

第十，它还是纪传体正史之中，最早开始记载中国政权正式派遣使者带领官方船队出使南海诸国的历史场景者。

三国之前的汉代，对外开放交流的方向主要在东、西两面。向东是朝鲜半岛和日本群岛，向西是西域的陆上丝绸之路沿线国家。但是，到了三国的孙吴，又新增加了新的正南方向，即走向辽阔的南海或南洋。《三国志》中的《吕岱传》记载，孙吴大将吕岱在担任交州行政长官期间，不仅首先提出创意设置广州，而且多次从交州派出大型船队扬帆南海，先后到达了境外的扶南（在今柬埔寨）、林邑（在今越南）、堂明（在今柬埔寨，一说在今老挝）等古国，与之建立起友好交流的关系。纵观我国的海上丝绸之路，虽然最为兴盛的顶峰是在郑和下西洋的明代，然而走向南海的孙吴官方船队，却是开创海上丝绸之路的先驱。

再从极其深广的文化影响来看，《三国志》这部史书展现了三国时期风云变幻而魅力无穷的历史画卷，尤其是以浓墨重彩描绘了应运而生的一大批英雄俊杰，如诸葛亮、刘备、关羽、曹操、曹丕、曹植、孙策、孙权、周瑜等，以及他们闪烁耀眼光芒的奋斗人生。正是这一部内容极其丰富的史书，催生出后世以它为基本素材的海量文学艺术作品。比如宋代的民间评书"说三分"，元代杂剧中数以百计的三国剧目，元代的长篇评书《三国志平话》，明代初年的长篇文学小说《三国演义》，以及明清时期演不完的三国戏曲，还有大量的书法、绘画、造像，直到现今的历史遗迹、风景名胜、纸质图书、影视艺术、网络视频、电子游戏等。后世这些丰富纷繁的衍生性产品，构成了现今学术界所谓的"大三国文化"，至今还在为中国各个阶层的无数受众，甚至还有海外的大量爱好者，提供精神上的丰富启迪，人生上的深刻感触，审美上的愉悦享受，堪称是洋洋大观了。有感于这种"历史源泉蔚为文化渊海"的动人景象，笔者才会在成都武侯祠博物馆的《三国文化陈列序厅铭文》中，写了如下一大段的抒情性骈体文句：

> 中华古史，源远流长。鼎立三分之局，尤标异彩奇光。汉室衰微，群雄并起。曹操虎步中原，刘备龙腾巴蜀，孙权鹰击江东。当此之时，俊杰星繁，高才云涌：或折冲樽俎，或修政庙堂；水淹飞将于白门，火噬战船于赤壁；哲人潜习二玄之学，文士漫吟七步之诗；贤相巧思，车造木牛流马，名医神技，药传漆叶青黏。迨乎后世，演其义者有话本小说焉，歌其事者有戏曲影视焉，至如赋其形之丹青，析其理之论著，关涉其人之胜迹，更不可枚举。曩昔历史之源泉，蔚为文化之渊海；既滥觞于华夏，复流播于他邦，可谓洋洋大观也已。

说到这里你会问了，能够写出如此不朽史书的伟大作者究竟是谁呢？

他，就是我国古代杰出的史学家，现今已经被列入第二批"四川十大历史名人"荣誉行列的陈寿。

下面，我们就会在这本书中，好好讲一讲陈寿一生的故事：不仅讲他曲折的仕宦生涯，也讲他闪光的史学名著，讲他深广的文化影响，从而让大家好好审视和了解这位非常值得我们追忆缅怀的文化先贤。

在传世的古代文献中，为陈寿撰写的个人传记，比较完整的是两篇，即东晋常璩《华阳国志·陈寿传》、唐代官修《晋书·陈寿传》。这两篇传记各有侧重，也各有不足，但都是本书主要史料来源的一部分。

《华阳国志》是我国现存最早的地方史名著。古代地名的方位确定，照例遵循一条规则,即以山之南、水之北为"阳",山之北、水之南为"阴"。由于常璩《华阳国志》一书记述的地理对象,主要是位于华山以南广大的西南地区,故而以"华阳"命名。此书的作者常璩,字道将,东晋蜀郡江原县(今四川省崇州市)人氏。他与陈寿一样,都是因为写出了不朽的史书而被选入了第二批"四川十大历史名人"的荣誉行列。下面对陈寿的叙述中,还要多次引用常璩的《华阳国志》,这也堪称是这两位四川历史名人在当今新时代发生的有趣文化因缘了。

讲述陈寿的传记故事,当然要从他的家族情况来讲起,所以本章的名字叫作"巴山名族"。

陈寿,又名陈长寿,字承祚,蜀汉益州巴西郡安汉县(今四川省南充市)人氏。他出生在后主刘禅建兴十一年(233年),这一年正是诸葛亮病死的前一年。此时诸葛亮还在汉中的前线大本营,通过褒斜栈道大量运送粮食,为第二年北伐曹魏做充分的准备。可惜在翻过年的秋天,鞠躬尽力的诸葛亮,就死在了五丈原的前线,蜀汉开始进入消极退守和逐渐衰落的后半期。

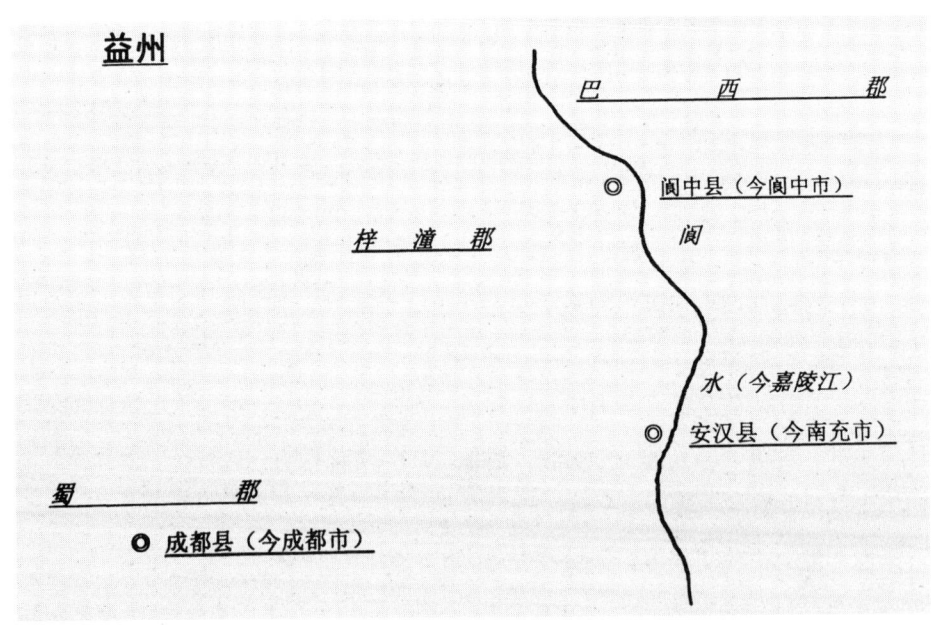

安汉县方位示意图

因此,陈寿的前半生,是在蜀汉的后半期中度过的。知道了他出生成长的时代大背景，再来审视他的前半生，就会有更加深刻的认知和理解。

古人的名和字，照例会有含义上的某种联系，陈寿也不例外。他的大名"寿"，当然是长寿的意思；而表字"承祚"，意思是承受福分。寿命长久就可以承受更多的福分，反过来承受了福分就可以使得寿命更加长久，这两种解释都能成立。可见陈寿一来到人间，他的父母就对他抱有很大的期望，不仅希望他健康长寿，而且还希望他多多承受福分。总之，长寿和福分，是他父母心中的两个关键词。

陈寿的父母为何对他会有很大的期望呢？这就与陈氏家族的乡土背景大有关系了。

陈氏家族是巴西郡的土著，而巴西郡是从原来的巴郡之中划分而来。后世对四川地区常有"巴山蜀水"的具体形容。其中的"巴山"，主要位于四川盆地的东部，至于"蜀水"，主要位于盆地的西部。巴山乃是古代巴人所居住的山地丘陵地带，故而得名。秦汉时期在此设置巴郡，行政中心在江州县（今重庆市渝中区）。东汉末期的建安年间，地域广大的巴郡被缩小范围，从中划分出来的东、西两部分中，东边部分新设置了巴东郡（治所在今重庆市奉节县），西边部分新设置了巴西郡（治所在今四川省阆中市），这就组成了后世诗文中常常提到的"三巴"。

巴山地区曾经是多民族的聚居地，根据《华阳国志·巴志》所列，在汉族之外，就有濮族、賨族、苴族、共族、奴族、獽族、夷族、蜑族之多。因为生存环境大部分是在条件相当艰苦的山区丘陵地带，长期艰苦锻炼之下，巴山各族民众就养成了勇悍无畏、坚韧不屈的突出品格。所以古代就有"巴有将，蜀有相"的民间谚语，意思是说，东边的巴山地区多出武将，西边的蜀水地区多出文臣。比如说，当初西汉高祖刘邦从汉中挥兵进攻关中开创基业的时候，为他担任精锐先锋部队者，就是巴山地区的賨族武装力量，他们不仅冲锋陷阵，勇不可挡，而且还喜欢用群体舞蹈来激励士气，为西汉皇朝的创建立下了巨大功勋。

但是，上面这条"巴有将"的民间谚语，描绘的只是巴山地区的一般性情况，如果聚焦到了陈寿家族所在的巴西郡，情况就有所不同了。打从西汉时期开始，此处在人才的涌现上，就在巴山地区处于领先的优势地位。尤其是在划分为

"三巴"之后的蜀汉、西晋时期，此处所涌现的人才，在类别上更是有文有武，文武兼备，常璩《华阳国志》对此曾有专门的赞美说：

> 其人自先汉以来，傀伟俶傥，冠冕三巴。……及晋，谯侯修文于前，陈君焕炳于后，并迁双固，倬群颖世，甄在传记。

意思是说，巴西郡这里的人才自从西汉以来，就非常伟大杰出，位居"三巴"地区之首；到了西晋时期，巴西郡的谯周在前面致力于文化教育的振兴，陈寿又在后面作出光辉焕发的史学成就，他们师生二人的史学贡献，都可以与杰出的史学家司马迁、班固相媲美，堪称出类拔萃，这都清清楚楚记录在史册的传记当中了。

值得指出的是，被列入四川首批十大历史名人荣誉行列的西汉杰出历法学家落下闳，也是巴西郡的阆中县（今四川省阆中市）人氏，而阆中县则是当时巴西郡的行政中心。同一个巴西郡就接连出了落下闳、陈寿这两位四川历史名人，堪称是钟灵毓秀之地。

再将观察范围缩小到陈氏家族所居住的安汉县，他们在当地更是具有非常特殊的社会地位。常璩《华阳国志·巴志》记载：

> 安汉县，号出人士。大姓陈、范、严、赵。

意思是说，巴西郡下属的安汉县，向来就被称为人才辈出的县份，著名的大姓就有陈姓、范姓、严姓和赵姓这四大家族。

你看，哪怕是在广出人才的安汉县，陈氏家族也是著名四大姓当中的头一名，现今的洋派说法是NO.1，其社会地位当然特殊得很了！如此特殊的社会地位，自然希望能够长期保有，于是乎对后代寄予厚望而给他取上含有这种期待的名字，就是自然而然的事情了。

古代的地名，到现今一直保持不变的不多，发生变化才是常态。这安汉县也是如此，后来在隋文帝开皇十八年（598年），开始改名为南充县，也就是现今南充市"南充"名称的由来。而安汉县古城的位置，刘琳先生《华阳国志校注》一书曾有考证，认为是在今南充市老城区北面八里的地方。

那么陈寿之前的家族先辈之中，曾经出过怎样的非凡人物，从而能够雄踞安汉县四大家族之首呢？这就必须要好好说一说陈禅了。他是陈氏家族先辈之中，最早在纪传体正史《后汉书》中被列入专篇传记的精英级人物，而且在常璩《华阳国志》中也有详细的事迹记载。

范晔《后汉书·陈禅传》记载，陈禅，字纪山，东汉皇朝中期，他在本地巴郡的郡政府中开始仕宦生涯，担任了功曹的官职。所谓的"功曹"，全称为"功曹史"，是郡政府行政长官太守的重要下属之一，主要负责郡政府的人事，比如办事吏员的选拔、任用、考核和奖惩等，实权不小，很容易以权谋私，捞取油水。那时的行政区划制度，是以州辖郡，以郡辖县，全国13州，有100多个郡，1000多个县，在册人口5000多万。各级地方政府中的下属，均由本级政府的行政长官在本地的人才中遴选，无需报送中央批准。因此，陈禅在郡政府中所面对的人事公务对象，都是巴西郡的本地老乡，人情关系更是错综复杂，要想不顾情面秉公办事，那真是非常之困难。但是，这陈禅上任之后，作风正派，坚持原则，大力举荐表现优异的吏员，严格惩处表现恶劣的败类，完全不搞以私废公的歪门邪道，一时间巴西郡的郡政府中，正气伸张，歪风收敛，人们非常畏惧他，但又非常敬佩他。

但是，严峻考验还是免不了的。他在官场中受到的第一次严峻考验，是他到益州的州政府中担任治中从事之时。所谓的"治中从事"，全称是"治中从事史"，是州政府行政长官刺史的重要下属之一，主要职权也是负责州政府的人事，与郡政府的功曹史职责相同。由此看来，籍贯在巴西郡的陈禅，之所以又能够获得益州刺史的这项任命，正是因为他在本郡担任功曹史时，政绩非常之突出，所以上级的州长官即益州刺史，才会把他从下面调上来，负责州政府中同样性质的人事公务。

陈禅前往成都（今四川省成都市）的州政府就任后不久，他的直接上司益州刺史就被人诬告，罪名是以权谋私，收受贿赂。东汉皇朝的中央有关执法机构，从首都洛阳（今河南省洛阳市）派员来到成都，逮捕了益州刺史，而作为主要下属的陈禅也被株连，一并被千里迢迢押送到了洛阳。陈禅心中非常明白，这是一桩冤案，但是结局如何却难以预料，所以他做好了牺牲生命的心理准备坦然上路，随身只带了一些为自己死后遗体入殓准备的简单物品而已。到了洛阳之后，审问的法官对他多次采用了各种各样的残酷刑罚，威逼他诬陷刺史。陈禅却咬牙承受，始终不肯作出与事实完全不符的供词。法官无奈之下，只得作出查无实据的结论，最终此事竟然不了了之。

陈禅这种"威武不能屈"的坚强表现，一时间成为洛阳城中的舆论焦点。当时在朝廷执政的车骑将军邓骘，是皇太后邓氏的大哥，也是与邓太后决策拥立东汉安帝刘祜的实权派。邓骘听说了陈禅的表现，立即任命陈禅为自己车骑将军府署的下属。那时候，东汉皇朝的政局开始出现动荡，作为外戚集团代表的邓骘，也还能够励精图治，暂时缓解危机。其得力措施之一，就是先后选用了一批天下贤才作为自己府署的下属，陈禅就是其中一员。不久，益州的汉中郡发生叛乱，邓骘立即任命来自益州的陈禅为汉中郡太守，回到益州去解决这一棘手的问题。陈禅到了汉中郡，叛乱势力早就听说过他的名声，所以在陈禅的亲自安抚之下，很快就归顺了政府，局势重新恢复了平稳状态。

后来陈禅又被调回中央，担任了谏议大夫的官职，主要职责是向皇帝忠言进谏。那么直接面对皇帝陛下的过失，陈禅还会有坚强的表现吗？请看他的选择。

这是在东汉安帝永宁元年（120年），益州西南边境之外的邻国——掸国（今缅甸境内），其国王派遣一批使者前来洛阳朝贺。随行人员中，还有从大秦国（即罗马帝国）来到掸国的"幻人"，即专门表演幻术、魔术的流浪艺人，他们能够表演口吐火焰、肢解人体、变换牛马头颅等令人惊奇不已的节目。第二年的元会，即正月初一朝廷的君臣聚会，这些艺人就在朝廷的厅堂中开始表演。从未见过这类节目的年轻皇帝刘祜，与群臣看得津津有味，如醉如痴。旁边的陈禅看到皇上如此高兴入迷，不禁忧心忡忡，这是为什么呢？

原来，东汉一朝前前后后出了13位皇帝。打从第3位章帝刘炟开始的11位皇帝之中，除了最后的两名即少帝、献帝，其余9位的寿命，全都没有能够超过40岁。其中，寿命超过30岁的只有5位，超过20岁的有1位，而10岁以下的就有3位之多。在位皇帝的寿命如此短促，是不是皇族在生理上的遗传基因有重大缺陷，现今已经难以确知；但是这种情况将会给国家的政治生态带来严重的问题，却是非常肯定的恶性后果。因为在位的皇帝死得早，这就会导致皇后获得临朝控制权力；而皇后是女性，不便与朝廷中众多大臣近距离频繁相处，于是又只好对娘家的近亲男性，比如自己的生父或者同胞的兄弟，委以朝廷的军国重任，于是就导致了史家所说的"外戚干政"。而陈禅此时在中央任职所处的政治局势，就是这种复杂情形。

当初的汉和帝刘肇，是东汉皇朝的第4位皇帝。他虽然在27岁时就离开人世，但是生前的言行却颇有值得赞赏之处。比如，当时岭南地区所出产的高级水果荔枝、龙眼，被北方视为奇珍异果，所以朝廷要求当地派遣专人，飞马接力，快速送往首都洛阳，进贡给皇家享用。这种情况比后来唐代给杨贵妃快速传送荔枝的故事，还要早600多年，算是快递历史上的先河了。为了保证水果的新鲜，当时的快递小哥常常在快递途中累死。和帝得知这一惨状之后，立即下诏撤销这一惯例，可见他还算得上是一位仁慈之君。

和帝早早离开人世，当时的皇后名叫邓绥，是东汉首席开国元勋邓禹的宝贝孙女。由于和帝的其他子嗣或死或病，邓绥就安排自己才出生100多天的亲生儿子刘隆，在和帝去世的当晚继位称帝，自己以皇太后身份临朝专政，同时提升同胞大哥邓骘为车骑将军，担任宫廷之外的朝廷执政大臣。不料这个婴儿皇帝刘隆的寿命更短，号称虚岁2岁，实际上在位仅仅8个月就夭折而亡。万般无奈的邓太后只好与邓骘密商，选立和帝13岁的亲侄儿刘祜继位，这就是上面所说的东汉安帝。到了上文所说正月初一朝廷君臣共同观看幻术表演的新年，即永宁二年（121年），28岁的东汉安帝虽然成人，皇权却依然掌控在邓太后的手中。这位临朝专政长达17年、时年41岁的邓太后，虽然还能决断机要大事，但是已经病痛缠身，而且日益严重，即将在两个月之后的三月间去世。知道了上面这样的政治情势，再来看陈禅的忧心忡忡，就很容易理解了。

虽说每年正月初一要举行朝廷聚会，皇帝接受百官的朝贺，乃是东汉一朝的礼仪制度，这在《续汉礼仪志》中记载得清清楚楚，但是，在邓太后卧病在床的特殊情况下，喜庆气氛应当尽量降低，聚会活动应当尽量简短，在活动早早结束之后自己应当尽快前往太后宫中去慰问请安，这才是东汉安帝合情合理的明智做法。因为论亲属关系，邓太后是你的大伯母，更是抚育和扶持你登上帝位的养母；再论皇朝关系，她又是在你之上临朝专权的皇太后。现今你不仅把聚会活动办得如此高调张扬，而且你的情绪又公开表现得如此欣喜若狂，那么距此不远的皇太后宫中，很快就会得知这一切。得知这一切之后，邓太后会怎么想呢？我在病中痛苦不堪，皇帝你却在那边快乐逍遥，是不是以为我行将就木，你独立自主的好日子马上就要到来了呢？看来这个非亲生的娃娃真是靠不住啊！一旦皇太后动了废黜皇帝的念头，皇朝政局的大动荡，势必就会出现在眼前。

想到这里，忠诚正直的陈禅再也坐不住了。他猛然从坐席上站起身来，高声劝谏皇帝说："过去齐国和鲁国的君主在夹谷这个地方聚会，齐国带来的侏儒进行游戏表演，代理鲁国行政首脑职务的孔子，认为平民竟敢戏侮诸侯君主，犯了死罪，当场就下令斩杀侏儒。孔子又教导说：'要抛弃靡靡之音，疏远谗佞的小人。'所以我们今天这座帝王的堂堂朝廷，绝不应当进行这种遥远外族的恶俗表演！"东汉安帝听了，一怒之下，就下令把陈禅贬到东北方向遥远的辽东郡。

陈禅经受这次重大打击，依然不改变自己坚强正直的本色。后来，他不论是在地方政府中担任郡太守主持政务，还是在首都担任司隶校尉主管不法行为官员的监察举报，一直享有极好的声誉和口碑，为陈氏家族在历史上留下了非常亮丽的一页。

陈禅的儿子陈澄、曾孙陈宝，在从政当官的过程中也都能够继承陈禅那样刚强雄壮的正直个性，做出各自的政绩，保持清白的好名声。总之他们祖孙三位，不愧是出自安汉县首屈一指的名宦之家。

到了蜀汉皇朝在益州建立政权的三国时代，陈寿的父亲开始进入仕途，其事迹也被记载到《晋书·陈寿传》之中。蜀汉后主建兴六年（228年）的春天，诸葛亮发动了对曹魏的第一次北伐，指挥大军进攻曹魏的战略要地祁山（今甘肃省礼县东北）。此时，陈寿的父亲在前锋军队主将马谡的指挥部当中担任参军的职务，也就是军事上的参谋，可见他在军事方面具有运筹帷幄的突出才干。但是，马谡在街亭阻击曹魏援军的激战中，严重违背诸葛亮事先的作战指示，结果被曹魏名将张郃打得大败。诸葛亮下令处死马谡，而担任参军的陈寿父亲，也因此受到牵连而被处以髡（kūn）刑。

所谓的"髡刑",是当时一种只比死刑减轻一等的刑罚,受刑男子要被剃光头发,颈戴刑具铁钳,从事苦力劳动五年。至于街亭古战场的精准位置在哪里,马谡何以会战败,以及他被处死的真正原因,天地出版社出版的拙著《诸葛亮传》,进行了深入的新考,有了新结论,有兴趣的读者可以参看。

由于髡刑的服刑期为整整五年,史书中又称之为"五岁刑"。因此,陈寿父亲的服刑期,如果从蜀汉后主建兴六年(228年)春天街亭战败而被惩处算起的话,应当要到建兴十一年(233年)的春天满五年时才能结束。然而令人惊讶的客观事实却是,本书的主人公陈寿,却是在建兴十一年(233年)就已经出生了!至于他母亲的受孕,按照常理还应当在他出生的前一年,即建兴十年(232年)。在当时,正在服刑期间的男性,属于严格管制的囚犯,绝对没有与自己妻子同居而使其受孕的可能性。因此只能有一种合理的解释,那就是陈寿的父亲后来又被诸葛亮特别赦免,得以提前回家与妻子团聚了;而提前的时间,至少有一年。

这一确凿存在的客观事实,至少说明了两点:

首先,陈寿的父亲在街亭之战中没有太大的过失,应当得到特别的赦免。拙著《诸葛亮传》中,曾经对马谡在街亭之战犯下的最为恶劣的罪行,进行了深入探究。他的恶劣罪行是,在下令部队转移阵地到南面高山之上的过程中,不能身先士卒,亲自在后面进行有效掩护,反而贪生怕死,脱离指挥的岗位率先逃跑。这是他作为指挥官的个人品质出了问题,并非他手下参谋下属的谋划出了问题。所以陈寿父亲得到特别赦免,完全具有正当的理由。

其次,陈寿的父亲是颇有能力的人才,也值得赦免。蜀汉的在册人口,到灭亡时也只有94万,在三国之中最少,粗略而言只有孙吴的二分之一,曹魏的四分之一。总人口少,人才就相对缺乏,特别赦免犯有轻罪的人才,让他们再度发挥作用,诸葛亮这样做也是非常明智合理的举措。

于是本书的主人公陈寿,就这样得以在诸葛亮逝世的前一年,呱呱坠地,来到了人间。这正是:

巴山名族传人在,史学英才降世间。

要想知道陈寿在青少年的成长时期，有幸碰上了哪四个方面"非常难得"的机遇，使他得到了全面的专业培养，从而为后来在史学上做出突出贡献打下了坚实的基础，请看下文分解。

第二章

学界英才

陈寿这个小小婴儿，之所以后来能够成长为写出不朽名著的史学大家，是因为他实在太幸运了，竟然在青少年的成长时期，足足碰上了四个方面"非常难得"的机遇：非常难得的和缓安宁环境，非常难得的崇文重教氛围，非常难得的学养深厚的导师，还有他本人在史学著述方面非常难得的锐意钻研。在本章当中，笔者就来为大家说一说这四个方面"非常难得"的有趣故事。

先来说第一方面，即非常难得的和缓安宁环境。

自从章武三年（223年）刘备去世之后，蜀汉40年间的政局，大体可分前、后两个时期：在诸葛亮执掌朝政的前期，他努力发展内政，积蓄力量，然后亲自率军北上，不断进攻曹魏，为兴复汉室而鞠躬尽力，死而后已。这是一个全民动员的战争时期，呈现出非常强劲的对外进取态势。这也是一个很不平静的时期，对于需要安安心心读书成长的青少年来说，并非是一个良好的客观环境。

但是，在建兴十二年（234年）诸葛亮去世之后，情况发生了非常明显的变化。接下来先后担任蜀汉执政大臣的是蒋琬、费祎，在他们执掌朝政的20年中，一直采取闭关养民、对外防守的战略方针。于是，此前的紧张状态松弛了下来，整个社会恢复了难得的平静。而与此同时，蜀汉疆土北面的劲敌曹魏，则开始进入了司马氏势力动手争夺朝政控制权的激烈动荡时期，单单是在实力强劲的淮南战区，就连续爆发了由战区司令长官王凌、毌丘俭、诸葛诞三人起兵反抗司马氏的大规模内战。在自顾不暇的情况下，曹魏对蜀汉的北部边境没有构成太大的威胁。这种20年间内外相对安定的军政形势，正是陈寿青少年阶段得以健康成长，并且能够安安心心读书学习的最佳客观环境。

再来说第二方面，即非常难得的崇文重教氛围。

两汉以来的益州，不仅是物产极其丰饶的"天府之土"，而且也是崇文重教的"文教之邦"。在崇文重教方面，明确载入史册的亮丽高潮至少有二：一是西汉景帝时期开始的"文翁化蜀",二是蜀汉时期诸葛亮的重视文教,这就与诸葛亮造福后世的重大贡献密切相关了。

关于"文翁化蜀"的史事,班固《汉书》中的《文翁传》和《地理志》,还有常璩《华阳国志》中的《蜀志》部分等,均有相关的具体记载。文翁,庐江郡舒县(今安徽省庐江县)人氏,他少年时就喜好学习,精通儒家经典之一的《春秋》。西汉景帝末年,他被提拔起来出任蜀郡太守,蜀郡行政中心在今四川省成都市。"太守"的官名,在此之前叫作"守",是一个郡的行政长官,西汉景帝中元二年(前148年)正式更名,在前面加上了一个"太"字,变成了"太守",从此沿用到后世。

文翁为人仁慈而有爱心,积极为蜀郡民众造福,在多方面的政绩中,最为突出的一项就是大力提倡教育。他最初的施政重点是在经济方面,兴修水利,开凿湔江水口,扩大都江堰的灌溉功能,使得成都平原的灌溉面积增加了1700多顷。基本解决民众的温饱问题之后,他又把施政重点转移到了提高民众人文素质的教育领域。因为他亲眼看到,此时的蜀郡经受了秦朝的焚书和秦末的战乱,学校教育不复存在,民众的文化素质低下,社会风气不良。于是他下定决心,开始兴办官方的学校。

开办学校,首先需要解决经费、校舍和师资这三大基本问题。经费问题好办,文翁本人就是蜀郡行政长官,可以从政府征收的赋税中进行划拨。校舍问题也好办,蜀郡的行政中心成都,有的是合适的空地。他在城南选中一处地方,破土动工兴修校舍、讲堂,还有纯粹采用石料建成的书库,称之为"石室",专门用来收藏图书文献,彻底避免了火灾的隐患。唯有师资问题难以快速解决,但是他想出了一个好办法,那就是派遣进修生。他从郡、县两级的政府中,选拔了18名开朗、聪敏而有才能的年轻办事员,亲自勉励教导一番,然后派往京城长安,接受博士的指导,学习古代儒家的多部经典,还有国家的法律和法令,以便学成后回来担任学校的教师。他的这一办法,可以说是现今进修生制度的先河。

请读者诸君注意,当时的"博士",并非如同现今的含义是研究生学位的最高头衔,而是一种在任官职的名称。其具体职责是通晓古今的知识,以备朝廷咨询,隶属于九卿之一的太常卿管辖,员额通常有数十人之多。不过后世的"博士"，确实也是从古代"博士"的官名借用而来的。

博士这一官职的等级虽然偏低，但因为是在天子脚下的京城任职，不免具有优越感，面对远方前来的年轻进修学员，依然会有轻视和冷淡的态度。为了刺激博士们的积极性，文翁又从蜀郡政府的公务费用中节约出来一部分，换成货币和地方特产，委托每年前往京城中央汇报本郡当年人口统计和垦田数据的官员，定时带往京城，分送给各位指导蜀郡进修学员的博士，从而表达出对知识和老师的充分尊重。

几年之后，这批进修生终于学有所成回到成都，开始在官办学校担任教师职务。文翁广泛招收成都周边各县的民家子弟进入学校学习。为了提高学生们的社会地位，文翁不仅免除了他们原本应当承担的官方劳役，而且还安排学生们在自己身边，或协助办理公务，或进出传达指令，或陪同巡视下属各县。各地官民看到之后都以此为荣，争相把自己的子弟送进学校。于是乎，蜀郡地区的文化教育大为兴盛起来，毕业之后又前往京城长安深造的学生，在数量上都可以与文化教育领先的齐鲁地区相提并论了。

附近的巴郡、汉中郡受到影响，也开始模仿蜀郡，在各自的郡政府中开设官办学校。到了西汉武帝继位后，更是下达诏令，要求天下各地的郡一级政府，都要仿效文翁，在本地开办官方学校成为一种固定的制度。于是文翁在蜀郡的善举，就成为天下地方政府开办官方学校最早的起始了。文翁在蜀郡去世之后，当地官民在学校中为他建立了祠堂，长久祭祀缅怀他。而文翁建立的蜀郡官方学校，就是现今成都市著名的重点中学——石室中学的前身和起源。正是因为文翁在蜀郡的不朽功绩，所以现今他也同陈寿一起，进入了第二批"四川十大历史名人"的荣誉行列。

如果说"文翁化蜀"还只是郡一级地方政府的官方行为，那么诸葛亮在蜀汉的重视文教，就是提升到最高级的国家行为了。

东汉献帝建安十九年（214年），刘备与诸葛亮先后率军从荆州进入西面的益州，联合击败了当时的益州军政长官刘璋，占领益州的首府成都和益州全境。刘备以东汉皇朝左将军的身份，兼任了益州的行政长官益州牧，建立起蜀汉政权的雏形。随后刘备开始在益州的州政府中，创设了一种以往东汉时期没有，同时在此后曹魏、孙吴两国政权中也都没有的重要官职,这就是"劝学从事",而且同时任命了三人,即张爽、尹默、谯周。

作为刘备在军政大事上的首席辅佐,诸葛亮自然参与了这项重要政治举措的创意与筹划。诸葛亮本人对于学习和读书的重要意义,早就有非常深刻的认识了。他还在荆州襄阳隆中的乡下耕田种地之时,就一直努力读书提升自己的才智,而且还特别坚持了一种叫作"观其大略"的有效读书方法,即非常注意吸取书中对自己有用的重点和精华。后来当了父亲之后,他又在《诫子书》中对儿子强调了学习的重要性:"夫学须静也,才须学也;非学无以广才,非志无以成学。"意思是说,学习必须要保持心态的安静,而才能又必须要用学习来取得;不学习就无法增强才能,不立志更是无法完成学习。总之,大力支持刘备创设"劝学从事"的官职,可以视为诸葛亮在蜀汉推行崇文重教重要政策的开端。

"劝学从事"中的"劝学"一词,应当是取自先秦时期思想家荀况的《荀子》一书,劝者勉也,是勉励学习的意思。此书三十二篇之中,开头第一篇就是《劝学》,深入论述了学习的意义和方法等多个方面。那么在益州设置的这个"劝学从事",究竟是一个什么样的官职呢?这就必须对当时州一级政府的沿革,先做一个基本的介绍。

刘邦所建立的西汉皇朝,在地方行政系统上沿袭秦朝,实行郡、县、乡、亭制,以郡管县,以县管乡,以乡管亭;到西汉末年平帝之时,全国总计有103个郡级机构,1587个县级机构,6622个乡级机构,29635个亭级机构,在册人口多达5959万人,民户1223万多家,堪称是一个极其庞大的国家行政实体。

西汉武帝时,为了强化君权,整肃风纪,加强中央集权体制,朝廷又正式把全国划分为13个监察区,每个监察区叫作"州部",简称为"州"。由中央直接派遣一名负责监察的特使,官名叫作"刺史",前去巡视监察该州下属各地的郡县。刺史巡视监察的具体内容,是皇朝中央明文规定的六个方面,史书称之为"六条问事"。第一条是看当地的豪强大族占有的土地和住宅是否超过了法定制度的标准,是否具有恃强凌弱的不法行为;第二条是看当地的郡太守是否具有违反朝廷诏书和制度,损公肥私,侵害百姓,聚敛钱财的不法行为;第三条是看当地的郡太守是否具有不认真审判冤狱,草菅人命,滥用刑罚,深为当地百姓痛恨，因而导致当地山崩石裂等怪异现象出现的不法行为；第四条是看当地的郡太守是否在任命政府的下属人员上具有严重偏袒倾向，因此造成贤才被冷落而坏人被宠爱的不法行为；第五条是看当地的郡太守是否具有纵容子弟倚仗权势，为他人谋取私利的不法行为；最后第六条是看当地的郡太守是否具有勾结本地豪强大族，收受贿赂而损害公家法令的不法行为。首都长安所在地的州，其监察长官不叫"刺史"，而特别叫作"司隶校尉"，其监察对象还要包括皇朝中央的朝廷百官。

归结起来，西汉时期州刺史肩上的任务，主要是监察地方上处于强势地位的两大类违法群体：一是贪污腐败的地方行政长官，二是为非作歹的地方豪强大族。两者之中凡有不法情况，必须尽快向皇朝中央如实报告，并且采取相应的强制性措施。由于刺史的身份是皇帝的特派使者，最初的级别虽然不高，但是手中的权力却不小，所以被尊称为"使君"。后来曹操与刘备饮酒畅谈，说出两句把刘备吓得不轻的著名"醉酒话"："今天下英雄，唯使君与操耳！"为何曹操会把刘备尊称为"使君"呢？因为此前刘备投奔曹操，曹操代表东汉皇朝给了他一个"豫州牧"的官衔，也就是豫州的州牧，刘备正好可以享用这一尊称了。

到了东汉时期，州一级的监察机构，在行政上的实权从无到有，而且逐渐增大，开始演变为具有实体性质的行政机构了。于是西汉的郡、县、乡、亭四级行政体制，变成了东汉的州、郡、县、乡、亭五级行政体制。到了三国时期也是如此。而东汉、三国时期的州政府行政长官，称为刺史或州牧，资历浅者被授予刺史，资历深者被授予州牧。如果刺史或州牧又带有军事职务"某某将军"之类，那就是该州的军政长官了。

刺史或州牧可以自行任命州政府当中的下属，这些下属又必须是本州的土著人士，无需经过中央朝廷的批准，这被称为"自辟僚属"。其主要下属中，有一类叫作"从事史"，简称"从事"，分工处理各类公务。在"从事"的前面，会加上相应的定性语，以表明其具体职责。地方上各州从事史的设置，根据《续汉书·百官志》明文记载，按常规而言有如下类别：一是"治中从事"，主管人事、总务；二是"别驾从事"，主管陪同刺史巡察下属郡县；三是"簿曹从事"，主管本州钱粮账簿；四是"兵曹从事"，主管本州地方军队；五是"部郡国从事",每郡一人,主管监察该郡官员、豪强的不法行为。如果是首都长安所在地的司隶校尉,还要增加一类叫作"都官从事",主管监察朝廷中央官员的不法行为。

从以上州一级政府的沿革中,可以清晰看出两点:首先,"劝学从事"这一官职,在此前的州政府中从来都没有设置过,完全属于蜀汉政权的首创,值得注意和探究;其次,顾名思义,这一官职的具体职责,就是勉励整个益州的民众,特别是青少年一代,要努力学习各种文化知识,因此相当于后世省一级文化厅和教育厅的厅长。

那么刘备和诸葛亮为何要创设这一全新的官职?其深层次的意图究竟何在呢?笔者认为其意图至少有如下两方面:

就现实的政治考量而言,是要遵循儒家的理念主张,采用"文治"与"武功"一张一弛配合使用的手段,从而争取益州本土官员和民众的支持,尽快在这个地大人多的益州站稳脚跟。当初刘备能够从东面的荆州率军进入益州,最先是受到了益州军政长官刘璋的热情邀请,请他来帮助自己抵御北面的强敌张鲁。但是刘备来到益州之后,却演了一出"鸠占鹊巢"的戏码,使用武力突然强行攻占了益州。由于在道义上有所欠缺,益州本土的官员民众难免有强烈的抵触情绪,因此急需改用"文治"的举措来消解因采取"武功"而造成的负面障碍,使得局面尽快安定下来。而创设"劝学从事"大力提倡文教,且一次性就从本州土著人士中任命了三位官员,正是一种最为直接有效的"文治"举措。至于此举有效性的客观证据,就是后来刘备有意在成都称帝建立蜀汉时,史文中明确记载最早向他呈送表章劝进的臣僚当中,就有劝学从事张爽、尹默、谯周这三位官员的尊姓大名。

再就远期的政治考量而言,当初诸葛亮在隆中,为刘备设计了一个三步走的战略发展方针:第一步,先占领眼前的荆州;第二步,再占领西面的益州;第三步,建立统一政权,搞好内政积蓄力量,伺机从东西两路出兵攻击曹操而兴复汉室。现今前面两步都已经实现,接下来的任务就是建立强大的国家政权机器了。而要想圆满完成这一任务,就需要大量的高素质人才来组建复杂的军政系统。大量人才从哪里来?一部分从现有官员中选拔,另一部分则必须及早从年轻一代培养出来，这正是创设"劝学从事"的深层次目的。

再来说第三个方面，即非常难得的学养深厚的导师。

这位导师不是别人，就是陈寿的同乡长辈谯周。前面已经说过，州刺史在自行任命州政府中的下属时，照规矩必须从本州的土著人士中选拔。当时所任命的三位劝学从事中，张爽其人的生平履历，现今传世的史籍文献中记载很少，难以评论。其次的尹默，陈寿《三国志》中有专篇传记。他是梓潼郡涪县（今四川省绵阳市）人氏，早年远赴荆州，向当时荆州著名的学派领袖司马徽、宋衷求学，精通了儒家经学、历史学，尤其是在《左传》的研究上具有精深的造诣。因此，将他任命为劝学从事，属于使用专家学者来领导文化教育的举措。至于最后的谯周，将在下面详细介绍。

章武三年（223年）四月，刘备病逝而后主刘禅登基，诸葛亮以朝廷丞相身份全面执掌军国大政。由于此前关羽被孙吴袭杀，东面的荆州领土落入孙吴之手，所以这时的蜀汉领土就只限于益州这一个州了。出自政治上的周密考虑，诸葛亮也亲自兼任了益州牧。作为新的益州行政长官，他重新对"劝学从事"这一重要职务进行任命，决定只任命谯周一人继续担任劝学从事。这是益州文教史上具有重要意义的大事。其重要意义至少有三点：

首先，劝学从事从三人减少为一人之后，责任就更加容易落实，过程就更加容易检查，效率也就更加容易提高。而谯周受到如此的器重之后，他对后辈尽力培养的积极性，自然也就会自觉地增强起来。

其次，据陈寿《三国志》中的《谯周传》记载，谯周，字允南，巴西郡西充县（今四川省阆中市西南）人氏，出自益州本土的学术世家，其父亲就是一位素养非常深厚的著名学者。谯周本人继承家学，勤奋不懈，又在研究领域上有自己的创新和拓展，在益州本土享有很高的学术声誉。现今诸葛亮只任命他一个人来担任劝学从事，实际上就是使用学术领袖来担任文化教育领域的行政领导人，堪称是专业完全对口，而且实至名归。这一举措，当然会大大增强全益州莘莘学子的积极性和向心力，从而在"劝学"这个关键词上，营造起更加强劲的动力和更加浓厚的气氛。

特别需要指出的是，谯周其人最为擅长的专业学术领域，乃是史学和儒家经学,他在这两方面都撰写了大量的论著,而以史学著作的数量为最多。史学方面有《古史考》《蜀本纪》《后汉纪》《益州志》《三巴记》《异物志》《仇国论》等,儒家经学方面有《法训》《五经然否论》《论语注》等。这些著作的不少内容,一直流传至今。对后来成长为杰出史学家的陈寿而言,谯周确实算得上是当时益州首屈一指和非常难得的最佳优秀导师了。

最后,由于诸葛亮的巨大威望,他此举还为后来的军政接班人蒋琬、费祎树立了很好的榜样和典范,所以到了蒋琬兼任益州刺史时,同样也任命谯周来出任此职,而且把官职的名称改为"典学从事",明确说明其职责是"总州之学者",即总管全益州的学者。

延熙元年(238年),后主刘禅宣布以儿子刘璿为皇太子,提升谯周为皇太子的侍从官员。谯周的典学从事一职是否继续兼任,史文没有明确交代。但是,既然谯周这一职位在当初是由诸葛丞相特别委任的,作为诸葛亮亲自选定的接班人蒋琬、费祎,二人执政的方针又是完全遵循诸葛丞相的成规,蒋琬还特别为此职务进行更名,并明确划定其具体的职责,所以蒋琬、费祎不可能将此职务贸然撤销。而且在谯周之后,史书中也再没有其他人出任过典学从事的记载。因此,谯周被提升为皇太子侍从官员之后,应当会继续兼任典学从事的职务,直到蜀汉灭亡的炎兴元年(263年)为止。

如果是这样,谯周领导和管理蜀汉文化教育的时间,从诸葛亮专任谯周一人担任此职的建兴元年(223年)算起,前后就持续了整整40年之久。谯周既是益州学术界的领袖,又能长期担任这一文化教育的行政领导职务,这对稳定维持蜀汉的优质文教土壤和良好学术风气,好处那就太大了。

除此之外,诸葛亮又对益州本土其他学术素养深厚的著名学者,比如杜微、秦宓、五梁、尹默等,给予充分的尊重、细致的照顾和妥当的任用,这也在蜀汉的朝野上下,树立起非常浓厚的崇文重教的良好风气。

于是,一批莘莘学子,就在这种优质文教土壤和良好学术风气之中,逐渐茁壮成长。后世的学者,将这个以谯周为核心的蜀地学术人才群体,特别称为"蜀才"。比如,美国J. Michael Farmer博士的专著 *The Talent of Shu: Qiao Zhou and the Intellectual World of Early Medieval Sichuan* 就是如此。此书的中文译名为《蜀才——谯周与中世纪早期四川的知识界》，2007年由美国纽约州立大学出版社正式出版，并列入该社出版的"中国哲学与文化书系"。而本书的主人公陈寿，就是这一"蜀才"群体后起之秀中的佼佼者。

美国Farmer博士《蜀才》专著书影

最后来说第四个方面，即陈寿本人在史学著述方面非常难得的锐意钻研。这方面的故事，又必须从他最初在青少年时代的课程学习开始讲起。

三国时期，官宦人家子弟在青少年时期的规范化学习，陈寿《三国志·钟会传》的裴松之注释，提供了一份相当完整清晰的课程表。这是曹魏大臣钟会本人对自己青少年时期接受母亲教育的回忆：

> 夫人性矜严，明于教训；会虽童稚，勤见规诲。年四岁授《孝经》，七岁诵《论语》，八岁诵《诗》，十岁诵《尚书》，十一诵《易》，十二诵《春秋左氏传》《国语》，十三诵《周礼》《礼记》，十四诵成侯《易记》。十五使入太学，问四方奇文异训，谓会曰："学猥则倦，倦则意怠；吾惧汝之意怠，故以渐训汝。今可以独学矣。"

意思是说：我的母亲性格矜持庄重，非常明白如何教育训导孩子；所以我还在年龄很小的儿童时期，母亲就常常规范和指导我的学习。我4岁时她就教我读《孝经》，7岁时教我读《论语》，8岁时教我读《诗经》，10岁时教我读《尚书》，11岁时教我读《周易》，12岁时教我读《左传》和《国语》，13岁时教我读《周礼》和《礼记》，14岁时教我读父亲成侯亲自撰写的《周易》研读札记《易记》（成侯，是钟会对自己父亲钟繇的尊称，钟繇死后魏明帝赐予他"成侯"的谥号）。满15岁之后，就让我走出家门，进入国家的最高学府太学，去拜见求教来自各地的大师级学者导师，了解各种新奇的典籍文献和各家对经典的独特解释，这时母亲教育我说："学习的知识太多了就容易疲倦，疲倦了就会产生怠惰的情绪；我害怕你产生怠惰情绪，所以才循序渐进地教你学习各种课程。现今你已经养成了良好的学习习惯，可以独自出去学习了（所以才让你前往太学去深造）。"

这一份非常有价值的课程表，是研究三国时期官员子弟青少年教育状况的宝贵史料。写出上面回忆的钟会，是曹魏大臣钟繇的小儿子，也是率领大军攻灭蜀汉的主将。陈寿与钟会是同时代的人，两者年龄相差不到10岁，而且两者也都出自世代为官因而同样重视子弟教育的著名家族。所以上面这段史文，完全可以作为陈寿少年时期接受教育的基本参照。从中可以得到如下的可靠信息：

一是当时官僚子弟在家学习的少年阶段，是从4岁时开始发蒙读书，到14岁时为止，前后持续11个年头，大体相当于现今的小学与中学阶段。这一阶段的老师，可以由具备合格文化水平的父母亲来担任。

二是少年阶段所学习的课本，主要是儒家经典和历史典籍两大类，具有经、史并重的特色：前者依次是《孝经》《论语》《诗经》《尚书》《周易》《周礼》《礼记》，涵盖了儒家最为基本的经典；后者包括《左传》《国语》，是先秦时期的历史文献。这种对于历史典籍同样给予高度重视的课程安排，使得陈寿从少年时期起，就开始接触史学并对其产生兴趣，为他后来在这方面的深造奠定了初步的兴趣基础。

三是从15岁开始，在家学习的初级阶段结束，到了可以走出家门，外出独立生活和继续深造的高级阶段。理想的情况是直接进入在国家首都的最高学府即太学，在大师级学者的指导下进行研读性的学习，重点放在研读"奇文异训"这两方面。这里的"奇文"，是指在少年阶段没有看到过的其他典籍文献；至于"异训"，则是指对经典文献的创新性解读。这两方面的研读，将会使得学习者的知识更加丰富，眼界更加开阔，学养也更加深厚。这大体相当于现今大学的本科和研究生阶段。在这方面，刘备的情况也是一个有力的佐证。陈寿的《三国志》中，记载刘备生平事迹的《先主传》就说：

> 年十五，母使行学：与同宗刘德然、辽西公孙瓒，俱事故九江太守同郡卢植。

意思是说，涿郡出生的刘备15岁时，母亲要他单独出门外出去旅行学习。于是他与同宗族的刘德然、辽西郡的公孙瓒一起，来到过去担任过九江郡太守的同郡大学者卢植门下共同受教。

由此可见，刘备外出独立生活和继续深造的高级阶段，同样也是从15岁时开始的。

以陈寿的情况而论，他出自巴山地区的著名家族，父亲又是蜀汉的中级官员，家庭对子弟的教育历来都非常重视，他在少年阶段就得到类似钟会那样的优质课程教育，完全没有问题。至于青年时期进入国家最高学府太学去深造，他也不会有什么困难，因为就在距离陈寿家乡巴西郡安汉县不远的蜀汉京城成都，也同曹魏的首都洛阳一样，不仅设置有最高学府太学，而且太学之中也有大师级的学术名家担任指导教师。于是乎，陈寿也在15岁左右前往成都，进入蜀汉的太学深造。

对于当时蜀汉的太学，东晋常璩《华阳国志·文立传》有具体记载：

> 文立，字广休，巴郡临江人也。少游蜀太学，治《毛诗》《三礼》，兼通群书。

说是蜀汉时期巴郡临江县（今重庆市忠县）的文立，年少时就到蜀汉京城成都的太学中去深造，他重点研读西汉学者毛亨这一学派传下来的《诗经》，以及《周礼》《仪礼》《礼记》这三部讲述礼仪制度的典籍，另外又通晓了其他的各类图书文献。

这段史文说明：蜀汉确确实实在京城成都设置了太学，而且在太学中也有大师级的名家担任指导教师。所以文立才能在研读《诗经》等四部儒家经典上大有收获，还通晓了其他的图书文献，大大丰富了学识。

唐代编撰的《晋书·文立传》又对《华阳国志》的上述史文作出了非常重要的补充：

> 文立，字广休，巴郡临江人也。蜀时游太学，专《毛诗》《三礼》。师事谯周，门人以立为颜回，陈寿、李虔为游、夏，罗宪为子贡。

意思是说，文立在蜀汉时进入京城成都的太学，专门研读《诗经》《周礼》《仪礼》《礼记》。他的指导教师是谯周。而谯周指导的学生们，比照孔子的门生，把文立比作颜回，把陈寿、李虔（即李密）比作子游、子夏，把罗宪比作子贡。

这段史文进一步说明：蜀汉设置在京城成都的太学，其中由大师级名家担任的指导教师，至少就有前面已经提到过的谯周；谯周当时在蜀汉文化教育界，被众多门人视为孔子一般的大师级名家；而谯周门人中特别优秀突出的弟子，就有本书的主人公陈寿。

那么陈寿为何会被比作子游、子夏呢？

原来，当初孔夫子在先秦时期开门办学，广招学生，学业有成就的达到72人之多，后世誉为"七十二贤人"。他老人家对学生的培养，着重在德行、言语、政事、文学四大方面，后世总称为"孔门四科"。德行，是指道德品行的认真修养，要能够为人高尚正派，成为表率；言语，是指口头语言的流畅表达，要具有说服力量，能够独力办理外交事务；政事，是指行政事务的办理水平，要能够干练完成政务；文学，含义与现今不同，当时是指文化学术的研究撰述，要能够独自著书立说。在儒家经典《论语·先进篇》中，记录了孔夫子对自己的优秀门生的评价：

> 德行——颜渊、闵子骞、冉伯牛、仲弓；言语——宰我、子贡；政事——冉有、季路；文学——子游、子夏。

说是我的门生当中，德行拔尖的有颜渊、闵子骞、冉伯牛、仲弓；言语拔尖的有宰我、子贡；政事拔尖的有冉有、季路；文学拔尖的有子游、子夏。

说到这里，答案就浮现了出来：陈寿之所以被比作孔子门生中的子游、子夏，应当是因为他在文化学术的研究和撰述上具有拔尖的能力，将来是能够独自著书立说的专业性人才。

陈寿为何会得到如此的点赞和好评呢？请看常璩《华阳国志·陈寿传》是如何记载他在太学中的专业学习表现的：

> 少受学于散骑常侍谯周，治《尚书》《三传》，锐精《史》《汉》。聪警敏识，属文富艳。

意思是说，陈寿年少时就在散骑常侍谯周的指导下学习，研读了史学领域中的典籍《尚书》，与《春秋经》配套的《左传》《公羊传》《谷梁传》三部史籍，尤其是对司马迁的《史记》、班固的《汉书》这两部纪传体史学名著，锐意进行了精深的研究。他天资聪明机警，见识敏锐，撰写的文章内容丰富而文采艳丽。

从以上的史文记载可以清楚看出三点：

一是作为主管蜀汉文化教育的行政长官谯周，他又能够在国家最高学府的太学之中，充当非常称职的权威性指导教师，因而带出了一大批优秀的学术人才，成为后世所说"蜀才"群体的核心和领袖。诸葛亮单独选择他来承担"劝学从事"的重任，堪称是慧眼识人了。客观而论，就蜀汉时期的文化教育和学术研究而言，谯周确实是作出了突出贡献的人物，值得充分肯定。至于他在面临蜀汉灭亡时的政治态度，后世见仁见智，可以另当别论。

附带说明一句，此处《华阳国志》史文中的"散骑常侍"，并非谯周在蜀汉主持太学讲授时的准确职务，而是后来在他去世之前，被西晋皇朝任命的最后官职。使用生平最后官职来称呼或形容某人，是史书中的通用笔法。

二是处于太学阶段的陈寿，已经在文化学术的研究和撰述上，特别是在史学领域的研究和撰述中，展现出拔尖的能力来，完全可以被称为"蜀才"这一学术群体的后起之秀。

三是他对史学领域展现出来的强烈兴趣，又集中在《史记》《汉书》这两部纪传体的史书之上，他对之专门进行了锐意精深的研究揣摩，这就为他后来能够写出不朽的纪传体史学名著《三国志》，早早奠定了极其坚实的学术专业基础。

陈寿的故居，唐代《元和郡县图志》逸文卷一曾说："陈寿故宅，在县郭内。"所谓的"县郭内"，即县城的城郭、城墙之内。但是具体的准确位置究竟在何处，现今已经难以确定。但是，他的读书之处，后世却有较为明确的记载。比如明代的《明一统志》卷六十八就说，陈寿年轻时读书治学的万卷楼，是在县城之外的金泉山，"相传晋陈寿尝读书于此"。现今的南充市政府，已经在南充市的西山风景名胜区，重修了陈寿的万卷楼，并建立了陈寿的大型塑像以及陈寿故居等，供游客观赏瞻仰。上世纪90年代落成之时，笔者就曾前往游览。登高眺望，但见山峦挺立，碧水环流，一派钟灵毓秀之气，不禁怀古思今，心潮起伏。这正是：

前贤此处遗踪在，万卷楼头感慨多。

要想知道陈寿在太学结束学业之后初次进入官场，在仕宦生涯中有怎样浮浮沉沉的曲折故事，请看下文分解。

初入官场

上面一章讲述了陈寿在青少年时期读书学习的大体过程。在这一章中,要来说一说他初入官场开始仕宦生涯的故事。

有读者会产生疑问了:你不是说他在太学之中就对史学研究产生了强烈的兴趣,并且在这方面早早打下了坚实的基础吗?那么他从太学毕业之后,就应该继续搞他的史学研究,尽快写出出色的作品来才对呀,为什么又改变了人生的快车道,改行跑去当官了呢?那他在太学之内所下的那些勤奋功夫,岂不是就打了水漂白费了吗?

这确实是一个必须先解答的问题,否则就难以进行后面的叙述了。陈寿之所以转而进入官场,应当是出自如下的多种考虑。

其一,他必须为家族的荣誉考虑。在古代,著名家族的官僚子弟在基本完成学业而进入成年之后,首先选择的出路,照例是模仿祖辈和父辈,进入官场去打拼自己的政治前程,从而接续起自己官宦家族的荣光。出自巴山名族的陈寿,当然也是如此。再说陈寿出生之时,他父亲因为受到马谡的连累,刚刚在官场中栽了一个大跟斗,不仅撤了职,而且还判了刑,这对他们家族世代官宦的荣誉造成了相当严重的损害。因此,重新恢复家族荣誉的责任,就落在了陈寿的身上,他绝对不能推辞,也没有理由推辞。

其二,他又必须为自己今后的职业考虑。在以农业为国民经济主体的中国封建时代,社会上民众赖以谋生的职业种类很少,主要只有四种,因此典籍文献中才有"四民"一词的出现。东汉班固在其《汉书·食货志》中对此就作出了明确的划分和界定:

> 士农工商,四民有业:学以居位曰士,辟土殖谷曰农,作巧成器曰工,通财鬻货曰商。

意思是说，士农工商，这四种社会民众的群体，各有自己的职业分工：读书学习以求坐上官位的叫作"士"，开辟土地种植谷物的叫作"农"，运用巧妙手艺制作器物的叫作"工"，流通钱财售卖货物的叫作"商"。

可见被称为"士"的读书人，其读书学习的现实性目的，就是今后谋求一个担任官员的职业位置，取得俸禄来解决自己的生计问题。那时候不像现今，具有多种多样的职业，学生从学校毕业之后，可以选择的就业面非常宽广，除了担任公务员，还有其他多种与自己专业对口的工作岗位。但是在陈寿所处的时代就完全不同，就业面非常之狭窄。如果他不出去当官，坚持只搞他所钟爱的史学钻研，只写他的史学论著的话，根本找不到可以为他发固定工资的历史研究所，或者为他的史学著作发稿费的出版社，那他就会陷入连自己吃饭问题都解决不了的尴尬困境之中。

那么当时的读书人，暂时没有找到当官的机会怎么办？或者当官当厌烦了丢下官帽辞了职又将怎么办？这时候他们宁愿去当农民耕田种地，也很少会选择工匠和商贩的职业。其中的原因，与那时候的社会观念大有关系。当时的封建王朝，把解决"民以食为天"这一紧要问题的农业，视为立国的根本，形成了后世所说的"农本"思想。至于手工业、商业，特别是不创造任何实体产品的商业，则被视为最低端的"末业"，所以那时候史书中的"本末"一词，有时候是专指农业和商业。也就是说，农、工、商三者，农业的地位最高，商业的地位最低，这与现今时代的情况正好形成了巨大反差。所以上文中班固排列的"四民"，依次是士、农、工、商。这一排列的顺序，实际上就显示出职业地位的高低来。众所周知，诸葛亮没有出山的时候，可以到隆中的乡下去当农民，躬耕陇亩种庄稼；陶渊明当官当厌烦了的时候，也可以到南山下去当种豆的农民；而且两人当农民还当得很是逍遥自在，孔明先生空闲时抱着膝盖悠然长啸，五柳先生也在种豆时悠然欣赏山岚风光。

其三，他还必须为自己今后史学研究的长远打算考虑。此话从何说起呢？因为任何事物都有其两面性。你看陈寿在太学之中最为锐意钻研的是什么类型的史学著作？不是司马迁的《史记》、班固的《汉书》这两部著名的纪传体史书吗？

这种纪传体的史书,是以帝王的本纪、人物的列传作为两种基本的内容成分,故而有"纪传体"的得名。在唐代编修的《隋书·经籍志》中,纪传体史书被归为一大类,统一命名为"正史",从此"正史"一词又广泛流传至今。所谓"正史",含有体例符合正式规范的赞扬之意。

我国早期出现的史书,比如记述先秦时期历史的《左传》,其体例是按照君主在位时间的先后,逐年记录某年某月发生的历史事件,所以被称为"编年体"。编年体史书具有时间清晰的突出特色,但是也有非常明显的不足。例如,时间跨度较长的历史事件,会被分段切割,放置在不同的年份或月份之下,要想了解整个事件的全貌,必须来回翻检不同年份或月份的叙述,不仅很不方便,而且还会打断读者的思维。又如,具有深远影响的历史人物,其重大而丰富的生平事迹,也会按照时间先后被分段切割,放置在不同的年份或月份之下,要想了解该人物一生的全貌,也必须来回翻检不同年份或月份中有关该人物的叙述,也是极不方便和影响阅读的事。

之所以会如此,根本的原因在于,历史是由事件来组成的,而事件是由人物来完成的,所以完整的历史画卷,要由事件发展的经线和人物活动的纬线来交叉编织而成。编年体史书主要采用了体现事件逐渐发展的经线,而缺乏展现人物细致活动的纬线,在这种情况下,要想编织出一幅时间脉络非常清晰且内容成分又丰富完整的历史画卷,那就非常之困难。

伟大的史学家司马迁,开始采用纪传体这种创新性的体例,写成了不朽名著《史记》。他采用"本纪"来逐年记录君主在位期间的重大事件,具有编年体史料的性质,属于历史画面的经线;又采用"列传"来逐个叙述重大历史人物的生平事迹表现,这是他的内容创新,属于历史画面的纬线。于是,一种新型的全景式史书,就呈现在世人面前。他的《史记》,是一部记载了从先秦时期到西汉前期多个皇朝的纪传体通史。在他之后,杰出史学家班固又采用这种体例,写成记载了西汉一朝的纪传体断代史《汉书》。看来陈寿对这两种创新性体例的史书,产生了极其浓厚的兴趣,所以才会在太学之中对之进行了锐意的研究和精心的揣摩。

但是,要想撰写出这种纪传体的史书,必备的先决条件是,对于所记述皇朝的重大事件和重大人物,以及皇朝庞大的政治结构、复杂的运行机制,周密的官员系统、完整的典章制度、微妙的人际关系等,都要有全面而深入的了解。而要想达到这样的了解,只有两种途径:其一就是亲身进入这一被记述的皇朝,而且最好是皇朝的核心政治圈中,近距离地进行直接的观察和记录;其二就是进入一个能够间接得到该皇朝详尽档案资料的官方机构,去寻求史书写作的基本素材。无论选择这两种途径之中的哪一种,都必须先进入官场去当官之后,才有逐渐实现的可能性。

总而言之,陈寿进入官场,对于他今后在纪传体史书上做出突出成就而言,并非是人生道路上毫无关联的错误选择,反而应当视为他在为自己今后成为杰出的史学家,进行了一项非常必要的前期准备,两者具有相辅相成的内部联系,如是而已。

陈寿进入蜀汉朝廷官场的过程,常璩《华阳国志·陈寿传》的记载,要比《晋书·陈寿传》更为详细:

> 初应州命,卫将军主簿,东观、秘书郎,散骑、黄门侍郎。

意思是说,他最初接受了益州行政长官的任命,在州政府中任职;接下来担任过卫将军府署中的主簿;又担任过东观郎、秘书郎;还担任过散骑侍郎、黄门侍郎。

虽然史文的文字相当简短,但是蕴含的信息却非常之丰富,所以值得在下文中逐一进行深入的解读。本章之中依次解读前面的部分,即"初应州命,卫将军主簿,东观、秘书郎"等项,至于后面部分的任职,即"散骑、黄门侍郎",则放到下面一章中再去解读。

先来说"初应州命"一事。

所谓的"州命",就是州一级行政长官的任命。自从当初关羽被孙吴袭杀而丧失荆州之后,蜀汉的疆域就只剩下一个益州了。所以此处的"州命",其实就是益州行政长官的任命。那么下达这份任命书的益州长官究竟是谁呢?史文没有明说,需要我们来做一点探索。

古时候上层社会的男性，是以20岁作为可以进入社会打拼的成人年龄，要举行戴上冠帽的成年礼仪，即所谓"冠礼"。儒家经典《礼记》中就说："二十曰弱，冠。"意思是20岁时的男性虽然身体还不够强壮，但已达到可以戴上冠帽的年龄了。所以史书之中常常使用"弱冠"一词来指代男性20岁左右的年龄。到了东汉时期，甚至把接近20岁的18岁，也称为"弱冠"。比如东汉中期的大臣胡广，就在他给朝廷的奏章中说："终、贾扬声，亦在弱冠。"他所说的"终、贾"，是指西汉皇朝的两位著名人物：一位是留下"请缨"典故的终军，另一个是写出文学杰作的贾谊。根据《汉书》中两人传记的明确记载，终军和贾谊都是在刚满18岁的时候就已显扬出声名，出任了官职。由此可以看出，当时的读书人到了18岁到20岁的年龄，已经可以进入仕途开始当官打拼了。蜀汉的情况也是如此，比如关羽之子关兴，弱冠时就开始担任朝廷中央的侍中；巴西郡南充县（今四川省南部县）人士张嶷，弱冠时就开始担任本县政府的功曹；广汉郡郪县（今四川省三台县郪江镇）人士王长文，弱冠时就开始担任益州政府的书佐。这都是明确见于《三国志》和《华阳国志》的事例。

陈寿的情况，也应该是在20岁弱冠之时开始进入仕途。为何这样说呢？

首先，他需要当官，当官的愿望非常迫切，这在上文中已经说过了。

其次，蜀汉朝廷也急需招纳优秀人才进入官僚队伍，不然也不会如此重视和提倡文化教育，这也已经在上文中说过了。

最后还有一点，就是蜀汉也完全能够为新一代的后备官员提供数额充足的职业岗位。根据《三国志·后主传》裴注引王隐《蜀记》的记载，在大约10年之后蜀汉灭亡之时，史书明确记载其全国在册民众人口是94万人，在册官吏是4万人。也就是说，平均每100人中，就有4人以上是官吏。当时的官吏，大体分为高层、中层和低层三大类。其中的高层和中层，所占数量大约还不到整个官吏数量的三分之一，而其中的每一种官职，都有具体而明确的正式名称，比如上面说过诸葛亮所担任的丞相，谯周所担任的劝学从事、典学从事之类。至于其中数量比重达到三分之二的低层官吏，大多没有具体而明确的正式名称，而是被笼统地称为"书佐"或者"假佐"。像上面提到的王长文，他刚进入仕途就是当的"书佐"，即公务文书的助理办事员。蜀汉后期的执政大臣蒋琬，最初进入仕途时也是当的"书佐"。蜀汉这一类低层官吏的数量，按照官吏总数4万人来粗略计算，就接近3万人之多。这样大的岗位数量，出现的空缺自然不在少数，因此陈寿的上岗就业也完全不是问题。

既然陈寿应当是在20岁弱冠之时进入仕途，那么按照前面所言他出生在后主刘禅建兴十一年（233年）来计算，他接到益州行政长官的任命，就是在刘禅延熙十五年（252年）。此时能够发出任命书的益州刺史究竟是谁呢？应当是蜀汉的执政大臣费祎。

蜀汉益州的行政长官，史书上明确记载的有四位：最早是由刘备本人亲自兼任；刘备病死后，是由丞相诸葛亮来兼任；诸葛亮死亡后，先后由执政大臣蒋琬和费祎来兼任。蒋琬辞去益州刺史是在刘禅延熙八年（245年），这一年的陈寿才只有13岁，根本不可能入仕当官，所以陈寿接到的这一份任命书，不会是出自蒋琬之手。费祎在同一年接任益州刺史之后，一直到延熙十六年（253年）正月为止，前后持续了八个年头。可见陈寿20岁的弱冠之年，正好就是在费祎兼任益州刺史期间。

考虑到陈寿的指导老师谯周在费祎执政期间依然担任着益州的典学从事这一职务，是费祎府署中的主要直接下属，因此陈寿能够获得费祎的任命，很有可能就是出自恩师谯周的推荐。陈寿是谯周精心培养的优秀门生之一，进入益州的州政府中担任低级官职也完全合格，所以他对陈寿的推荐，属于合情合理的事情。由于这份任命书并没有说明陈寿职务的正式名称，所以很有可能也属于上面所说的"书佐"一类了。

陈寿开始进入仕途，是他人生之路向上走的标志点。而他进入仕途之后不久，蜀汉的命运却来到了向下走的标志点，这就是执政大臣费祎突然被刺身亡。

费祎，字文伟，荆州江夏郡鄳县（今河南省罗山县，"鄳"音méng）人氏。他是蜀汉的后起之秀，为人正直开朗，宽厚博爱。当初诸葛亮出兵北伐时在向后主刘禅呈送的《出师表》中，向刘禅推荐了一批值得信赖的侍从官员，其中就特别提到了他："侍中、侍郎郭攸之、费祎、董允等，此皆良实，志虑忠纯。"后来蒋琬担任执政大臣，费祎成为蒋琬的亲密副手。延熙九年（246年）蒋琬病逝于涪县（今四川省绵阳市），费祎就接替蒋琬担任全军主帅和执政大臣，开始驻扎在北部边境的军事重地。虽然在蒋琬死后，年满40岁的后主刘禅就开始"自摄国事"，即亲自处理政事，但是费祎在世之时，刘禅依旧按照蒋琬生前的国家政务处理模式，就是凡有重大的军政问题，都要从成都派出专使，前往蒋琬、费祎的驻地，向他们咨询，由他们决断之后才会付诸实行。因此，在诸葛亮死后蜀汉存续的30年间，前面20年由蒋琬、费祎相继执政之时，在他们作出表率的情况下，蜀汉朝廷的政局基本上呈现出《出师表》中所说的"亲贤臣，远小人"的良好状态。此时蜀汉的国力虽然已经不如从前，但也保持了大体的稳定。但是，由于费祎的离奇性突然死亡，情况就急剧恶化了。

现今在四川省绵阳市的西山风景区，广元市昭化区的昭化古城，分别还有蒋琬祠墓和费祎祠墓的文化遗存，是古蜀道风景线上的重要名胜。

延熙十六年（253年）的正月初一，费祎在驻地汉寿县（今四川省广元市昭化镇）举行宴会庆祝新年。宴会之中，有一名从曹魏前来投降的人叫作郭循，其真实身份是伺机行刺的杀手。他等到费祎欢饮沉醉之时，突然走近费祎抽出利刃，结果费祎当场就被刺死，成为三国时期执政大臣当中唯一一位在公开宴会上被敌国杀手刺死者。

平心而论，蜀汉后主刘禅并非是一位生性就极端恶劣的君主。因为品行和才能比较平庸，所以他的表现究竟是好是坏，要看是谁来执政辅佐他而定。陈寿在《三国志·后主传》的末尾就这样评价他："后主任贤相，则为循理之君；惑阉竖，则为昏暗之后。"即说后主委任贤良大臣执政，就是遵循事理的君主；一旦被身边的宦官小人迷惑，就会变成昏庸阴暗的领袖。费祎突然去世之后，蜀汉再也找不出一位像蒋琬、费祎那样在威望、资历、品德和才能四方面都能兼备的执政大臣，去辅佐引导刘禅。于是乎，刘禅身边的宦官小人乘虚而入，蜀汉政局很快便出现了"亲小人，远贤臣"的糟糕局面，10年之后就被曹魏大军攻灭了。

由此可见，陈寿自身向上走的人生，是在蜀汉政局急速向下走的趋势中度过的。从仕宦生涯的得失而言，这是他的不幸；但是从史学知识的积累和史学见识的加深而言，从亲身体验一个皇朝是如何一步步走向衰亡的角度而言，这又是他难得的好机会。任何事物都具有两面性，还是老子说得好啊："祸兮，福之所倚；福兮，祸之所伏。"

再来说陈寿担任"卫将军主簿"一事。

陈寿的州政府书佐职务没有担任多久,他就升职晋级,担任新的官职了。升职晋级的标志,就是新的官职有了正式的名称,即卫将军府署中的"主簿"。此处所说的"卫将军",是当时的高级军职之一。蜀汉的官制沿袭两汉,其中的军官职务分为高中低三大类别:高级的称为"将军",中级的称为"中郎将",低级的称为"都尉",大体相当于现今军衔制当中的将、校、尉三大类别。在"将军"这一大类之中,又可粗略划分为以下的级别:最高一级是大将军、骠骑将军;其次是车骑将军、卫将军、左将军、右将军、前将军、后将军,以下还有其他各种名号的将军。所以卫将军一职,属于第二级的高级军职中排在前面者,大体相当于现今军衔的中将。

高级军职之中,有的能够享有朝廷给予的"开府"特权,即开设自己所属的府署,并且自行任命府署中的下属,无须经过朝廷的批准。而"主簿"一职,就是府署中公文簿册的主办官员。也就是说,卫将军府署中的主簿,就相当于卫将军所属办公室的主任了。

既然府署的主簿是由上司卫将军自行任命,那么给陈寿发出这份任命书的人又是谁呢?让我们再来解读这一谜团。

卫将军是高级军职,蜀汉出任此职者,《三国志》中都有所记载,何况陈寿本人又还与这一职务发生过关系。书中记载出任者仅有两人,即姜维、诸葛瞻。《三国志·诸葛亮传》裴注引东晋孙盛《异同记》记载:

> 晋永和三年,蜀史常璩说蜀长老云:"陈寿尝为瞻吏,为瞻所辱。"

意思是说,东晋穆帝永和三年(347年),蜀地的史学家常璩说,当地的老年人相传,陈寿在诸葛瞻手下当下属时,曾被诸葛瞻侮辱过。

后来有学者根据这一记载,就认定陈寿的卫将军主簿一职,是在诸葛瞻的卫将军府署中担任的。那么这种说法可信不可信呢?

我的回答是,很有问题。

首先,东晋的孙盛,已经明确交代这是出自蜀汉老一辈人的传说,而不是出自可靠史书的确凿记载。而且常璩转述这一传说的时间是在东晋穆帝永和三年（347年），也就是十六国时期蜀地成汉政权被东晋桓温攻灭的这一年，这已经是蜀汉灭亡80多年之后的事，其可靠性就更低了。

其次，单凭含义非常笼统的"瞻史"二字，就断定这是指诸葛瞻卫将军府署的"主簿"一职，也非常牵强。

但是更为关键的，还是以下的重要证据。

根据《三国志·诸葛亮传》和《华阳国志·刘后主志》中的可靠记载，诸葛瞻是诸葛亮的亲生儿子，他出生时间很晚，诸葛亮病死在五丈原前线时他才满8岁，所以担任卫将军这一职务的时间也很晚。后主刘禅景耀四年（261年）的十月，即蜀汉灭亡之前两年，他才担任了这一职务。本章的开头已经提到，陈寿在担任卫将军主簿之后，又连续出任过蜀汉的东观郎、秘书郎、散骑侍郎、黄门侍郎等四种官职。如果陈寿果真是在诸葛瞻就任卫将军之后才担任其府署主簿的话，那么除去他担任主簿的时间之后，在蜀汉灭亡之前，陈寿就只有一年多的短短时间来完成此后四种官职的担任了。蜀汉又不是他陈寿个人的江山，他能够在一年多的时间里下了岗又上岗，上了岗又下岗，像走马灯一样反复折腾四遍吗？根本不可能嘛！何况在蜀汉灭亡之前，陈寿还因父亲去世而离职在家服丧守孝一段时间，按照当时的礼制，为生身父母服丧守孝的时限是三年。如果再扣除守孝的时间，陈寿剩余的时间就更加短促，更不可能再连续出任四种官职了。

另外，《晋书·陈寿传》中还明确记载，说是诸葛瞻本人很轻视陈寿，看不起他。既然诸葛瞻轻视陈寿看不起他，还会把陈寿请来担任自己府署中主管重要文书档案的主簿，天天看到陈寿让自己心中不舒服吗？这也不可能呀。因此，发出这份任命书的卫将军，不可能是诸葛瞻。

至于姜维就不同了。《三国志·姜维传》明确记载，他出任卫将军是在后主刘禅延熙十年（247年），直到延熙十九年（256年）升任大将军为止，前后在卫将军这一岗位上任职了9年之久。上文已经说了，陈寿入仕时应当是在延熙十五年（252年），这时姜维已经当了5年的卫将军，而且还要继续再当4年的时间。因此，陈寿要从益州的书佐，很快升任到卫将军主簿的话，正好与姜维担任卫将军的经历完全吻合起来，衔接起来了。

故而结论很明确：向陈寿发出任命书者，不是诸葛瞻而应当是姜维；发出任命书的时间，也应当是在姜维担任卫将军的延熙十五年（252年）。

《三国志·姜维传》还明确记载，姜维担任卫将军之后，曾经与费祎共事6年之久，直到费祎被刺杀为止。所以姜维之所以敢于把陈寿从书佐直接提拔为自己府署的主簿，极有可能是从费祎那里得到了陈寿的个人信息，得知此人擅长文笔，所以在费祎死后就立即把陈寿这个人才网罗到自己的府署之中，这难道不是既合情又合理的事情吗？

姜维其人，字伯约，原本是曹魏境内的天水郡冀县（今甘肃省甘谷县东）人氏。其人年轻时也曾喜爱过儒家的经学，所以与出自蜀汉太学的陈寿应当有共同的语言。后主刘禅建兴六年（228年），诸葛亮初次北伐，进军攻打祁山。此时姜维受到上司的猜疑，被迫投降蜀汉，因军事才能突出而受到诸葛亮的重用。蜀汉后期费祎死后，姜维成为蜀汉全军的主将，长期率军在陇西一带的前线抗击曹魏，以求避免卷入成都朝廷中央的政治纷争。因此，陈寿就任卫将军府署主簿一职之后，也会随同上司姜维前往陇西的战场，成为军队正规编制之中的一员。于是，本书的主人公陈寿，就此正式参军了！

根据《三国志·姜维传》的记载，姜维在担任卫将军的最后4年间，在陇西前线向曹魏发起的军事行动总共有如下4次：

第一次在延熙十六年（253年）的春天。他率领数万人马，从石亭（今甘肃省礼县西北）出发，经由董亭（今甘肃省武山县南），前去包围曹魏的南安郡（治所在今甘肃省陇西县东南）。曹魏的雍州刺史陈泰，指挥大军前来解围，姜维因军粮耗尽而撤军退回。

第二次在延熙十七年（254年），蜀汉给予姜维"督中外军事"的特殊名号。凡加这一名号者，就有权指挥京城和外地的一切军队，成为全国军队的总指挥官。姜维接受名号之后，立即再次出兵陇西，进攻曹魏的军事要塞狄道县（今甘肃省临洮县），对方的代理县长李间举手投降。姜维乘胜前进，围攻对方的重镇襄武县城（今甘肃省陇西县），打得敌军大将徐质大败而逃，姜维将对方三个县的大量投降民众作为丰厚战果带了回来。

第三次在延熙十八年（255年），姜维与蜀汉大将夏侯霸一同出兵，经由上面所说的狄道县杀进敌方境内,在洮水西岸与对方的雍州刺史王经展开大规模激战,一举击败王经,敌军的伤亡达到数万人之多。

第四次在延熙十九年(256年)春天,光荣晋升大将军职务的姜维再次出动大军,进攻敌方境内的又一军事要地上邽县城(今甘肃省天水市),结果被曹魏大将邓艾打得大败,引起全军上下的不满。姜维只好向朝廷请求处分,结果被贬职为后将军,依旧代行大将军的职权。

以上4年之中,姜维连年出兵而没有间断。正在担任姜维府署主簿一职的陈寿,自然也会参加军队的连续征战,艰苦、疲劳、焦虑、疾病、伤痛,都是免不了的。但是,国家主力军团的兵员组成,强大战争机器的全速运转,详尽战争谋略的策划实施,激烈交锋局面的灵活应对,官兵人际关系的合理调整,后勤粮草供应的充分保障,胜负成败后果的坚定承受,这一切与军事战争相关的方方面面,陈寿也有了亲眼的观察、亲身的体验,甚至是亲手的记录。

三国是一个战争极其频繁的时代,据笔者专文研究统计,整个三国时期的96年间,包括酝酿阶段和正式阶段,参战各方出动兵力总计在5万人左右的大型战役,以及明显在5万人以上的特大型战役,就有92次之多,真可谓年年有大战,岁岁有烽烟。至于中型和小型的战斗,更是多得难以计数。金戈铁马,血雨腥风,这是名将和军事家生长的肥沃土壤,所以在战场上一展身手、各领风骚的名将和军事家,就成为三国历史画卷中引人瞩目的一大群体。这就意味着,如果陈寿今后想要撰写一部三国时期的完整历史,那就绝对少不了战争事件和战争人物的内容。因此,陈寿这一段难得的参军经历,后来就变成了他撰写《三国志》时一笔非常宝贵的财富。

最后来说陈寿任职"东观、秘书郎"的事。

陈寿结束卫将军主簿一职之后,又从军队武官的工作岗位转到朝廷中央文官的岗位,即出任"东观、秘书郎"。

对他出任这两种文官的记载,《华阳国志·陈寿传》与《晋书·陈寿传》的文字有所不同。前者的原文是"东观、秘书郎",后者的原文是"观、阁令史"。于是问题就来了,这里指的是两种官职还是一种官职?这两种记载的准确含义究竟是什么?哪一种记载更为可信?出任这样的职务对于陈寿又有怎样的重要意义呢？下面我们就来逐一破解这四个谜团。

第一个谜团，这里指的是两种官职还是一种官职？

我给出的答案是，两种记载各自都是指的两种官职。《华阳国志》所说的"东观、秘书郎"，实际上是"东观郎、秘书郎"的简略写法，中间省略了一个"郎"字，以免措辞重复。而《晋书》所说的"观、阁令史"，实际上也是一种避免措辞重复的简略写法，把"东观令史、秘阁令史"中间的"令史"二字省略了。下面就会讲到，东观和秘阁都是当时中央的两个机构，但是各自担负的职能并不相同，绝对不能混为一谈。然而现今流行的《晋书》标点本，却没有把"观、阁令史"中间那个绝对不能省略的顿号标出来，变成了"观阁令史"的模样，这样就会误导读者，让读者以为"观阁"是一个单独的政府机构，这就有点令人遗憾了。

第二个谜团，这两种记载的准确含义究竟是什么？

所谓的"东观"（"观"字的读音为guàn），乃是东汉皇朝之中一种综合性文化机构的名称。当时洛阳的皇宫，分为南宫和北宫两大部分。在南宫之中，有一处建筑叫作"东观"。根据《后汉书》的记载，这一建筑具有综合性的多种用途，既是典籍文献的藏书之处，也是学者奉命在此著书立说之处，校勘书籍文字之处，开设教学讲座之处。归总而言，东观就是藏书、著书、校书和讲书四者兼备的多功能文化场馆。东汉时期皇家在洛阳的藏书之处，除了东观，还有辟雍、兰台、石室、宣明殿、鸿都门等机构和学校，但是都不及东观藏书的丰富和珍贵，所以东观才会成为众多学者著书、校书和讲书的地方。至于东观的藏书种类，主要有儒家的五经，即《诗经》《尚书》《周易》《礼经》和《春秋经》，还有诸子百家、各种传记、艺术文献等，有的书籍还有多种不同的流传版本。

自从西汉武帝"罢黜百家，独尊儒术"以来，儒家经典的传播和讲述之风大为兴盛，于是出现了同一种经典存在多种版本，甚至同一种版本也存在多种解读的纷繁状况，使得后起的求学者难以进行选择和遵从。为了消除这些纷繁状况，东汉皇朝开始采取措施。措施中最重要的第一步，就是对儒家经典的文本进行统一，这就需要利用多种版本进行相互比较，校勘那些错误不当的文字，以求形成一个完善和正确的统一文本。于是乎，官方就专门选拔了一批具有深厚文化素养的学者，集中到藏书丰富的东观之中，来担任校勘书籍文字的官员，其官名的全称是"东观校书郎中"或者"东观校书郎"，简称为"东观郎"或者"校书郎"。

此后建立起来的蜀汉，以"兴复汉室"作为政治号召，所以在国家施政制度上也承袭东汉，在朝廷的中央设置了"东观"这一机构，以及机构的专职官员"东观郎"。陈寿担任的新职务，正是这种东观郎。据《华阳国志》记载，前面提到过的王崇，也因为"学业渊博"而担任过蜀汉的东观郎。

至于所谓的"秘书"，也是当时皇朝机构的简称，正式的全名是"秘书省"，当时又习称为"秘阁"或"内阁"。之所以习称为"内阁"，是因为其机构设置在皇宫之内。后世常用的"内阁"一词，追根溯源就是由此而来。

秘书省的设置也与东观一样，是起自东汉皇朝。据《后汉书》记载，东汉桓帝延熹二年（159年）八月，朝廷开始设置"秘书监"的官职，于是流行后世的"秘书"一词从此开始出现。为何取名为"秘书"？唐代史学家杜佑在他的名著《通典》中有如下解释："以其掌图书、秘记，故曰秘书。"说这一官职的得名，是因为它掌管着皇家的图书和秘藏记录。后世的秘书已经不掌管图书，倒是专门负责秘藏记录的机要人员了。

蜀汉沿袭东汉制度，也在皇宫中设有秘书省的机构。机构官员的配置，据《三国志·郤正传》完整而清晰的记载，长官是秘书令，以下依次为秘书郎、秘书令史，以及担任杂务的秘书吏。所以陈寿所担任的秘书郎，乃是秘书省长官秘书令的副手。

至于蜀汉秘书省的具体职能，在这一机构中工作了30年之久的秘书令郤正亲自撰写的文章中曾有描述，说是"踌躇紫闼，喉舌是执"。这也见于《郤正传》之中。意思是说，我每天在秘书省的紫色大门中思考徘徊，因为充当了皇帝喉舌的职能。

充当皇帝的喉舌是什么意思呢？说穿了就是为皇帝草拟各种诏令文件，从而发布宣示给天下官民知晓，相当于是在代替皇帝张嘴发话。可见蜀汉秘书省官员的职责，与东汉时掌管皇家图书和秘藏记录的职责明显不同，而且在政治作用上更为重要。

第三个谜团,两种记载中的哪一种更为可信?

比较而言,还是《华阳国志》的记载具有更高的可信度。一是因为在文字的表述上,它比《晋书》的记载更加细致和明确;二是因为在问世的时间上,它比《晋书》要早300年之久,距离陈寿生存的时代更近;三是因为在著者的籍贯上,《华阳国志》的著者常璩,与陈寿一样都是益州的土著人士,所以对于陈寿这位同乡先贤的生平,其了解程度要比唐代的《晋书》编撰者更加深入细致。

第四个谜团,出任这样的职务对于陈寿又有怎样的重要意义呢?

这个问题的答案,要在对陈寿整个蜀汉仕宦生涯进行总结性回顾时,再来回答才比较合适,所以就留在下一章中来揭晓了。

陈寿担任了上述州政府书佐、卫将军主簿、东观郎、秘书郎这四项官职之后,来到蜀汉后主刘禅的身边,担当了皇帝的侍从近臣,还遭到了父死、国亡的悲惨祸事。这正是:

初入官场多曲折,又逢蜀汉衰亡时。

要想知道陈寿在蜀汉灭亡之前,来到皇帝身边担任了哪两项侍从官员的显要职务,又在夕阳的余晖之中眼看着皇朝怎样走向灭亡,请看下文分解。

第四章

双重打击

在上一章中，我们解读了陈寿进入蜀汉官场之后，担任最初四项官职的背景故事和文化信息。本章再来解读他在蜀汉朝廷中担任的最后两项官职，即"散骑、黄门侍郎"。之所以将这两项职务专门放在本章中讲述，是因为它们与本章的题目，即陈寿在蜀汉灭亡之前所受到的"双重打击"密切相关。

所谓的"散骑、黄门侍郎"，乃是散骑侍郎、给事黄门侍郎这两种官职的简略表述，两者都是皇帝身边的侍从官员。

其中，给事黄门侍郎的具体职责，在诸葛亮的《出师表》中，有如下清晰的叙述：

> 侍中、侍郎郭攸之、费祎、董允等，此皆良实，志虑忠纯，是以先帝简拔以遗陛下。愚以为宫中之事，事无大小，悉以咨之，然后施行，必能裨补阙漏，有所广益。……
>
> 至于斟酌损益，进尽忠言，则攸之、祎、允之任也。……若无兴德之言，则责攸之、祎、允等之慢，以彰其咎。

意思是说，侍中郭攸之、侍中费祎、黄门侍郎董允等，全都是优良诚实，志向思想忠诚纯洁的人，所以先帝把他们挑选出来留给陛下担任侍从官员。愚臣以为皇宫之中的事务，无论大小，都应当先咨询他们，然后再施行；这样必定能够弥补缺陷遗漏，吸收更广泛的有益意见。至于对政事进行斟酌改革，充分进献忠言，应当是郭攸之、费祎、董允他们的责任。如果他们没有帮助陛下培养品德的言论，就应当责问郭攸之、费祎、董允等人的怠慢，以求表明他们的过失。

从表文中可以明确看出两点：首先，蜀汉的侍中和黄门侍郎，其具体职责主要是在皇宫各种事务的处理方面，向皇帝进献忠言，为皇帝提供咨询，从而避免出现缺陷遗漏，促进皇帝培养品德；其次，在官职的品级上，侍中的地位要比黄门侍郎更高，所以排名是在黄门侍郎的前面。

至于散骑侍郎，也与黄门侍郎一样，是皇帝身边的侍从官员，其具体职责和官职品级两方面，都与黄门侍郎相同，所以当时的史文中常常将两者并称为"黄散"。

秦皇朝最早在皇帝身边设置了"散骑""中常侍"这两种侍从官员。其中的散骑，是在皇帝出行之时，骑着马分散在皇帝专车的后面跟随，听候皇帝的使唤，故而得了这样的官名。至于中常侍的得名，则是因为常常在禁宫之中服侍皇帝的缘故。两汉之后，散骑与中常侍合并为一种官职，叫作"散骑常侍"；又在散骑常侍之下，加增了"散骑侍郎"的官职，这就是散骑侍郎官职的由来。

说到这里，细心的读者会有疑问了：陈寿担任过的散骑侍郎和黄门侍郎，其具体职责既然都是向皇帝进献忠言和提供咨询，那么他们君臣之间，总要有与现实生活密切相关的具体话题吧，否则不是成了脱离实际的泛泛空谈了吗？这种不着边际的空谈，又有什么现实性的意义呢？

我的回答是，他们的谈话绝对不是脱离实际的空谈。原因在于，散骑侍郎和黄门侍郎，以及官阶比这两者更高的侍中，还共同承担了一项极为重要的具体职责，那就是共同评审尚书台呈奏上来的军政公务机要文书，从而为皇帝亲自作出决策和批示，提供最有价值的参考意见。因此，他们与皇帝之间的君臣谈话，实际上就是这种参考意见的具体表达，是对朝廷重大政策的分析、研究、考量和判断，所以具有非常强烈的现实意义。上述重要职责，在《宋书·百官志》的史文中有如下确凿记载：

魏、晋散骑常侍、侍郎，与侍中、黄门侍郎共平尚书奏事。江左乃罢。

意思是说，魏、晋时期的散骑常侍、散骑侍郎，要与侍中、给事黄门侍郎一起，共同评审和衡量尚书台呈奏给皇帝的公文文书。这项制度到了东晋在江南建立政权后才停止。

当时的尚书台，是朝廷中央具体承办军国大事的执行机构，类似于后世的行政院。其长官叫作"尚书令",副长官叫作"尚书仆射"("射"字的读音是yè),下面各个分支机构的主办官员叫作"尚书",分工处理各种类别的军国大事。按照当时制度,尚书台承办的各类公务,要预先写成公文呈报给皇帝,由皇帝御览并作出批示之后再具体执行。在皇帝本人御览和批示之前,又要先由侍中等侍从长官共同评审衡量后提出具体意见,作为皇帝进行批示时的重要参考。这一重要制度,总结起来就是史文中所说的"共平尚书奏事"。

这一制度产生的准确时间,根据《续汉书·百官志》李贤注引《献帝起居注》的史文记载,是在东汉献帝刚刚即位的初平元年(190年)。这是东汉末年汉朝建立的制度,所以后来建立的蜀汉,也遵循采用而不改。那么这一制度的产生具有怎样的深层次背景呢?这是非常值得向读者诸君略作解读的重要文化信息。

从更加广阔的历史文化视角来看,从东汉、三国到隋唐,乃是封建皇朝统治权力的分配格局开始发生变革的时期,总体趋势是权力分配的格局更加合理和完善,最后在隋唐时期形成了著名的"三省六部"权力分配体制。而此处提到的侍中等官员共同评审尚书台公务文书,则是整个变革趋势中的关键性环节之一。

封建皇朝集中在中央君主手中的皇权,是政权机器权力系统的核心部分,实际上是由三部分构成:决策权、审批权和执行权。

大体说来,在西汉时期,实行丞相执政制,丞相是中央朝廷行政系统的首脑,对皇帝负责,在皇帝的委托之下,行使执行权。一般设置一人,也称为相国。由于中央集权制度的施行还不久,权力还缺乏非常明晰的划分,丞相不仅行使了执行权,而且有时还染指决策权和审批权,这样就对君主的皇权,构成了严重的威胁。

光武帝刘秀建立东汉皇朝,开始强化君主的皇权,于是革除旧的丞相执政制,改用新的三公执政制,以太尉、司徒、司空为三公,分工共同执掌朝政。三公分享了原来只属于丞相一人的权力,权力发生分散,一人垄断权力从而威胁君主皇权的可能性,就大大减小了。与此同时,光武帝还对执政三公的权力进行了明确的分割,即把军国机要事务的掌管和处理,放到了宫廷之中自己身边的尚书台。所谓"尚书",字面上的意思是管理文书。尚书台原本是皇帝身边负责文书收发之类事务的一般性服务机构，并无太大的权力，相当于现今的文件收发室。但是，光武帝将其改造为军国机要事务的处理机构之后，尚书台就变成朝廷的机要中枢，这样一来，光武帝就至少把决策权和审批权紧紧抓在了自己的手中，所以《后汉书·仲长统传》对此有非常精辟的总结，说是光武帝"虽置三公，事归台阁"。此处的"台阁"，是当时尚书台的别名。

但是，一旦朝廷中出现强势的大臣，又会重新恢复丞相执政制，以便自己一人大权独揽，甚至将皇权的三部分，即决策权、审批权和执行权，全部都抓在自己手中。比如东汉末年的董卓，就自任相国，把已有的三公完全架空。而曹操则更进一步，直接宣布废除三公，由自己一人出任丞相。

后来的隋唐，实行三省六部制，在皇帝的驱使和监管之下，国家机器的运作有了比较明晰的分工：中书省主管制定政令；门下省主管审议政令；尚书省主管执行政令，下设吏户礼兵刑工六部，分工执行各类公务。这三省分别承担政令的决策权、审批权、执行权。三省的长官，即中书令、侍中和尚书令，都以执政大臣的身份，共同在政事堂议定军国大事。这一制度，既能保障国家机器的合理分工和高效运转，又能使权力不至于过分集中在一人之手，从而保障了君主皇权的相对安全，是封建皇朝中最为合理的运作体制。隋唐辉煌高峰之所以能够出现，与此密切相关。

但是，形成三省六部制的关键步骤有二：第一步是将政令的决策权，从尚书台分离出来，明确配置到皇帝身边的秘书机构之中，比如上面提到过的蜀汉秘书省，从而将原本掌控机要的尚书台变为比较单一的执行机构；第二步则是将政令的审批权，也放到皇帝身边的审批机构之中，从而对尚书台的执行权力形成必要的制约。而皇帝身边的侍从长官，即侍中、给事黄门侍郎、散骑常侍、散骑侍郎，就正好是审批机构的主要成员。可见侍中等官员共同评审尚书台公务文书的制度，确实是整个变革趋势中的关键性环节。

既然侍中等侍从官员的基本职责，就是共同评审尚书台的公务文书，而尚书台呈送的公务文书数量又很多，所以他们与皇帝的谈话，就与公务文书的具体处理直接相关，而绝非是脱离实际的泛泛空谈了。举一个生动的例子就可明白。

《三国志·董允传》记载，董允字休昭，南郡枝江县（今湖北省枝江市）人氏。他的父亲董和，字幼宰，为人正直清廉，尽忠尽责，是蜀汉建立之初的骨干大臣，诸葛亮的亲密助手。后世流传的"集思广益"的典故，就是从诸葛亮赞美董和的话语中产生而来。董允继承了他父亲正直、干练的两大优点，是蜀汉官员的后起之秀，被诸葛亮安排在后主身边，担任侍从官员的领衔者侍中。后主刘禅成年之后，先后娶了张飞的两个宝贝女儿为皇后，另外又有多名嫔妃。但他依然不满足，经常想要挑选新的美女进宫充当嫔妃。每一次董允都会劝阻他，说是古代天子的后妃，数量最多不超过十二名，而现今陛下的后妃数量，按照这样的标准已经配备齐全，所以不应当再增加了。在他的坚持之下，后主也只得打消了念头。你看，侍从官员与皇帝的谈话，已经直接关系到皇帝的私生活，这难道与实际问题的具体处理完全没有关系吗？难道还是一种脱离实际的泛泛空谈吗？答案当然是否定的。

以上的叙述，从上一章到这里，我们回顾了陈寿在蜀汉存续期间的整个仕宦经历。他的仕宦经历，分为如下四段过程：

首先，是在益州的地方行政机构之中，担任低级的办事吏员；

接着，北上陇西前线，在军队主力野战兵团的卫将军府署，主管军务文书的办理；

然后，回到京城成都，进入皇宫之中的东观和秘书省，参与有关图书文献和皇帝诏令的各种具体事务；

最后，来到皇帝的身边，充当侍奉皇帝的近臣，在军政事务上为皇帝进献忠言和提供咨询。

这四段过程的移动轨迹，是从基层的地方政府，转往前线的野战军营，再进入中央的朝廷，最后来到皇权核心的皇帝身边。从政府的范围上说，既包含了地方，又包含了中央；从官职的性质上说，既包含了文职，又包含了武官。也就是说，他的仕宦经历，几乎涉及到整个蜀汉国家机器中各个重要的运转部分。这是一份极其完整的仕宦经历，为他今后撰写三国时期的纪传体史书，尤其是蜀汉的历史，积累起了必须具备的直接体验和亲身历练。

特别值得注意的是，陈寿还有在东观和秘书省任职的这一段难得的经历。前面已经说过，东汉皇朝的东观，具有藏书、著书、校书和讲书的综合性功能。纪传体断代史名著《汉书》的编撰者班固，当初就曾长期在东观从事过校书、著书的工作。而陈寿早在蜀汉太学求学之时，就曾在老师谯周的培养指导之下，"锐精《史》《汉》"，即锐意精心研究司马迁的《史记》和班固的《汉书》，可见他对于纪传体史书的编撰，早就有了强烈的兴趣。现今陈寿也如同班固一样，来到藏书丰富的东观担任官员，他心中的激动可想而知。因此，陈寿定然会在蜀汉的东观之中，继续全面而深入地研究纪传体史书编撰的各种问题。同时，他也会抓紧机会，广泛涉猎外面难得一见的珍贵图书文献，大力搜集编撰史书所需要的各种有用史料。另外，由于蜀汉的秘书省具体负责皇帝诏令的草拟，所以陈寿在这里又能够亲自接触到朝廷最高级别的官方文件档案。这一切，又将为他日后的史书编撰，在专业水准和史料积累两方面打下非常坚实而全面的基础。

至此，我们对于上一章中提出的第四个谜团，即出任蜀汉种种职务对于陈寿又有怎样的重要意义，就可以进行回答了。归总起来就是：

陈寿出任蜀汉朝廷上述多方面的军政职务，对于他后来撰写不朽史书《三国志》，具有决定性的重要意义；如果没有这样一份完整的仕宦经历，他就无法撰写出这样一部光耀史坛的纪传体正史。

那么散骑侍郎和黄门侍郎的官阶级别又是多高呢？这也是一个需要交代清楚的历史文化知识点了。

三国时期的曹魏，在人才的选拔上创立了"九品中正制"，以九种品级来区分人才的高下。稍后又把九种品级运用到了官阶的高低区分之中，从最高的一品，到最低的九品，一直沿用到了明清时期，还流传到了东边的古代韩国。后世常说的"七品芝麻官"，就由此而来。但是，当时的蜀汉，依旧遵循东汉时期的官阶制度来区分高低，而且区分的标准还带有实物经济的原始影子。根据《续汉书·百官志》的记载，东汉的官阶等级，是以粮食性的月俸多少来区分高低的，以容量"斛"为标准，一斛为十斗，一斗为十升。最高级的大将军、三公，每月领取粮食三百五十斛，其次的中二千石，每月领取粮食一百八十斛，以下还有二千石、比二千石、千石、比千石、六百石、比六百石、四百石、比四百石、三百石、比三百石、二百石、比二百石、一百石、斗食，直到每月领取粮食八斛的最低级吏员，叫作"佐史"，一共有十七级之多。

散骑侍郎和黄门侍郎二者，都属于六百石这一级，每月领取粮食七十斛，级别属于中等。只有侍从官员中领头的侍中，级别较高，达到比二千石这一级，每月领取粮食一百斛。

虽然等级的高低，纯粹以粮食容量的多少来作标准，但是实际上每月发放俸禄的时候，却大体按照一半粮食一半现钱的比例来发放。比二千石一级的侍中，每月发放现钱五千，米粮三十四斛；六百石一级的散骑侍郎和黄门侍郎，每月发放现钱三千五百，米粮二十一斛。试想一下当时每月发放俸禄的时候，大小官员的家人仆役，车拉人扛，将一贯贯响当当的铜钱，一袋袋白花花的米粮运回家去，欢声笑语洒了一路，那是多么接地气的生动场景！

你或许还会有疑问：这黄门侍郎的"黄门"究竟是什么意思呢？原来，当时的皇宫大门，是采用黄颜色来涂饰，故而称之为"黄门"或"黄闼"。朝廷百官禁止随便进入黄门，所以黄门以内又叫作"禁中"。但是，带上"黄门"字样的黄门侍郎，就有跨进黄门来到宫中的特权。同样作为皇帝侍从官员的侍中和散骑侍郎，也有跨进黄门的特权，不仅能够跨进黄门，而且还能够评审尚书台呈送上来的公务文书。虽然官阶级别并不算很高，可是享有了这两种非同凡响的特权之后，就很牛，所以陈寿在相继担任散骑侍郎和黄门侍郎期间，同样也是牛了一阵子。

至于侍从官员中的领头者侍中，那就更牛了。因为在侍中所戴官帽之上的两侧，特别增添了两种显示特殊身份的稀罕装饰品：挂在左侧的一种是貂尾，即貂这种稀少动物的漂亮尾巴；挂在右侧的另一种是蝉形金珰，即带有蝉形花纹图案的黄金片状装饰品。这两种装饰品，当时称之为"左貂右蝉"，合称为"貂蝉"。读者诸君又可以想象一下，在戴着固定样式官帽的朝廷百官行列之中，官帽两侧挂着如此不凡装饰品的侍中，陪伴着至尊的皇帝陛下出现在众人眼前，岂不令人艳羡不已吗？附带说一句，这种蝉形金珰的实物，现今考古已有发现，前不久笔者就在成都武侯祠博物馆举办的"大三国志展"上看到了，极其精美小巧，兼具文物和艺术价值。

后来元代的《三国志平话》和罗贯中的长篇小说《三国演义》，为了突出那位配合司徒王允使出"连环计"的美貌女性，便把"貂蝉"这一非常特别的名词，顺便借了过来，作为她的芳名了。由于这一名字听起来很有一点儿美妙的韵味，从此之后，绝色美女貂蝉的芳名就传遍了世间，还被人评为中国古代四大美人之一。可惜有些人却不知道，这位女性参与"连环计"的故事，连同她的芳名貂蝉，都是出自后世的文学性虚构；在吕布生活的朝代，"貂蝉"一词倒真的是有，然而指的却是两种装饰品，属于没有生命的东西，这样的真相说出来之后，是不是有一点儿煞风景呢？

老子福祸相依的哲理随时都会出现。就在陈寿的境况多少有点儿牛的时候，负面的打击却悄然来临。

打击，来自一个这样的角色：他不仅同样具有跨进黄门的特权，甚至还具有管理黄门的特权。此人是谁？就是后主刘禅最为宠信的宦官黄皓。

宦官是中国封建帝王宫廷之中一个非常特殊的男性群体。封建帝王以及他的一大家子，皇后嫔妃、儿子女儿，都是养尊处优的角色。这一大家子的日常生活，包括衣食住行、吃喝拉撒、生老病死，处处都需要由别人来照顾，所以宫廷之中的服务人员很多。其中除一部分女性之外，其他需要出大力、快跑路的种种场合，还需要有一大批男性来服务。为了彻底避免这些男性对宫廷的嫔妃等女性，做出男女之间的那种性行为，秽乱后宫，甚至繁衍出非纯种的皇子皇孙来，于是在其幼小时候，就对他们进行了残酷的阉割手术，切除其外阴生殖器官，使之处于不男不女的状态，然后送进宫廷中去为皇家服务，后世习称宦官或者太监。

由于宦官的人数不少，所以也会设置不同的职务来进行分工管理。蜀汉沿袭东汉，设置了中常侍、黄门令、黄门丞等，均从宦官之中选择人员来担任。中常侍是宦官的大总管，相当于大太监。黄门令是比中常侍等级要低的部门主管，手下有10多名普通宦官，主要负责内宫大门（即黄门）的看守管理，监视人员的出入。黄门丞是黄门令的副手，协助黄门令看管内宫大门。

后世对于宦官，多半会有偏颇的歧视心理。其实平心而论，宦官之中也有作出巨大贡献的非凡人物，比如东汉时对造纸术作出重大改进，采用破布、渔网等废旧原料造出廉价纸张，使得造纸工艺广泛传播的蔡伦，还有明朝著名的航海家和外交家郑和，都是彪炳青史的杰出英贤。

当然，宦官中也同样存在邪恶人物，这毋庸讳言。而从小在文化教育上的缺失，受到难以启齿的阉割之后心理的扭曲，以及长期生活在封闭性宫廷之中造成的性格阴暗，都是促使宦官滑向邪恶的因素。东汉后期宦官干政的恶劣后果，使得诸葛亮在《出师表》中发出了"亲小人，远贤臣，此后汉之所以倾颓也"的浩叹。但是他却没有预料到，后汉的恶例竟然又会在蜀汉后期重演。而在恶例重演中的主要角色，就是这个黄皓。

黄皓其人的籍贯和出身家世，《三国志》中没有专门安排他的传记来进行交代，只是在《董允传》等相关人士的传记中，附带对其事迹和影响进行了记载。不过虽然记载不多，却足以使读者对其基本了解并作出判断。

黄皓原本只是后主刘禅身边的一名普通宦官，但是他很有一点儿小聪明，就是特别善于观察刘禅的心理，然后说出刘禅最为喜欢听的谄媚话语，从而获得刘禅的欢心。董允担任侍中期间，不仅对刘禅进行严肃的正面辅导，促使其进修品德，而且也对黄皓的谄媚言行，多次进行严厉责备。黄皓畏惧董允，只好暂时收敛，不敢做出过分的坏事。因此，在董允任职期间，黄皓的职务最高只是看守内宫大门的黄门丞，即黄门令的副手而已。

延熙九年（246年），是蜀汉政局发生转折的关键之年。坐镇成都辅导皇帝的栋梁大臣董允，在外统理军政的执政大臣蒋琬，先后不幸去世，40岁的后主刘禅开始亲自处理政事。此时外边镇守北部边境的执政大臣费祎，选了一个自己中意的人来继承董允，担任刘禅身边的首席侍从长官侍中。此人是谁？就是北方汝南郡（治所在今河南平舆县西北）人士陈祗（qí）。

陈祗，字奉宗，他是蜀汉大臣许靖哥哥的外孙，从小因为失去父亲，所以在许靖家中寄养。许靖来到益州当官，陈祗也一同前来。他为人矜持冷峻，容貌威严，多才多艺，所以在20岁左右就有了名气，此前在尚书台担任尚书郎。费祎看重他，特别提拔他出任侍中，希望他能够像董允那样严格辅导后主刘禅，走向正道。谁知道费祎却看走了眼，陈祗上任之后，反而与黄皓沆瀣一气，走到了一起。由于陈祗与黄皓内外勾结，其结果就是黄皓开始动手干预国家的政事。东汉宦官干政的覆辙，就这样又在蜀汉拉开了重演的序幕。

黄皓为何会与陈祗走到一起？原因在于，黄皓对自己此前长期被侍中董允严格管制的前车之鉴,从反面进行了深刻的反省和总结。他原以为只要能够争取到皇帝刘禅的宠爱,就可以为所欲为了。结果不然,董允连皇帝陛下都敢直言进谏,侍候皇帝的奴才他更不放在眼里了。现今陈祗代替了董允,黄皓认为必须要与这个新来的侍中搞好关系,不让他从外边来与自己作对,才能够在皇帝陛下面前放心施展手段,谋取自己的好处。

陈祗又为何会与黄皓走到一起?同样也是出自捞取个人私利的考虑。陈祗是孤儿,没有父辈的直接依靠。虽然外叔公许靖在朝廷地位很高,但是并无实权,何况外叔公早在先主章武二年(222年)就去世了,距今已有24年之久,原本就有限的人际关系早已淡漠无存了。现今他好不容易走了大运,从品级仅仅只有四百石的尚书郎,一下子向上跨越了比六百石、六百石、比千石、千石,直接达到了足足要高五级的比二千石侍中,怎样才能站稳脚跟,保住眼前的官职,就是他最为关心的首要大事。陈祗是执政大臣费祎推荐上来的,而费祎与前任董允是丞相诸葛亮最为看重的侍从官员,两人的关系非同一般。而董允对黄皓的鄙视尽人皆知,黄皓对董允的反感也可想而知。如果黄皓在皇帝面前说陈祗的坏话,陈祗的职位马上就有可能动摇。一番深沉衡量的结果,尽量与黄皓搞好关系,就成为陈祗的既定方针。

于是乎,黄皓与陈祗就组成了谋取私人利益的二人帮,黄皓在内,陈祗在外,相互呼应,彼此支援。陈祗在黄皓的帮助之下,很快就取得了后主刘禅的高度信任。五年之后的延熙十四年(251年),尚书令吕乂去世,陈祗得到后主的旨意,兼任了主管尚书台的尚书令,将朝廷机要事务的审批权和执行权,一并抓在了手中。而黄皓得到陈祗的帮助,也开始干预朝廷的政事。蜀汉的宦官干政,就这样开始进入最严重的阶段。

但是,陈祗毕竟是一个很有城府的角色。他虽然与黄皓沆瀣一气,却没有在黄皓担任的具体职务上,尽力在后主面前作出推荐。因为他怕黄皓升官之后权力增大,会对自己的权力造成影响和削弱。因此,黄皓在陈祗生前,职务只提升了一级,从黄门丞升为黄门令。

又过七年的景耀元年(258年),陈祗去世,后主刘禅深为痛惜,一说起陈祗来就泪流满面。陈祗一死,黄皓的职务马上发生了剧变,他不仅被提升为总管宫廷宦官的中常侍，而且还兼任了主管皇帝车队的奉车都尉，从此开始强力操纵蜀汉政务，《三国志·后主传》对此明确记载为"宦人黄皓始专政"。

三年之后的景耀四年（261年），35岁的卫将军诸葛瞻，被后主刘禅授予"行都护"的职务，开始代行执政大臣的职权。此时的黄皓，在操纵蜀汉的政务上更加严重，所以传文形容为"宦人黄皓窃弄机柄"，即盗窃玩弄朝廷的机要大权。这一"窃弄机柄"的措辞清楚地证明，蜀汉宦官对政治的操纵，确确实实已经从参与性质的"干政"，升级为操纵性质的"专政"了。

黄皓"窃弄机柄"的具体手段，其实很简单，就是把深宫之中的后主刘禅，与外面朝廷的百官完全隔离开来，由自己在中间来管控所有信息的输入与输出：皇帝刘禅要对外下达的旨意，统统由自己精心"加工"之后，再向外对朝廷百官进行传达；而外面朝廷百官要向皇帝刘禅禀报的情况，也统统由自己精心"加工"之后，再向刘禅报告。前面一个"加工"，主要是巧妙塞进自己的"私货"，从而把皇帝的旨意变成了自己的旨意；而后一个"加工"，主要是断然剔除各种听起来令刘禅讨厌的糟糕事件，从而让刘禅感到天下太平，心情舒畅。当初诸葛亮《隆中对》说曹操在政治上是"挟天子而令诸侯"，如今的蜀汉黄皓，则可以说是"欺天子而令诸侯"了。

陈寿遭受的第一次打击，就来自这个已经专政的黄皓。

黄皓专政出现之后，蜀汉朝廷人士的反应，大致可分为三类。

第一类是听之任之，不敢进行矫正。比如，已经担任代理执政大臣的卫将军诸葛瞻和辅国大将军董厥就是如此。《三国志·诸葛亮传》记载："宦人黄皓窃弄机柄，咸共将护，无能匡矫。"说是黄皓窃取朝廷机要权力时，诸葛瞻与董厥都对黄皓采取将就袒护的态度，没有能够加以匡正或矫正。

诸葛瞻是诸葛亮的亲生儿子，从小深受父亲在品格上的谆谆教导，照理说不应当有这样令人遗憾的表现，深究起来，还是在人情的关系上考虑得太多，而没有把国家的安危放在第一位。传文记载诸葛瞻在17岁时，就娶了公主为妻。他娶的这位公主，据拙著《诸葛亮传》的考证，应当就是后主刘禅的宝贝女儿，所以比他大20岁的刘禅，是他的老泰山、老岳父。现今诸葛瞻在35岁时执政，如果想要抵制黄皓，只有向他55岁的老岳父严肃进言。他是小辈，黄皓又是老岳父最为宠信的身边人，他对自己说的话能不能起作用，实在没有把握；如果说了又没有起作用，反而影响了与老岳父的关系，岂不是弄巧成拙？犹豫不决之下，他就选择了姑息的态度。只是到了蜀汉灭亡前夕他率军战死沙场时，才后悔万分地感叹道："父子荷国重恩，不早斩黄皓，以至倾败。用生何为！"说是我们父子两代人都承受了国家厚重的恩情，我却没有能及早斩杀黄皓，才造成今天的朝堂倾覆，我还有何脸面生存下来啊！可惜他的悔恨，此时已经晚矣。

当初诸葛瞻才8岁时，诸葛亮曾经给在孙吴任职的胞兄诸葛瑾写信说："瞻今已八岁，聪慧可爱，嫌其早成，恐不为重器耳。"说是瞻儿今年已经8岁，长得倒是聪明可爱，但是我担心他成熟得太早，恐怕今后不会成为国家的重量级栋梁人才啊。看来知子莫如父，诸葛瞻最终确实没有成为能够支撑蜀汉危局的柱石和栋梁。

第二类是不偏不倚，采取中立态度以策平安。比如前面提到过的秘书令郤正，史文中说他在秘书省工作了30年之久，而且工作的房间就在黄皓房间的隔壁；从黄皓卑微的时候，直到黄皓专权的显赫之时，两人周旋了那么长的时间，郤正既不受黄皓的喜爱，也不受黄皓的憎恶。所以尽管郤正的官职没有超过秘书令的六百石这一级别，但是他始终安安全全，没有遭到黄皓打击的忧患。

第三类是坚决抵制，不与黄皓同流合污。比如后主刘禅的异母弟弟，即鲁王刘永，就非常痛恨品行邪恶的黄皓。黄皓专权以后，就连刘永这样的亲王也敢加以陷害，他常常在刘禅的耳边进献谗言，说刘永的坏话，使得智商不高的刘禅信以为真，就逐渐疏远了刘永，以至于刘永未能进宫朝见哥哥长达十多年。还有尚书台的吏部郎罗宪，字令则，乃襄阳（今湖北省襄阳市）人氏。他从年轻时就以才学闻名，早年在蜀汉太学学习时师从谯周，被门人比喻为孔子门生中的子贡，这在前面已经说过了。黄皓专权，气焰嚣张，前去巴结依附的人很多，但是罗宪拒不与之同流合污。黄皓很生气，就把罗宪降了职，贬到东面边远的巴东郡（治所在今重庆市奉节县）去当太守。后来罗宪以"忠烈果毅"而成为西晋名臣，载入《晋书》的人物列传之中。

不难看出，第一类人是可悲的，第二类人也可以理解，只有第三类人才是可敬的。那么本书的主人公陈寿会是哪一种人呢？令人感到欣慰的是，他与他的同学罗宪一样，都是有骨气的第三类人，于是遭受打击就不可避免了。

《晋书·陈寿传》记载：

> 宦人黄皓专弄威权，大臣皆曲意附之，寿独不为之屈，由是屡被谴黜。

意思是说，宦官黄皓显示威风专享权力的时候，朝廷大臣都是曲意奉承依附他，唯独陈寿不愿意向黄皓卑躬屈膝，因而屡次遭受谴责而被罢官。

为何陈寿明知将会遭到黄皓的严厉打击报复，依然要坚决抵制黄皓，不愿与之同流合污呢？就他而言，最具有特征性的根本原因，在于他从太学时期起，长期在历史典籍文献上的精心研究和深入观察。他从既往的历史画卷中清晰地看到：优秀人物能否在青史中留下不朽美名，并不取决于他的官职有多高，权力有多大，而是取决于他能否做到儒家所提倡的立德、立功和立言，即能否建立高尚的品德，完成突出的功业和留下永恒的著作。因此，自己宁可丢官罢职，也绝对不去巴结奉承黄皓这样的邪恶小人，否则自己就有可能被后世的史家列入耻辱人物的传记行列之中。

那么陈寿是在担任哪一项职务之时被罢了官呢？从上面的史文来判断，应当是在担任黄门侍郎之时。黄皓既然把陈寿罢了官，那就绝不会再让陈寿出来担任官职，所以陈寿在蜀汉担任的最后一项官职即黄门侍郎，其实就是被黄皓所罢免的职务。前面已经说过，散骑侍郎、黄门侍郎都是皇帝身边的侍从官员，而黄皓也是皇帝身边的红人，因而陈寿在当黄门侍郎时，天天都有可能与黄皓碰面，两人发生矛盾的机会就很多了。两人碰了面，一个是骄横得意，另一个则冷若冰霜，都没有好脸色，都没有好言语，其结果当然是陈寿一再遭受黄皓甚至刘禅的谴责，最后被撤职罢官回家。

罢官回家的陈寿，心情反而变得轻松不少，因为他的老父亲此时年老多病，已经偃卧床榻，来日无多，他正好有机会在家陪伴和侍奉父亲，好好尽一下孝道。尽管他尽心服侍，延请名医诊治，依然无力回天，不久他的老父亲就溘然长逝。

在操办父亲丧事的繁琐过程之中，陈寿因为悲伤和劳累，也生病卧床了。就在这一忙乱的时刻，紧接着的第二重打击又悄然到来。

这一日，一名客人前来表示悼念慰问之意。由于来客情意殷殷，陈寿尽管病体尚未康复，也不得不躺在病榻上接见客人，感谢来客的关心。而来客却没有马上就离开的意思，而是不断与陈寿交谈，陈寿只好勉力支持，一直拖到了自己应该按时服药的时候。于是，陈寿叫来家中的婢女，也就是现今所说的小保姆，取来熬好的汤药和药丸，把自己从床上扶起来坐稳，吞服了汤药和药丸之后，又躺下来继续与客人谈话。但是，他万万没有想到，就是这样一个小小的细节，竟然造成了一个大大的负面社会舆论，这就是史书上记载的"使婢丸药"事件。《晋书·陈寿传》对此有如下记载：

> 遭父丧，有疾，使婢丸药，客往见之，乡党以为贬议。及蜀平，坐是沉滞者累年。

意思是说，陈寿遭遇父亲的丧事，劳累悲伤生了病，让家中的婢女侍候自己吞服药丸和汤药，一名客人前往时看见了，于是同乡的群体中对他作出了贬低品德的议论。到了蜀汉已经灭亡之后，陈寿都还因为此事而一年以上都没有得到新的官职任命。

在儒家经典的礼制规定中，对于生身父母的丧事最为看重。作为孝子的成年男性，要在居丧期间严格遵守多项明确的规定，其中就有不能亲近女色而发生性关系的内容，这是为了充分显示自己心中时刻都充满了悲哀之情。而处于治丧期间的陈寿，让家中的婢女侍候自己吞服药丸和汤药，就有亲近女色的嫌疑，所以遭到了同乡群体的负面评论。

但是，如果细心审视这一事件，就会发现其中的可疑之处来。

首先，陈寿此举仅仅是有亲近女色的轻度嫌疑，却并未构成男欢女爱的既成事实，如此对他上纲上线，大肆挞伐，颇有人为操作的迹象。

其次，在现场目睹这一事件短暂过程的，仅仅只有这一名客人。他如果是真心同情陈家，是来陈家进行悼念慰问的，就绝对不应该把事件立即张扬出去，从而破坏陈家的名誉。他这种事后的立即大肆张扬，反而证明他来到陈家，是怀有某种不可告人的目的的。如果把此事与陈寿刚刚被削职罢官的遭遇联系起来看，其背后应当是有黄皓奸邪的影子：要么就是此人直接得到黄皓的授意而来，要看治丧期间的陈寿有没有什么可以抓来大做文章的过失；要么就是此人事后自己主动跑到黄皓那里去密报邀功，以求获得黄皓的青睐。心中坦坦荡荡的陈寿，一不小心就被别人抓住了小辫子。从这样的角度来观察，"使婢丸药"这件小事之所以成为轰动社会的负面大新闻，就很容易理解了。

黄皓这样做的目的，就是要让陈寿不仅丢了官帽，还丢了名声；不仅在现今丢了官帽，而且在今后再也戴不上官帽。看来这个邪恶至极的宦官，真可谓居心甚毒也。这正是：

双重打击连番到，又到人生低谷时。

要想知道陈寿陷入人生低谷之后，接下来又碰到了蜀汉覆灭的政局巨变，他又如何度过这段极度难熬的悲愤时光，请看下文分解。

第五章 蜀汉悲歌

公元263年11月蜀汉的悲剧性灭亡，对于31岁的青年陈寿而言，无疑是他人生经历之中影响最大的事件：在此之前，他是蜀汉所在地益州的土著臣民，虽然也遭受过打击，但是随时可以听到的熟悉乡音，总能给他带来些许的温暖；然而在此之后，他将变成被迫漂泊到北方陌生朝廷中去打拼前途的"北漂"，不仅要适应异乡那种大为不同的水土环境，更要去适应"独在异乡为异客"的复杂人际关系，这时的他真是太难了！

那么使得陈寿遭受亡国之痛的曹魏，在当时究竟是一个怎样的政权？曹魏这次大举出兵行动的幕后操控者究竟是谁？攻灭蜀汉的军事行动又是怎样取得巨大的成功的？如果对这三个涉及时代背景的重大问题，不先来作出深入全面介绍的话，陈寿接下来的故事，特别是他这位遭到亡国之痛的"异客"，为何又能在"异乡"写出杰出史书的故事，就难以顺顺当当讲下去了。因此，本章将要针对以上三个重大问题，展现以下三段历史大场景：一是曹魏的建立发展，二是司马家族的强势崛起，三是攻灭蜀汉的战争全程。

附带说一句，此处展现中所引用的史料，基本上都是从陈寿本人撰写的《三国志》中得来，所以对这三大历史场景的展现，实际上也是陈寿本人作出的展现。讲述他本人的故事，使用他本人的展现，好比俗话所说的"原汤化原食"，岂非合情合理的事？

先来展现第一段历史大场景——曹魏的建立发展。

攻灭蜀汉的是强劲对手曹魏，而曹魏政权是由曹操开创出来的。

曹操，字孟德，东汉豫州沛国谯县人氏。当时如果某郡成为皇室亲王的封地，则改成某国，此处的沛国就是由沛郡改名而来。谯县，在今安徽省亳州市，也是神医华佗的故乡。现今这里还有多处有关三国的名胜古迹，包括考古发现的曹操家族墓地。

曹操的祖父曹腾，是东汉桓帝时的大宦官，没有亲生的子嗣，只好从夏侯氏的家中抱养了一个儿子，就是曹操的父亲曹嵩。曹嵩当官之后，弄出一个轰动京城的大手笔。原来，昏庸腐败的东汉灵帝，竟然在朝廷公开张榜卖官，明码实价，一手交钱，一手交官。顶尖级别的高官，即朝廷三公之首的太尉，价格最高，整整一个亿。曹嵩眼睛也不眨，拍出一个亿的现金，把太尉买来当了。要问他哪来的这么多钱，因为他此前当过大司农啊。这大司农是九卿当中最肥的缺，掌管了全国黄金、货币、粮食、布匹的收支调度，相当于后世中央银行、中央粮食仓库、中央物资仓库的大总管。所以一个亿对他来说，只能算是毛毛雨啦。

祖父是宦官，父亲又买官，曹操出生在这名声不好的家庭，进入体制性的官场之后，尽管一再努力，却一再遭到挫折。他断然改弦更张，选择了在体制之外使用武力开创前途的道路，经过30年的努力，最后获得成功。

东汉建安十八年（213年）五月初十，东汉献帝在临时首都许县（今河南省许昌市），下达了一道封土授爵的策书，将丞相曹操的爵位破格晋升为"魏公"，也就是以"魏"为正式国号的公爵，并打破了制度限制，把冀州下属十个郡的广大地域作为魏公的封国。在此之前，曹操已经对魏郡的邺县（今河北省临漳县西）大力进行了营建，现今就正式将其作为自己封国的都城。有了正式的爵位、领土和都城，曹魏的雏形至此就基本形成了。

之后的建安二十一年（216年），曹操的封爵又被提升一格，成为魏王。建安二十五年（220年）春正月二十三庚子，66岁的曹操病逝于洛阳。儿子曹丕遵照其遗命，继承王位当了魏王。当年的十月，东汉献帝宣布，将皇帝的玉玺、帝位和天下，一并以所谓"禅让"的方式，"和平"移交到魏王曹丕手中。至此，三国时期最早出现的曹魏宣告诞生。而整个三国时期的正式阶段，除开此前的酝酿阶段不计算在内，也是从曹丕称帝的黄初元年（220年）开始。

曹丕刚一登基，就宣布追尊父亲曹操的谥号为"武皇帝"。中国古代的帝王去世之后，照例都要由继位者给死者奉献一个谥号，而谥号是按照死者生前突出的品德或功业而定。曹操谥号中的"武"字，是对他开创曹魏基业过程中突出军事功勋的高度赞美。至于曹丕自己，虽然他只活了40岁，在位时间只有短短的7年，却在文化方面作出了突出的建树，所以他死后所享有的谥号为"文皇帝"。

也就是说，他们两父子的历史贡献，曹操偏重在"武功"，而曹丕偏重在"文治"。曹丕重视"文治"，使得曹魏充满浓厚的文化氛围，并对此后的西晋皇朝产生了直接的影响。后来陈寿之所以能够在西晋时期撰写完成了他的不朽史书《三国志》，这种一脉相承的浓厚文化氛围，是极为有利的时代背景因素。

那么魏文帝曹丕在文化上有哪些突出的建树呢？此处就选取与陈寿相关的两点来介绍。

一是图书的重聚。

图书，是社会知识的结晶，也是国家和民族在文化根脉上的具体传承和展现，其重要性不言而喻。对于图书的态度如何，能否给予充分的尊重和爱护，无疑是对一个时代进行价值高低判断的最重要指标之一。

在三国之前，中华大地上的图书，曾经遭遇到两次巨大的厄运。第一次是秦始皇的"焚书坑儒"，这大家都知道，无需多说。之后的两汉皇朝，以国家的意志和行为，先后都进行了图书的聚合、收藏和整理。西汉武帝之时，大力收集民间的图书，集中收藏在首都长安的宫廷，形成了中央的皇家图书馆。西汉后期，朝廷又指派具有丰厚文化修养的官员刘向及其儿子刘歆，对皇家藏书进行全面的清理和分类，编成了图书目录《七略》。此时皇家的藏书数量，已经超过3万卷之多。东汉皇朝建立，光武帝刘秀以及接下来的明帝、章帝三代，也都重视搜集和收藏图书，首都洛阳的皇家图书馆，同样汇聚起大量藏书，而且委派了文化修养深厚的官员班固、傅毅对藏书进行全面的清理和分类。但是，东汉末年的董卓之乱，混世魔王董卓胁迫汉献帝西迁长安之时，放火焚烧了洛阳皇宫，皇家的珍贵藏书在这场大动乱中损失殆尽，这是中华图书遭遇到的第二次大厄运。

进入三国时期，魏文帝曹丕所建立的曹魏，依靠三国之中最强的国家实力，在文化上作出具有深远意义的新举措，就是动员官方力量，重新聚合和收藏此前流散在民间各地的图书、典籍和文献。这批重新聚合的图书，被收藏在曹魏首都洛阳皇家图书馆的三处官方机构之中，使得一度遭受巨大创伤的中华文化根脉得以重新接续和有效恢复，其意义十分重大。

同样具有光彩的是，曹魏还在重聚图书的整理当中，对于图书的大类划分，采用了一项影响极为深远的创新分类法，就是"四部分类法"，可以简称为"四分法"。

在三国之前的两汉时期，皇家藏书采用的是一种"六略分类法"，可以简称为"六分法"。这种分类开始于西汉刘向、刘歆父子编撰的图书目录《七略》。这一目录包括七大部分，每一部分称为"略"：一是辑略，二是六艺略，三是诸子略，四是诗赋略，五是兵书略，六是术数略，七是方技略。其中开头的"辑略"，也称为"集略"，是对各种图书的扼要介绍，不属于具体的图书分类，所以虽然取名为《七略》，实际上大类的划分却只有六种。

曹魏进行了图书的重聚之后，委派了一位很有创新精神的文化型官员，也就是秘书郎郑默，来对皇家藏书重新进行整理和分类。郑默采用一种全新的"四部分类法"，即先将图书分成甲乙丙丁四个大的部类，然后再细分其下的各种分支类别。郑默所编定的图书分类目录，叫作《中经》。这里的"中"字，是宫廷之中的意思，因为这些图书被收藏在皇宫之中而得名。西晋皇朝取代曹魏，依旧建都洛阳，曹魏的皇家图书馆被和平接管，变成了西晋的皇家图书馆。西晋武帝受到影响，又委派大臣荀勖，依据郑默所确定的"四部分类法"，来对西晋皇家图书重新进行编目，编写出来的图书新目录，取名为《中经新簿》。

这种"四分法"的四大部类，其具体划分在《隋书·经籍志》中有清晰的记载：第一部类叫作"甲部"，是儒家经典类的图书；第二部类叫作"乙部"，是诸子百家类的图书；第三部类叫作"丙部"，是史学著述类的图书；第四部类叫作"丁部"，是各种文集类的图书。由此可见，后世沿用的经、史、子、集四大部类，在此时已经奠定了雏形，只不过顺序是经、子、史、集，稍有不同而已。到了唐代编撰《隋书·经籍志》时，由于对史书的重视程度提高，顺序就调整为经、史、子、集了，从此一直沿用到后世的明清。"四分法"最为突出的优点是，一级大部类的数量得到了合理的精简，使得读者更容易查寻，管理人员也更容易操作。

二是类书的编纂。

我国第一部大型的类书，就是魏文帝曹丕下令编纂的《皇览》。所谓类书，是中国古代书籍的一种。它是将编纂者在世的时候典籍文献之中所记述的所有知识，包括自然界和人类社会的，全部加以分开拆散之后，再分门别类，重新编排，从而变成了面貌一新的典籍。其具有多种方面的性质：

由于类书的知识无所不包，所以它是已有知识的大百科全书；

由于类书保持了原来典籍文献的名称和原文，所以它又是传世资料的全面汇编；

由于类书涵盖了当时几乎所有的典籍文献，所以它也是对此前中国文化进行的全面性清理和总结。

总之，大型的类书，完全可以称为"中国式的大百科全书"，其重要性也是不言而喻。

曹丕酷爱文学和文化，也是文学创作的大家，笔者此前为他撰写的传记，形容他为"文豪天子"。由于上面介绍的图书重建，皇家收藏的典籍文献已经非常之多，如果曹丕提笔撰文，突然想要使用某一方面的典故，但是又记不清楚具体的出处在哪一部文献之中，有了这部《皇览》，他就可以按图索骥，迅速找到了。他之所以要下令编纂这样一部大书，并且命名为《皇览》，最初的动机就在这里。但是，皇家藏书的成功重聚，则是客观上的先决条件。

参与编纂《皇览》的臣僚，有学识渊博的王象、刘劭等多人。全书分为四十多个部类，总计上千篇，八百多万字。在印刷术还未发明，著述全都要靠手写抄录的当时，堪称是皇皇巨著了。可惜到隋唐时期此书即已散亡，现今只有一些残篇断简留下来。

但是，由曹丕开创的类书编纂，其影响却并没有中断，后来还蔚然成风。比如隋唐宋三个朝代编撰的《艺文类聚》《北堂书钞》《初学记》《太平御览》《册府元龟》等，至今依然在传承文脉，造福后世，成为学者经常翻检的常用工具书。后世编纂的类书中，最为著名的要数明朝的《永乐大典》。这部被称为"世界有史以来最大的百科全书"，多达三亿七千多万字，编纂于明成祖还没有迁都北京之前的永乐年间。可惜这部皇皇巨著，也没有能够完整保存下来。现今只有少数珍贵的原本幸存于人间。

以上曹魏在文化上的两项突出建树，即藏书和著书，都与"图书"紧密相关。陈寿能够在蜀汉故国灭亡之后，进入到如此重视图书的朝堂，既是他的大不幸，也是他的大幸；他后来能够在史书的编纂上作出杰出的成就，所处环境中的浓郁文化氛围，是极为有利的客观条件。

魏文帝曹丕在位的时间，首尾只有7个年头，终年才40岁。他的儿子魏明帝曹叡的在位时间首尾是13个年头，虽然比他老爸几乎长一倍，但是终年才34岁。曹叡不仅死得早，而且还没有留下亲生的子嗣，这都与他在女色上的纵欲无度直接相关。针对他这种影响国运的私生活，正直大臣不惜直言进谏，但不起任何作用，于是造成第一个严重后果：不仅曹叡自己死得早，而且还导致此后的曹魏一连出现了三个抱养而来的小皇帝，即曹芳、曹髦、曹奂，他们登基时的年龄分别是9岁、14岁、15岁。皇帝年幼，必然大权旁落，于是又导致下面第二段历史大场景的产生。

再来展现第二段历史大场景——司马家族的强势崛起。

表面上看，蜀汉是被曹魏攻灭的。但是，整个行动的幕后操控者，却是出自司马家族的司马昭。

东汉时期，地方著名大族是政治舞台上的主要力量之一。这种家族的特点有五：一是成员众多，二是财力充足，三是重视教育，四是人才辈出，五是世代为官。前三点是"因"，后两点是"果"，具有密切的关联。这样的家族叫作"世家大族"，既是封建体制的最大受益者，也是封建体制的坚决拥护者。此处要介绍的司马家族，就是当时著名的世家大族之一，其核心人物为众所周知的司马懿。

司马懿的创业，与曹操的粗暴型道路完全不同，他不需要抛开体制去运用武力开创事业，而是走了一条策略型的道路：顺利进入体制，有效利用体制，地位逐渐上升而进入皇朝的权力中心；最后施展文韬、武略两种手段，逐一扫除对手，完全掌控权力，为自己的后代开创新皇朝奠定了基础。

司马懿，字仲达，家乡是东汉京城洛阳东北的温县（今河南省温县西）孝敬里。其先祖司马卬（áng），战国末期曾任赵国的大将，后随项羽起兵攻秦，被封为殷王。东汉时期，司马懿的先辈世代为官，其父司马防，字建公，也是东汉官员，他的子嗣众盛，膝下的儿子有八个之多。长子司马朗，字伯达；次子就是司马懿，字仲达；以下六位是司马孚，字叔达；司马馗，字季达；司马恂，字显达；司马进，字惠达；司马通，字雅达；司马敏，字幼达。这八位公子后来都成为有名之士，时人誉为"八达"之家。

附带说一句，这个温县后来还出了另外两样著名的特色产品，一个是陈家沟的太极拳，另一个是铁棍山药，前者强身而后者滋补，有趣吧？

"八达"之中，后来最有作为者，即是次子司马懿。司马氏家族有一个突出的遗传性生理特征，那就是身材高大。司马懿的祖父司马儁，史称"身长八尺三寸，仪状魁岸，与众有异"。东汉、三国的一尺，约合今天的24厘米左右。八尺三寸的身高，也就是现今的一米九还多一点。司马懿的大哥司马朗，12岁时的身材已如成人那样高，以致于他在参加当地政府的童子考试时，监考官们都怀疑他隐瞒了真实的年龄。

司马懿23岁时开始进入仕途，从此开始了他50年的漫长政治生涯。由于他的父亲司马防在担任洛阳县令时，曾经举荐过曹操担任自己的副手，即洛阳县北区的县尉，负责当地的治安，相当于洛阳县公安局北区分局的局长，所以东汉献帝建安十三年（208年），曹操控制东汉朝廷出任丞相时，就把司马防的两个儿子司马懿和其兄司马朗，一并聘用为自己丞相府署的重要下属，算是对司马防当年恩情的报答。

司马懿当时的官职是丞相府的文学掾，具体任务是陪同曹操的嗣子曹丕"游处"，即陪同出外游玩，陪同入室相处，当然也会陪同就餐，属于典型的"三陪"。说穿了，就是充任曹丕的侍从官员。从此，司马懿就与曹丕建立起长期的亲密关系。9年之后的建安二十二年（217年），曹丕在激烈的竞争之中取胜，正式获得了魏王"太子"的称号，成为曹氏基业的法定继承人。司马懿则担任了太子曹丕的侍从官员即中庶子，成为曹丕最为信任的心腹之一。史籍形容二人的关系是"每与大谋，辄有奇策，为太子所信重"，说是司马懿每逢参与太子曹丕的重大谋划，总是会有奇妙的计策，因此深受太子的信任看重。这倒不是史书的虚言。

司马懿长达50年的政治生涯，可以分为宦海初游、渐入佳境、节节上升、登峰造极四个阶段。

"宦海初游"是在曹操当权的东汉末期。这时司马懿的主要精力，是放在熟悉国家政权机器的运作，建立可靠的人际关系之上，为今后的事业发展奠定初步的基础。

"渐入佳境"是在曹丕称帝建立曹魏之时。这时的司马懿,作为曹丕的心腹干员,积极支持曹丕代汉称帝,并在新朝的稳定运转上尽心尽力;而曹丕的酬报,是给予他在行政方面越来越大的权力。

"节节上升"是在魏明帝曹叡在位之时。这时的司马懿,不仅在行政职务上继续晋升,显示出非凡的"文韬",而且更重要的是,他还开始转向军事方面,展现出杰出的"武略",屡建大功,威名远扬,上升为曹魏军界的天字第一号元勋。

最后的"登峰造极",是在魏明帝死后,第一个小皇帝曹芳登上帝位之时。此时的司马懿,处于曹魏最为激烈的上层政治恶斗之中。他暗中积聚力量,静静等待时机,一举发动"高平陵事变",彻底消灭了与之敌对的曹氏宗族新生派系势力,把朝廷的军政大权全部牢牢抓在自己手中,从而在政治上达到登峰造极的阶段。此时的曹魏政权,虽然表面上皇帝还姓"曹",然而在实际上,已然是司马氏的天下了。

在以上四个阶段之中,对于曹魏命运影响最大的政治事件,就要数"高平陵事变"了。

在高平陵事变之前,司马懿与他的政敌曹爽势力,有长达10年之久的权力之争。这一斗争,实质上是司马氏集团与曹氏集团的殊死较量,关系到曹魏皇朝的生死存亡。

最初,双方主要在暗中角力,表面上还维持着共同执政的虚架子。此后,斗争趋于激烈化和表面化,司马懿公开称病不参与政事,借以麻痹对方,暗中却在积蓄力量,等待出击的有利时机。正始十年(249年)的正月间,71岁的司马懿认为时机已到,断然发动了"高平陵事变"。

早在前一年的年底,他就得知18岁的皇上预定在明年正月之初,到魏明帝的陵墓即高平陵朝拜祭扫,以纪念先帝辞世十周年。这高平陵位于京城洛阳南郊洛水以南的大石山麓,距京城有九十里之遥。如果皇上要去谒陵,作为百僚之首的曹爽必定要陪同前往,京城之内不是空了么?京城空虚之日,正是最佳动手之时,于是他暗中吩咐长子司马师抓紧做好行动的准备,同时注意监视对方的动态。

嘉平元年（249年）正月初六，黎明时分，皇帝的车驾就出发了。大约巳时（现今上午9时到11时）不到，两名心腹赶回来报告，说是大将军曹爽已经陪同皇帝出发，过了南郊的洛水浮桥。司马懿一听，随即与长子司马师、次子司马昭，全身戎装开始行动。

第一步，由司马师、司马昭兄弟，在皇宫南大门外的广场上，召集所有能动员起来的兵力，包括司马师平素收养的三千敢死健儿，司马师指挥的一部分禁卫军，司马懿府邸的上千家兵等，总数有六七千人。

第二步，由司马懿率领一半的兵力，主要是那三千敢死队，占领城内南边的武库。所谓"武库"，就是中央直属的武器府库，精良兵器尽在其中。三千人配上精良兵器后，即由司马懿率领出城，驻屯在洛水浮桥的北岸，阻止曹爽回城，并准备恶战一场。与此同时，司马师则分兵扼守城门，司马昭率领余众保卫皇太后的寝宫。

第三步，呈送表章给途中的皇帝，说是已经奉皇太后之令，罢免了曹爽兄弟的一切职务和权力。只要先把对手掌控的军政大权夺过来，他们就会变成刀俎之上的鱼肉任人宰割了。

为了防止京城驻军中留守军营的士兵反抗，行动开始后，司马懿又派出两名自己的坚定支持者去安定军营。司徒高柔，以代理大将军的名义进驻曹爽大将军的直属大营；太仆卿王观，则以代理中领军的名义进驻禁卫军的大营。不难看出整个行动设计得相当之周密，这对于动辄指挥数万大军南征北战的司马懿而言，只能算是小试牛刀而已。

处在郊外的曹爽，得知事变消息，胆战心惊，默不作声，犹豫了一个晚上仍想不出对策。次日清晨，他决定放弃抵抗，随从皇帝车驾回城，交出一切权力。至此，魏朝代汉以来最为激烈的一次政治斗争，经过长达10年的反复较量之后，终成定局。经过一系列形式上的"公正审判"，主犯曹爽及其党羽十人全部被捕下狱。不仅他们本人被迅速处决，而且他们的"三族"也连带被诛杀了。当时的"三族"，准确含义是指三种近亲，即生身父母、妻室儿女、同胞兄弟姊妹。数百人的鲜血，把洛阳郊外新春的碧绿芳草染成一片刺目的殷红。

此次政坛剧变，因魏少帝出谒高平陵而起，故而史称"高平陵事变"。这是曹魏历史上酝酿时间最长、涉及范围最广、结束形式最残酷、造成影响最深远的一次政治斗争。就其影响而言，主要有文化和政局两个方面。在文化上，对于士大夫而言，"高平陵事变"充分展示出政治斗争的可怕和残酷。从此，他们纷纷转而崇尚清谈、祖述玄虚，对现实政治保持距离，于是乎表面清高，骨子里却是实用主义的玄学新风气，从此开始兴起，而两汉以来士大夫关心政治，忧心天下的理想主义潮流，则日渐低落。换言之，"高平陵事变"是汉代士风与晋代士风的转折点和分水岭。至于在政局上，对于曹氏家族而言，高平陵事变宣布了他们五十余年黄金时代的结束。从这时起，司马氏家族在事实上已经开始取代他们，君临天下。

司马懿死后，他的两个儿子司马师、司马昭相继执掌曹魏朝政。而大举进攻蜀汉的军事行动，就是在司马昭执政时主持发动的。

少帝曹奂景元四年（263年）五月，曹魏宣布对蜀汉发起全面进攻。正式的诏书虽然是由18岁的皇帝曹奂发布，但是背后的操纵者，却是执政大臣司马昭。司马昭心中的盘算是什么？归结起来就是一句话：为取代曹魏走出突破性的第一步。

什么是他突破性的第一步？就是要把他自己的爵位突破侯爵的限制，提升到公爵。因为曹魏制度规定，异姓大臣最高只能封侯爵，皇室宗亲才能封公爵、王爵。作为异姓大臣的司马昭，首先要成为公爵，才能够进一步称王、称帝。因此，当初小皇帝曹奂一登基，就接连发布圣旨，要把司马昭提升为公爵，其实这都是司马昭自己导演的戏码而已。既然是戏码，就要演得逼真，所以小皇帝一连封了三次，司马昭也一连推辞了三次。但是，这一"突破"终归不是小事，最好是要拿出一个相当充分的理由，于是就有了进攻蜀汉的策划。

当年十月间，攻蜀战争还在进行的时候，司马昭就以我军连连取胜为由，欣然接受了晋国"公爵"的封号。他的封地也像当初曹操被封为魏公一样，足足有十个郡。由于这些郡大多都在先秦时期晋国的故地，所以把国号确定为"晋"。此后的西晋和东晋皇朝，其"晋"字就是由此而来。

最后来展现第三段历史大场景——攻灭蜀汉的战争全程。

既然这场战争是出自政治上的盘算，那么就必须打胜而不能打败。司马昭估计蜀汉的总兵力最多九万，于是动员了十八万人马，超过对方一倍，接近曹魏全国兵力的二分之一，组成三路大军。又精心挑选了指挥官，定下总体战略方针：

第一路大军三万多人马，指挥官邓艾，任务是正面围攻敌军主帅姜维；

第二路大军也是三万多人马，指挥官诸葛绪，任务是截断姜维的后路；

第三路大军十多万人马，指挥官是钟会，任务是从东面的汉中战场乘虚而入，充当后援，借机扩大战果。

后援大军的指挥官钟会，是曹魏开国元勋之一钟繇的小儿子，是一个心思特别复杂的人物。他智商很高，多才多艺，从小就受到众人的赞美；后来仕途也很通畅，成为司马氏的心腹智囊，经常参与机密大事的策划。他在少年时代的读书记录，前面已经介绍过了。司马昭把十多万后援大军交给他指挥，完全不是偶然。但是，钟会的能耐大，野心也大，一旦羽翼丰满，他就会铤而走险，也敢于铤而走险。此番他第一次手握强兵，独自在外发号施令，而且担任最为轻松的后援，他心里很兴奋，认为凭借自己的非凡才干，建立不世大功易如反掌；如果天赐良机，说不定还能开创一片新的天地来。

最初的战争形势，曹魏一度占据上风。此前蜀汉军队的主力，一直由主帅姜维带领，长期在西面的陇西战场与邓艾较量。因此，东面的汉中战场相对平静，兵力也明显配备不足，这就给钟会提供了乘虚而入的绝好机会。钟会在关中平原，将手下的十多万人马，从西向东分成三路，通过褒斜道、骆谷道、子午道，向南穿越秦岭，平行向前推进，非常顺利就杀入对方的地盘，推进到蜀汉北方的军事大本营汉中。

当初钟会在关中召集兵马的时候，姜维得知消息，就赶紧向成都的朝廷报告这一严重的敌情动态，请求朝廷早作布置，以防敌军入侵。黄皓竟然迷信巫师所说的鬼话，认为敌军终究不会送上门来找死，略微报告后主之后就把这件公文压下，结果朝廷群臣都不知道这一非常严重的敌情。到了钟会将要进入汉中之时，黄皓才对朝廷公开情况，匆忙布置一番，可惜此时已经失去了最有利的抗敌机会了。

姜维在西面的陇西战场得知消息之后，断然率领主力军团撤出陇西战场，快速向东南方向转移。他同从后方成都赶来的援军会合之后，在剑阁一带的险峻高山，凭借有利的地形，居高临下全力坚守。剑阁，在今四川省剑阁县，是成都北面的天险门户。据笔者多次实地考察，此处的剑门山脉，东西绵延上百里，地势非常独特：南面是平缓上升的斜坡，而北面则是高峻陡峭的断崖，如同利剑劈成，很难攀登，形成对北面的天然险阻，故而有"剑门"的得名。当时南来北往的通行，只有借助高峻岩壁上修建的悬空栈道，而栈道当时称为"阁道"，故而又有"剑阁"之名。唐代在此设置剑门关，为天下雄关之一。白居易《长恨歌》形容是"云栈萦纡登剑阁"；李白《蜀道难》的感叹是"剑阁峥嵘而崔嵬，一夫当关，万夫莫开"。现今这里则是蜀道风景线上著名的历史古迹和国家公园。

钟会十多万大军，在剑阁受阻，前进不得。眼看带来的军粮就要耗尽，而后方的补给线又要穿越秦岭，过于漫长，接应不上，他心中就打起了小算盘。如果继续等待，军粮耗尽之日，就是失败到来之时，便宜没有占到，反而惹上大祸。如果赶快撤军，虽然面子上不好看，但也能够交代，此前对方的诸葛亮也曾经多次因为粮食耗尽而撤军啊！两害取其轻，他便生出全身而退的念头来。

关键时刻，一个人的到来，使他摆脱了困境。此人就是诸葛绪。

原来，此时从陇西战场追击姜维的邓艾和诸葛绪，来到阴平郡一带。当时的阴平郡位于现今甘肃与四川两省的交界地区，政治中心是阴平县，其在今甘肃省的文县。从这里向西南方向，穿越两省交界的高峻山脉摩天岭，有一条极为艰难崎岖的道路，可以从西边绕开剑门天险，直接插向成都。与钟会只是考虑个人的利害得失完全不同，此时的邓艾是一心想完成好这次进攻蜀汉的任务。他向诸葛绪提出：现今蜀汉的主力被吸引到剑阁一带，其后方的成都必定空虚，我们如果在此处挑选精锐人马，翻越摩天岭，从这条小路突然杀到成都，出其不意，攻其不备，定然可以一战成功。怎么样？伙计，一起干吧！

不料诸葛绪也打起个人的小算盘来。这条小路极为艰难崎岖，路途还长达好几百里，我凭什么要跟你去吃这个苦？吃苦不说，还要冒险，万一中途遭到对方强烈抵抗，我们退都退不回来，很可能把命都要丢在那里，那就更不划算了。于是诸葛绪带上本部人马，离开邓艾，前去同钟会会合。钟会听了他的述说，心中不禁大喜：如果邓艾成功，自己就能趁机分享红利；即便邓艾成功不了，他到敌方背后去活动，姜维必定要分出兵力去对付，我的压力就减轻了；哪怕邓艾全军覆灭，责任由他自负，也与我无关。总之，邓艾此举，对我只会有利而无害。邓艾我要利用，诸葛绪我也要利用。他立刻秘密报告司马昭，说是诸葛绪胆小怕死，不敢跟随邓艾挺进，然后下令把诸葛绪押上囚车送回京城洛阳治罪。钟会把诸葛绪的三万多人马收编到自己手下，在剑阁冷眼旁观，要看老家伙邓艾的表演究竟如何。

此时的邓艾，已经到了古稀之年，是三路大军指挥官中最为年长的一位，比刚刚40岁的钟会整整大了30岁。但是，他又是所有指挥官中，气势和决心最为雄壮的一位，自私自利的小算盘打得最少的一位。他从手下精心挑选出两万多精锐将士，然后挥兵出发。

首先要征服的，就是东西走向，最高海拔将近3000米的摩天岭。十月，摩天岭上寒风袭人。邓艾身先士卒，从北面攀登到山顶后，又从南面原始森林的无人地带穿越下山。在完全无法下脚的地方，他就带头用毛毡紧紧裹住自己的身体，从高处翻滚而下。由于所带的粮食不多，山路攀登时体力消耗又大，所以经常忍饥挨饿。但是，看到70岁的白发老将军依然勇敢昂扬，不气馁，不叫苦，全军将士也就保持旺盛的士气向前推进。

邓艾的行军路线全长700多里。按照现今最新的行政区划，大体是从甘肃省文县东南的青崖关，翻越摩天岭，到达四川省的青川县城附近；再经过青川县向南，到达江油市的雁门镇；在雁门镇掉头向西，到达平武县的南坝镇，也就是蜀汉的江油关；从南坝镇再向南，有一条险峻的山崖小路，当时叫作"左担道"，可以到达绵阳市，当时叫作"涪县"。到达绵阳市之后，前往成都就是一马平川，再也没有高山的阻挡了。

邓艾突然杀到江油关，在此守卫的蜀汉将领马邈，吓得赶紧举手投降。现今传统戏剧《江油关》，演唱的就是这段故事。

江油关丢失的消息传到成都，蜀汉朝廷立即派遣诸葛亮的儿子，当时担任卫将军的诸葛瞻，率领一支人马前去阻击邓艾。诸葛瞻到达涪县之后，幕僚黄崇及时提出建议，赶快继续推进到前方的左担道一带，扼守险峻的山口，不让对方进入平原地带。如果诸葛瞻采用这一建议，邓艾的处境将会非常之危险。但是，实战经验严重不足的诸葛瞻，拒绝采纳建议，而是在平坦的涪县坐等邓艾。两军一接战，以逸待劳的诸葛瞻前锋部队，竟然败下阵来。诸葛瞻只好后退100里左右，在绵竹县（今四川省德阳市北黄许镇）摆开阵势，再度迎战。

邓艾派遣儿子邓忠、将领师纂，从左右两边发动钳形攻势。一交手吸取教训的诸葛瞻占据上风。看到手下两员将领没有得手，邓艾勃然大怒，吓得两人赶紧指挥手下兵马再度投入战斗，拼命向前冲锋。这一战，诸葛瞻和自己的儿子诸葛尚，还有张飞的儿子张遵，全都当场阵亡。大获全胜的邓艾，乘势向前推进到蜀汉的京城成都。

当年十一月，对整个战局形势并不完全清楚的刘禅和蜀汉朝廷群臣，误以为前方的军情已经大势已去，决定采纳老臣谯周的建议，向对手举手投降。至此，蜀汉灭亡，邓艾取得完全的胜利。

邓艾促使后主刘禅向前线的姜维下令，放下武器接受现实，于是姜维也在涪县，率领军队向钟会缴械投降。姜维一投降，钟会就陡然起了野心。曹魏的十八万精兵强将，除了邓艾手下的三万人马，其余都在自己手中。蜀汉姜维的几万人马，也归自己掌控。手握二十多万主力军队，又在四面封闭、物产丰饶的天府之国，不是天赐良机，让我在此当第二个刘备吗？野心发了芽，他就针对两个关键人物施加手段。一个是姜维，要大力拉拢；另一个是邓艾，要设法铲除。

邓艾在成都安定人心之后，就向朝廷建议，乘势进攻东面的孙吴，并为此提出种种计划。他的建议，虽然有一点儿越权的意味，但是也仅仅限于纸面上的建议，并未在得到朝廷批复之前，擅自采取任何实际上的行动。但是，阴险的钟会却抓住这一点大做文章，他秘密上奏司马昭，诬告邓艾有心谋反，还要出另外一个狠毒的阴招。原来，这钟会出自书法名家，其父钟繇，是各种书法字体都擅长的全能型书法大家，后世把他与东晋王羲之，视为神一般的人物，并称为"钟王"。钟会得到父亲的真传，也能书写各种字体，尤其善于模仿别人的字迹，以假乱真。他秘密派出心腹人员，在半路上拦截为邓艾向朝廷呈送表章的使者，然后模仿邓艾的笔迹，故意把奏章措辞写得嚣张自大，再次密封之后呈送给司马昭。这一招实在太毒辣，司马昭立即下令将邓艾押到京城问罪。

翻过年的正月十五，钟会进入成都，下令把邓艾父子用囚车送往京城。这样一来，曹魏的前线部队，再加上蜀汉的在场部队，就全部都抓在钟会的手中了。

抓走邓艾，钟会就召集众将官，以声讨司马昭为名，正式拥兵独立。不料此举竟然引起部下将士的集体哗变，钟会和姜维，都在混乱中被杀死。军队的总监察官卫瓘出头收拾了局面。这卫瓘曾经伙同钟会诬陷邓艾，又想独吞剿灭钟会叛乱的功劳，所以当他发觉邓艾的部下已经前去解救邓艾父子的时候，立即派遣精锐部队跟踪而去。邓艾半路上被解救出来，回转成都。不料迎头碰上卫瓘派来的部队，邓艾父子当场被杀。死的地方，正好就属于他们打败诸葛瞻的绵竹县。

曹魏大军攻灭蜀汉的战争全程，至此就基本结束，只有亡国悲歌的余韵，久久残留在蜀地的青山绿水之间。这正是：

当初开国风云盛，至此烟消山水间。

要想知道亲身经历了亡国之痛的陈寿将会面临怎样的人生选择，北方的朝堂又怎样眨眼间变了天，粉墨登场的西晋皇朝又会采取怎样的政策，从而使得陈寿前往北方，在洛阳的异乡成为异客，请看下文分解。

入仕西晋

本章继续讲述陈寿曲折的人生故事。

如上所述，蜀汉是被老对手曹魏的大军攻灭的。但是，接下来陈寿以亡国之人的身份，应召前往北方的陌生朝堂去担任官职之时，接到的却是西晋朝廷官方下达的公务文书。这曹魏的老朝廷，怎么会在转眼之间就变成了西晋的新朝廷了呢？

当初陈寿遭到黄皓的严重打击而削职丢官，是蜀汉末期景耀四年（261年）之后的事，此时35岁的诸葛瞻开始代理朝廷的执政大臣，对黄皓的嚣张干政采取容忍姑息的态度，黄皓因而"窃弄机柄"，对刚直不阿的陈寿肆意打击报复。接下来陈寿的父亲去世，他在为父亲治丧的过程中遭人暗算，引发了"使婢丸药"的负面舆论，造成《晋书·陈寿传》所言的后果："及蜀平，坐是沉滞者累年。"即到了蜀汉灭亡之后，都还因为此事而一年以上都没有得到新朝的官职任命。陈寿父亲去世的时间，应当在他被撤职丢官之后的景耀五年（262年），也就是蜀汉灭亡的前一年。

按照当时的礼制，为生身父母服丧的时间是三年，在此期间通常都不能外出当官任职。如果从景耀五年（262年）他父亲去世算起，正常情况下他也要等到三年之后的265年，才能脱去服丧的孝服，出来继续他的仕宦生涯。何况他又还碰到了"使婢丸药"的倒霉事，名誉有损，影响到他的东山再起。因此，传文中说他"及蜀平，坐是沉滞者累年"，确实不是虚言。所谓"累年"者，一年又一年累积也，至少是在一年以上到了两年，才能这样说。为父母服丧的三年，更是符合"累年"的措辞了。

陈寿服丧三年期满的265年，又发生了一件不得了的大事，就是曹魏的命运，又以"禅让"方式结束，西晋皇朝正式诞生，皇帝老倌从姓"曹"的变成了姓"司马"的，再度变了天！

如何变的天，暂且留在稍后交代，先说这时的陈寿，应当是在何处听到变天消息的。

陈寿在被削职罢官之前，担任过东观郎、秘书郎、黄门侍郎、散骑侍郎等四项官职，其上班办公的官署，都在蜀汉的京城成都，所以他的家庭成员，包括他年老退休的父亲，都应该跟随他住在成都的家中。但是，他父亲去世之后，按照当时的礼制，其父亲遗体的灵柩，应当运回家族的老家即安汉县去安葬。属于益州范围的这方面先例，在三国之前的东汉就有张纲。《三国志·张翼传》裴注引《续汉书》记载，犍为郡武阳县（今四川省彭山县）人氏张纲，字文纪，东汉顺帝建康元年（144年）在广陵郡太守任上病死，终年36岁。由于他生前对草根民众关怀备至，广施恩惠，所以死后当地民众悲痛异常，竟有五百多人身穿丧服，将其遗体从治所一路护送回其家乡武阳县，挖坑背土，垒墓安葬。广陵郡的治所广陵县，在今江苏省扬州市西北。从扬州市到四川省的彭山县，当时最为直捷和方便的是直通两地的水路，即溯长江而上，经过三峡，可以直达彭山县城之下。用现今的地图测距工具衡量，两地之间水路的实际距离，至少有5000华里。

就发生在三国时期的例证还有高柔。《三国志·高柔传》记载，曹魏大臣高柔，字文惠，其父在东汉末年死在蜀郡都尉的任上。当时天下大乱，道路阻塞难通。然而高柔为了将父亲遗体迎回老家安葬，便从故乡陈留郡的圉县，即今河南省杞县西南，前往蜀郡的治所成都，克服各种艰难困苦，用了整整三年时间，终于将灵柩运回老家安葬。当时从圉县到成都，是采用西行经过关中，再南下翻越秦岭的陆路，其单边行程用现今的地图测距工具衡量，至少有2500华里。事实上，东汉末年天下大乱期间，将在外地死亡者的遗体运回故乡安葬的事例还有很多，以上仅仅是其中最典型的两例而已。

陈寿的老家安汉县，就在成都东面不远的南充市，其单边的陆路行程用现今的地图测距工具衡量，最多只有600华里。因此，刚刚遭受到"使婢丸药"负面舆论的陈寿，在免职下岗的情况下，通过如此近便的交通，把父亲遗体运回家乡安葬，并在老家安心服丧守孝，是他当时最符合情理的选择。也幸好这时他不在成都，所以钟会在成都举兵反抗司马昭而引起将士武装哗变的时候，他才得以躲过了这场有可能危及生命的大动乱。

陈寿就这样在安汉县的老家，听到了蜀汉灭亡的消息，听到了钟会和姜维被乱兵杀死的消息，还听到了后主刘禅举家北上，前往洛阳跪拜投诚的消息，最后还听到了曹魏的灭亡，取而代之的是西晋新皇朝。

那么这个急转弯式的变天，又是怎样变出来的呢？

在前一章中，已经说到了司马懿发动"高平陵事变"的曲折故事。八月秋风吹洛水，无边落叶满京华。魏少帝曹芳嘉平三年（251年）八月初五戊寅，曹魏的军政强人司马懿，也同蜀汉老对手诸葛亮一样，在萧瑟秋风之中永远闭上了眼睛，终年73岁。九月十八庚申，按照死者生前遗嘱的指示，其遗体入葬于洛阳东郊的首阳山麓。此处位于黄河南岸，与司马懿的家乡温县正好隔河相望，确实算是他为自己精心选择的好墓地了。

司马懿的生命虽然结束了，由他发动起来的司马氏代魏进程却并未终止。他一死亡，其长子司马师接续权位。掌权4年后的少帝曹髦正元二年（255年），司马师也病死，终年48岁；其弟司马昭接续权位，掌权10年后的少帝曹奂咸熙二年（265年）八月，司马昭又去世，终年55岁；其长子司马炎接续权位，掌权四个月后的当年十二月，30岁的司马炎也有样学样，仿效45年前那位34岁的曹丕逼迫东汉献帝"禅让"天下的先例，逼迫曹魏少帝曹奂把天下"禅让"给了自己。罗贯中《三国演义》一百一十九回的"再受禅依样画葫芦"，说的就是这段故事。自曹丕代汉称帝起，立国凡46年的曹魏，至此宣告灭亡；而自"高平陵事变"起，司马氏代魏的17年进程，至此终于成功。

自从这曹丕把"禅让"大戏演了一个开头，接下来就出现了连环套一般的"禅让"系列连续剧：司马炎接过接力的第二棒，以后在南朝的宋、齐、梁、陈，又出现了第三棒、第四棒、第五棒和第六棒。刘宋时期的史学家裴松之，之所以要对陈寿《三国志》进行详细的注解，起因也与这种"禅让"接力棒现象密切相关，这在后文还要深入介绍。

北方的皇朝变了天，这对陈寿个人的仕途来说应当是好事。上面所引史文说他"及蜀平，坐是沉滞者累年"，可见他的"沉滞者累年"，即仕途上的连年停滞不前，正好反映了蜀汉被攻灭之后，曹魏对他这个亡国之人的冷漠态度。现今曹魏灭亡，换上了新皇朝，他的命运就有可能会出现转机。果不其然，一个极好的消息传来，这就是《晋书·陈寿传》中所说的"举为孝廉"，即他被官方正式举荐为"孝廉"了。

所谓的"孝廉"，是汉代以来一直实行的人才选拔科目之一，入选者在品德上要孝顺父母，廉洁正派，故名。照例是由本地的行政长官郡太守来进行推荐，按照本郡人口每年每20万人举荐一人的比例来挑选，入选者在东汉时期要集中到京城洛阳加以考试，及格者就可被授予不同的低级官职。在"孝廉"之外，汉代还有"秀才"的人才选拔科目，入选者必须才能优秀，故名。东汉时为了避免触犯光武帝刘秀的名讳，改名为"茂才"。是由本地的行政长官州刺史或州牧来进行举荐，按照每年每州举荐一人的比例来挑选。东汉时期全国有13州，上百个郡，在册人口在5000万人以上。按此计算，每年全国挑选出来的"孝廉"有250名以上，而"秀才"却只有寥寥13人，故而以"孝廉"为多数，以"秀才"为稀罕。这两种人才选拔的基本科目，以及由此组成的人才选拔制度，史文中常常简称为"秀孝"和"察举"。

到了三国时期的曹魏，魏文帝时又在人才选拔制度上有所创新，这就是前面一章中曾经提到过的"九品中正制"。这一制度出现之后，"秀孝"和"察举"的传统制度依然存在，两者并行不悖。被相继纳入曹魏、西晋版图的蜀汉故地，情况也是如此。虽然说，"孝廉"这一人才选拔科目早已存在，并不非常新鲜，即便入选也只能获得低等的官职，但是对于现今的陈寿而言，其意义却非同寻常，为什么呢？

你看他在蜀汉末期被削职罢官，此后在曹魏时期又"沉滞者累年"，原因是什么？不就是因为"使婢丸药"而遭到舆论的谴责，说他在居丧期间有不守孝道的丑恶行为吗？现今好了，西晋官方正式选拔他为"孝廉"了，这就清清楚楚地表明：西晋皇朝的官方正式为他平反了，把此前强加给他的"罪名"彻底推翻了！从而为他今后的从政道路，扫清了障碍，敞开了大门。对他而言，这意义当然是重大得很啊。

为何西晋官方会对他有如此破格的恩典，从而造成他人生道路的豁然开朗呢？这是一个更为重要的关键性谜题，下面就来深入探究一番。

大致说来，背后的原因有两大方面：一是来自于西晋武帝司马炎的优惠政策，二是来自于当时多位人士的鼎力相助。

先来观察西晋武帝司马炎的优惠政策。

仔细研读《晋书》中记载司马炎生平大事的《武帝纪》，就会发现他在正式称帝之后施政基调的一大特色，就是尽力显示新皇朝的宽厚和文明。比如，泰始元年（265年）十二月十七丙寅他登坛举行称帝大典的当天，就发布了第一道诏令：

> 赐天下爵，人五级；鳏寡孤独不能自存者谷，人五斛；复天下租赋及关市之税一年，逋债、宿负皆勿收；除旧嫌，解禁锢，亡官失爵者悉复之。

意思是说，朕要赏赐天下所有民众的爵位，每人提升五级；赏赐天下所有鳏寡孤独不能养活自己的弱势群体，每人粮食五斛；暂时免除天下所有民众上交的田租赋税，以及各处关卡和市场所征收的税费，时间为一年；破除过去官方认定的政治嫌疑，解除过去官方颁布的从政禁令，此前所有因故丢掉官职和失去爵位者，全部无条件恢复他们的官员身份和荣誉爵位。

不难看出，这是一项受益面非常广泛的诏令，受益者包括五方面的"所有"：即所有具有谋生能力的正常民众，所有没有谋生能力的弱势群体，所有需要向政府交纳租税的农民、手工业者和商人，所有在过去遭到禁闭和罢免的官员，所有在过去失去爵位的社会荣誉拥有者。这些受益者，不仅包括了原来的曹魏臣民，而且还有被曹魏并吞而来的蜀汉臣民，两者之中又以后者为重点，因为后者曾经遭受到大规模暴力性的军事攻击，更需要运用宽厚和文明的软性手段来进行安抚，以求得到他们的由衷拥护。

总之，新皇帝司马炎想要表明自己新皇朝宽厚和文明的心态，在他颁布的第一道诏令中得到极为充分的彰显和展现。其中，就含有对于陈寿最为有利的条款，即"除旧嫌，解禁锢，亡官失爵者悉复之"。因为当初泼在陈寿身上的"使婢丸药"这盆脏水，正好就属于诏令中所说的"旧嫌"，即过去官方认定的政治嫌疑；他因此而在家"沉滞者累年"，也正好就属于诏令中所说的"禁锢"，即过去官方颁布的从政禁令；他因得罪宦官黄皓而被削职罢官，也正好属于诏令中所说的"亡官失爵者",即此前所有因故丢掉官职和失去爵位者。因此,他完全应当享有诏令中所规定的"悉复之",即完全恢复其当官的资格和身份。总之,西晋武帝司马炎所颁布的第一道诏令,就是陈寿得以"平反"的关键性政策依据,相当于现今所说的"硬杠子政策"了。

在此之后,司马炎还有多项类似性质政令的推出,此处不一一赘述。

司马炎此举,除在除旧布新、与民更始之时,制造一种普天同庆气氛的通常性考虑之外,其实还有更深层次的政治意图。

意图之一,是可以公开明说的,即《华阳国志》上所说的"倾东吴士人之望",意思是满足孙吴人士倾心拥护的愿望。

蜀汉政权被消灭之后,鼎立的三国之中就只剩下江东的孙吴政权了。消灭同样弱小的孙吴,实现天下复归一统,自然而然就成为司马炎心中的"宏图大志"。但是,消灭孙吴还必须做一番充分的准备。在对孙吴发起刚性的军事进攻之前,先抓紧时间对其进行柔性的心理瓦解攻势,就是非常必要的政治举措。司马炎发布上面的诏令,其深层用意之一就在于此。

意图之二,则是难以公开明说的,就是想要洗刷干净此前司马氏家族手上沾满的斑斑血迹。

前面一章说了,当初司马炎的祖父司马懿,在京城洛阳发动"高平陵事变",以谋反大逆不道的罪名,斩杀了对手曹爽及其党羽总共十人,还连带诛杀了他们的"三族",即生身父母、妻室儿女、同胞兄弟姊妹。十名"罪犯"连同他们的"三族",数百条生命的鲜血已经流得够多的了,然而这还仅仅只是一个开头呢。

"高平陵事变"之后,曹魏在地方上的残余基础依然存在。一批忠于曹魏而手握军权的重量级将领,就在京城洛阳之外的关键性地方战区,特别是直接面对孙吴的淮南战区,针对司马氏家族发起了激烈的军事反抗。

最先举起反抗大旗的是王凌,一位手握重兵的曹魏四世老臣。"高平陵事变"过了才几个月,王凌就在淮南的军事重镇扬州寿春县(今安徽省寿县),举兵声讨司马懿。司马懿赶紧亲率大军,奔赴淮南进行镇压。王凌寡不敌众,又错失先机,结果战败,含恨仰饮毒药而死。司马懿抓住线索深入追查,凡参与王凌密谋起兵行动者，除斩杀本人外，一律铲除"三族"，寿春县城外的荒野上，又是一片鲜血流红！

司马懿死后，接过权力的长子司马师，仿照其父的策略，抓紧兵权，铁腕镇压敌对势力。少帝曹芳嘉平六年（254年）元月，皇帝与中书令李丰、皇后父亲光禄大夫张缉、太常夏侯玄等亲密臣僚，密谋推翻司马师，以夏侯玄出任执政大臣。司马师探知之后，将所有参与官员逮捕斩首，同样也铲除了他们的"三族"，鲜血再度染红了京城洛阳的大地。

紧接着，司马师废黜了不安心当傀儡的皇帝曹芳，改立曹芳族弟曹髦为天子。此时，淮南战区的指挥长官镇东将军毌丘俭（"毌丘"是复姓，"毌"字的读音同"贯"），连同扬州刺史文钦，又在寿春城举兵反抗司马氏。司马师带病出兵淮扬，击败毌丘俭和文钦，又以许多人的鲜血染红寿春城外的郊野。

司马昭从其兄手中接过曹魏的军政大权之后，淮南战区的指挥长官征东大将军诸葛诞，也在寿春城起兵声讨司马氏。司马昭出动二十六万大军，血洗寿春城池，又使无数人丢失了宝贵的生命。此后，想要亲自率领宫廷禁卫军诛杀司马昭以夺回权力的新皇帝曹髦，也被司马昭的部下刺穿胸部，当场杀死，于是皇帝的鲜血，也流淌在皇宫东边云龙门外的广场之上。

这一系列的血腥屠杀证明，此前司马氏的权力，完全浸透了无数人的鲜血。"残酷""血腥"，就是此前司马氏开创基业的核心关键词。"残酷"的反义词是"宽厚"，"血腥"的反义词是"文明"。司马炎为何要从一开始称帝就极力展现新皇朝的宽厚和文明，其深层次难以公开告人的意图，就在于此。

就连此后东晋明帝司马绍，也对先世的血腥历史深深感到羞惭，正好可以从另一侧面揭示和证明西晋武帝司马炎内心的用意。南朝刘义庆《世说新语·尤悔篇》记载，明帝曾经与辅政大臣王导等谈话，询问当初司马氏家族获得天下的缘由，王导详细叙述了司马懿开创基业的开端，包括诛杀曹爽等人及其家属的血腥事件，还有司马昭时杀害曹魏少帝曹髦的血腥情节，明帝听了不禁把脸捂住弯下腰来，叹气说道："若如公言，祚安得长！"意思是如果像王公你说的这样，我们大晋皇朝的国运怎么能得到长久啊！这段故事后来也被写进了《晋书·宣帝纪》之中。

这位司马绍的父亲司马睿，是司马懿的曾孙。西晋末年北方出现大分裂大动乱时，司马睿南渡长江，在建康（今江苏省南京市）建立起东晋皇朝，史称晋元帝。司马绍算起来是司马懿的玄孙，他继承帝位是在公元323年，距离司马懿在249年发动的"高平陵事变"已有74年之久了。但是一听人说起那段充满血腥的往事，依然满面羞惭，那么距离往事更近的司马懿孙儿司马炎，其心中将会有怎样的愧疚情结，就更是可想而知了。

不过，虽然有了司马炎的硬杠子优惠性政策，但是要想真正落实到陈寿本人的头上，那也不是一件可以迅速实现的容易事情。为什么呢？因为陈寿在"使婢丸药"事件中被泼上的"污泥浊水"，又与西晋武帝司马炎所极力提倡的一项核心价值观，发生了直接的冲突。这项核心价值观，就是前面已经提到的"孝道"。

司马氏政权是从曹魏手中强行夺权而来。如果按照儒家的伦理观念来衡量，完全属于以臣代君，甚至是以臣弑君的大逆不道行为。因此，司马炎建立西晋之后，根本没有脸面来强调和宣扬忠诚的"忠"，只有把孝道的"孝"，放到了核心价值观的首要位置来强调和宣扬。反正儒家最为推崇的核心价值观，不外乎是"忠"和"孝"两者：前者用在社会中，具体作用是要规范君主和臣僚的关系；后者用在家庭内，具体作用是要规范父母和儿女的关系。现今虽然难以强调和宣扬前者，但是大力强调和宣扬后者，也能够勉勉强强支撑起皇朝在伦理道德方面所需要的文明脸面来。所以司马炎称帝之后，时刻不忘在弘扬孝道上以身作则。《晋书·武帝纪》就有如下记载：

> 初，帝虽从汉魏之制，既葬除服，而深衣、素冠，降席撤膳，哀敬如丧者。戊辰，有司奏改服进膳，不许，遂礼终而后复吉。及太后之丧，亦如之。

意思是说，当初司马炎父亲司马昭去世的时候，他虽然遵从汉魏以来办理帝王丧事的权宜制度，在安葬父亲遗体之后就立即脱除了丧服来处理朝廷的紧急军政大事，但是回到皇宫之内却依然换上孝子的丧服和白色冠帽，同时降低膳食的标准，悲哀和尊敬的表现完全如同服丧期间的孝子一样。泰始二年（266年）八月二十二戊辰这一天，负责礼仪制度的有关官员考虑到司马昭去世已经满了一年，上奏请求司马炎改穿正常衣服，并按正常膳食标准进餐，但是司马炎不予准许。于是他就这样一直坚持到儒家礼仪规定的三年服丧期满之后，才完全恢复了正常状态的生活。后来作为皇太后的司马炎生母死后，他也依然像这样坚持服丧三年。

不言而喻，在这样一种复杂的社会政治背景之下，要想一下子就把司马炎的优惠政策落实到陈寿的头上，还真的是有点困难。幸好他的运气不错，碰到了几位尽力帮助他的好人，所以在西晋皇朝建立三年之后，终于有了上面命运发生转机的故事。

那么哪些好人在尽力帮助他呢？

首先，少不了陈寿过去在蜀汉时的同学好友。他们入仕西晋新皇朝的时间，都要早于因为"使婢丸药"事件而受到影响耽搁的陈寿。

第一位好人，就是前面提到过的文立。文立，字广休，益州巴郡临江县（今重庆市忠县）人氏。他早年在蜀汉的太学之中求学，与陈寿同为首席指导学者谯周门下的高足。当时人们以孔子的杰出门生作为对照，把文立比作品行上拔尖的颜回，把陈寿、李密比作文化学术研究撰述上拔尖的子游、子夏，把罗宪比作言语上拔尖的子贡，所以陈寿与文立都是谯周的得意门生，也是关系亲密的同窗好友。

文立在蜀汉灭亡后的第二年，即少帝曹奂咸熙元年（264年），就被益州行政长官举荐为"秀才"，北上洛阳，出任曹魏的郎中官职。西晋建立后，具备优良品行而年龄较大的文立，一直受到晋武帝司马炎的尊重，先后担任了太子司马衷和武帝本人的侍从官员，也就是太子中庶子和散骑常侍。文立其人品行敦厚，又对同窗陈寿非常了解，因而对其"沉滞者累年"的不幸处境充满同情，下定决心要大力帮助陈寿。他深知晋武帝有心在"文治"上大有作为，也对文化人士相当尊重，所以就采用了让实物来"说话"的巧妙方法，把陈寿已经撰写好的一部优质史学著作《益部耆旧传》，在适当时机呈交给晋武帝，先让皇帝对陈寿的才能有所了解。常璩《华阳国志·陈寿传》对此故事有如下详细记载：

> 益部自建武后，蜀郡郑伯邑、太尉赵彦信，及汉中陈申伯、祝元灵，广汉王文表，皆以博学洽闻，作《巴蜀耆旧传》。寿以为不足经远，乃并巴、汉，撰为《益部耆旧传》十篇。散骑常侍文立表呈其传，武帝善之。

意思是说，益州自从光武帝刘秀建立东汉皇朝之后，蜀郡的郑廑（字伯邑），担任过太尉官职的赵谦（字彦信），以及汉中郡的陈术（字申伯）、祝龟（字元灵），广汉郡的王商（字文表）等，都是博学多闻的人物，他们先后撰写了《巴蜀耆旧传》。但是陈寿认为，这些著作的质量都经不起永远流传的考验，于是自己亲自动手，将巴郡和蜀郡合成为益州，重新撰写出一部《益部耆旧传》，记述了从东汉到三国时期益州本土的老一辈先贤人物，全书共有十卷。担任散骑常侍的文立，这时专门写了一通表章，将这部传记著作呈送给晋武帝御览，晋武帝看了之后，给予了好评。

这部属于史学传记性质的著作，是陈寿在史学著述领域中的处女作，更是他此后撰写不朽《三国志》的前期热身之作。他既然立志要在质量上超过前人的多部作品，那么他必然会为此作精心的准备，付出艰苦的努力，可见这书能够得到晋武帝的称赞，并非偶然。一旦晋武帝对陈寿优秀的史学才能有了直接的了解，下一步再请求他以皇帝之尊，为陈寿在仕途上开通绿灯，事情就比较好办了。

此处附带补充两点文化知识。一是陈寿所取书名中的"益部"，就是"益州"的别名。当初西汉皇朝建立，沿袭秦朝采取郡县制的行政区划，全国有上百个郡，上千个县。汉武帝开始设置监察区制度，在全国设置十三个监察区：京城长安所在的监察区，特称为"司隶校尉部"；京城以外的监察区，则通称为"州"，比如益州、扬州、冀州之类，合起来就称为"十三州部"。因此，史家为了措辞上的多样和文雅，往往就会把"某州"说成是"某部"，此处陈寿的"益部"就是如此。二是史文中说《益部耆旧传》的全书共有"十篇"，当时的"篇"，与现今纸质书页的一篇、两篇，在含义上有所不同，其实就相当于现今一卷、两卷的"卷"，所包含的文字分量其实并不单薄。

第二位好人，则是前面提过的陈寿另一位同窗学友罗宪，他在晋武帝面前推荐陈寿的故事，也同文立推荐陈寿的故事那样具有趣味性。《三国志·霍弋传》裴注引《襄阳记》记载，罗宪，字令则，是陈寿在蜀汉太学时的同窗，都是大学者谯周的得意门生。罗宪为人正直干练，文武双全。他在蜀汉任职时，因为坚决抵制弄权乱政的宦官黄皓，被黄皓排挤到东边与孙吴接壤的巴东郡去当太守。后主刘禅投降曹魏老将邓艾后，罗宪得知消息，在县城边上的都亭，召集全军将士为灭亡的蜀汉，痛哭拜祭了整整三天。此时孙吴方面趁机捞取好处，派出大军西进三峡，进攻罗宪所在的永安县（今重庆市奉节县），围攻城池长达六个月之久。罗宪对孙吴方面的背信弃义愤怒万分，誓死不投降。掌控曹魏朝政的司马昭，派出大军南下援救罗宪，罗宪这才变成了曹魏的将领。

司马炎称帝之后，对于罗宪的忠烈气概非常欣赏，不仅提升其职务权力，而且在泰始四年（268年）的暮春三月，亲自召见罗宪，在皇宫的御花园即华林园赐宴款待。席间，司马炎询问蜀汉大臣的子弟之中，以及罗宪所认识的前辈之中，有哪些优秀人物在现今适合出来为大晋皇朝效力。性格耿直的罗宪，当场就列举了十位，其中的第四位，就是他的同窗陈寿。司马炎非常欣赏罗宪的刚直，也非常相信他所推荐的人物，所以"即皆叙用，咸显于世"，也就是马上就下诏，这十人全部都给予任命使用，此后这十人又都显扬声名于世间。

司马炎既然特别垂问了罗宪，当然也会要求罗宪对这十人的情况，逐一进行介绍。罗宪对于陈寿的才能和品行，当然是非常了解的。对于才能，特别是陈寿的史学才能，罗宪无需多说，因为司马炎已经看过了陈寿的《益部耆旧传》。但是，对于陈寿何以会遭到"使婢丸药"的非议，罗宪肯定会如实而客观地进行重点的解释。这样一来，就为陈寿命运的转折更加推进了一步。

最后再来介绍第三位好人，也是对陈寿命运起到关键性作用的"贵人"，即西晋政坛的重量级人物——张华。张华，字茂先，幽州范阳郡方城县（今河北省固安县）人氏。他的父亲虽然当过郡太守一级的地方行政长官，但是在他出生后，家庭却因他的父亲去世而陷入贫困之中，他被迫当了牧羊少年来谋求生存。但是张华天资聪颖，从小好学，此后成为学业优异而知识渊博的青年才俊。经人推荐，他被曹魏后期掌控朝廷大权的司马昭，任命为佐著作郎，从此进入仕途，最后成为西晋皇朝中起到巨大支柱作用的重臣。由于张华出身孤寒，经受过社会底层的艰苦环境，所以他后来地位上升之后，对于处境不好的人才，总是特别给予大力的帮助和提携，陈寿就是其中的一位。

魏晋时期设置的著作省，是从东汉时期的东观演变而来。曹魏的明帝曹叡，开始下诏设置著作郎的官职，隶属于中书省。西晋皇朝建立，继续设置著作省，专门负责编撰皇朝的各种史书，相当于后来设立的国史馆。著作省的负责官员叫作"著作郎"，习称为"大著作"。而佐著作郎则是著作郎的助手，名额是八人。从曹魏开始，在官员的等级制度上，已经借鉴了人才选拔上的"九品中正制"，采用了九品分级的创新办法，从高到低，分为第一品到第九品。张华所担任的佐著作郎，属于第六品。可见当时的张华，在编撰史书的才能上相当突出，后来他之所以会大力举荐史学才能同样突出的陈寿，就与此有非常密切的关系。西晋的著作省，最初在武帝时期隶属于中书省。到了惠帝继位之后，又改为隶属于秘书省。

司马炎代魏建立西晋皇朝，张华以其博闻强识而受到重用，不久就被晋武帝任命为中书令。当时朝廷中央的中书省，是皇帝身边专门草拟朝廷重大诏令的部门，属于协助皇帝行使皇朝决策权的机要中枢，因而具有"凤凰池"的美称。中书省的长官是中书监，副长官就是张华所担任的中书令。张华是晋武帝身边的亲密大臣，文立所呈送的陈寿《益部耆旧传》，同样具有史学才能的张华当然有所知晓。了解到陈寿因为"使婢丸药"一事，至今还处于"沉滞者累年"的情况后，同样经历过人生低谷的张华，决心要替陈寿说一点儿公道话了。《晋书·陈寿传》对此有如下记载：

> 司空张华爱其才，以寿虽不远嫌，原情不至贬废，举为孝廉，除佐著作郎。

意思是说，担任司空的张华，非常喜爱陈寿的史学才能，认为陈寿在"使婢丸药"的事情上，虽然没有能够远远避开亲近女色的嫌疑，但是追寻事情发生的根源，还不至于就达到了被贬官废弃的严重程度，于是敦请巴西郡的太守举荐陈寿为"孝廉"，然后让其来到京城洛阳，正式任命为佐著作郎。

史文中说是"司空张华"，这是使用张华后来担任的最高职务来称呼他，以示尊敬，属于史书中常见的惯例，并非是指张华此时此刻已经正式做到了司空的官职。因为根据《晋书·张华传》，张华担任司空一职，是在西晋武帝死后，其子惠帝继位时期的事。另外，史文的措辞是"举为孝廉"，很容易使人误以为陈寿的"孝廉"名号，就是由张华本人直接举荐的。上面已经说过了，"孝廉"必须要由本人家乡所在地的郡太守来推荐。张华可以向陈寿家乡所在地的巴西郡太守，作出特别的解释和间接的推荐，但是直接作出推荐的官员并不是他。

总之，张华之所以特意帮助陈寿出任佐著作郎的官职，具有两方面的原因：一是因为陈寿的优秀史学才能和不幸遭遇，不仅深深打动了他，而且使他认为，陈寿正是符合著作省任官条件的最佳人选；二是上文已经说到，此时的著作省属于中书省管辖，而张华本人就是现任的中书省副长官，所以安排陈寿进入著作省，完全是职权范围之内的事情。

以上三位帮助陈寿的人物中，文立是以向西晋武帝呈献实物著作的方式来帮助陈寿的好人，他着重从史学才能上来为陈寿说话；罗宪是以与晋武帝司马炎面对面推荐的方式来帮助陈寿的好人，他既介绍了陈寿的突出才能，又介绍了陈寿的真实品行；张华则是司马炎身边，以对"使婢丸药"事件进行客观解释和彻底推翻的方式帮助陈寿的好人。三者的方式虽然有别，形成的合力却完全相同。至此，陈寿的命运终于发生了颠覆性的改变。

陈寿随即告别家乡前往洛阳，与当初张华进入仕途所担任的官职一样，来到著作省出任佐著作郎一职。他在北方陌生皇朝的仕宦生涯，从此就正式开始了。由于此行的路途遥远而艰险，所以他把健在的继母，以及妻室儿女暂时留在家乡，独身一人快速启程北上。

当时从巴西郡的安汉县前往洛阳，如果单单从地理交通的便利上说，是选择水路转陆路为佳，不仅快速而且舒适：从安汉县旁边的西汉水（即今嘉陵江）上船，一路向南顺流而下，到达巴郡的江州县（今重庆市）进入长江，再顺流东下三峡，到达荆州的江陵县（今湖北省荆州市荆州区）之后上岸，往正北方向走平坦大路，经过襄阳县（今湖北省襄阳市）、宛县（今河南省南阳市）后，即可直达洛阳城下。这条水路转陆路的路线，后来唐代诗圣杜甫在成都写出的著名七言律诗《闻官军收河南河北》，就有生动的描绘：

> 剑外忽传收蓟北，初闻涕泪满衣裳。
> 却看妻子愁何在，漫卷诗书喜欲狂。
> 白日放歌须纵酒，青春作伴好还乡。
> 即从巴峡穿巫峡，便下襄阳向洛阳。

急切想要回转北方故乡的杜老诗圣，挥笔题诗之际，不假思索地就直接挑选了这条水路转陆路的路线。但是，陈寿却没有杜甫幸运，当时的大唐皇朝虽然已经出现动乱，然而基本平定之后，这条路线依然可以通行无阻。而陈寿此时，东面还有一个与西晋皇朝武装对峙的孙吴，一出三峡就是孙吴的地盘，他怎么过得去呢？

陈寿只能选择北上的路线，一小段水路，再转漫长而崎岖的山路：也从安汉县上船，走西汉水逆水而上，到达剑门关附近上岸走古蜀道，经过阳安关、定军山，在汉中郡的沔阳县（今陕西省勉县）附近，经过褒斜道穿越秦岭，到达关中平原后向东出潼关，而后到达洛阳。这条线路要走"危乎高哉"的古蜀道，既漫长而又万分艰险。但是陈寿别无他法，他只能用蜀汉后主刘禅的先例来安慰和鼓励自己了。

原来，据陈寿《三国志》中的《后主传》和《郤正传》的记载，后主刘禅举手投降，曹军主将钟会来到成都，接下来钟会举兵反抗司马昭，乱兵又杀死钟会和姜维，直到曹军另一员大将卫瓘平定局势之后，才要求刘禅带上家属北上前往洛阳。当时陪同刘禅随行前往的臣僚，有尚书令樊建，侍中张绍即张飞的次子，光禄大夫谯周，秘书令郤正，殿中督张通等人，人数不多。君臣一行在当年的十一月出发，在路上整整走了4个月之久，直到第二年开春后的三月二十七丁亥，才到达洛阳。

现今在古蜀道的风景线上，还有一段古柏森森的道路，被称为"张飞柏"和"翠云廊"。其中一株胸径巨大的古柏树，树干上有一个可以容纳成人身体的巨大空洞,被后人称为"阿斗柏"。据当地父老相传,当初阿斗刘禅北上洛阳时在此经过,突然遇到大雨,就躲进树洞避雨,故而得名。

顺便说一句,据笔者专文研究,蜀汉后主刘禅,应当具有两套不同的名和字:最初叫作刘斗,字升之;后来改名刘禅,字公嗣。"禅"字读音,与"禅让"的"禅"读音相同,含义是君主权力的和平交接。所谓"公嗣",是公众认可的接班人之意,与"禅"字的含义是有关联的。三国时期,习惯在名的前面加上"阿"字,形成带有亲切意味的小名,比如刘禅的"阿斗",吕蒙的"阿蒙",诸葛亮岳父黄承彦的"阿承",等等。

既然当初的皇帝陛下都能够艰难跋涉到达洛阳,那么现今的我,为何就不敢踏上这条古老蜀道呢?就是在这样念头的鼓励之下,陈寿断然动身出发北上,前往洛阳上任去也。这正是:

时来运转当官去,无惧艰难且启程。

要想知道陈寿此去会在洛阳做出怎样的成就,又会遇到怎样的人物,发生怎样有趣的故事,请看下文分解。

第七章

洛阳新官

经过了大约三个月的长途跋涉，陈寿终于安全到达了西晋皇朝的京城洛阳。他到达洛阳的时间，根据前一章中提到的《三国志·霍弋传》裴注引《襄阳记》明确记载，可以确定是在西晋武帝泰始四年（268年）的下半年。因为史文说他的同窗好友罗宪，当面对晋武帝作出推荐一事，就是在这一年的暮春三月。司马炎随即下诏征召陈寿，朝廷的官员选任部门自然不敢怠慢，将会很快下达正式任命文件；陈寿接到任命文件后满心欢喜，定然也会毫不迟延就启程北上。因此，在当年的下半年到达洛阳，应当没有问题。如果是这样，陈寿到达洛阳时已经36岁了。

这是陈寿第一次来到北方中原大都会洛阳。他在下半生的29年里，除较为短暂的离开之外，其他的大部分时间都将在洛阳度过，直到他65岁时去世。洛阳不仅是他此后长期居住的地方，也是他编撰完成史学杰作《三国志》的地方，还是《三国志》被官方正式认可并且派遣专人抄写，成为传世的"祖本"，从此广泛流传的地方。因此，有必要对洛阳进行一点儿概略介绍。

洛阳是具有悠久历史文化的城市，其最早出现在西周的周成王时期，由执政的周公所建筑。因其位于北方中原大地的中心位置，所以在中国古代兴盛的汉唐时期，曾经是多个皇朝和政权的首都或陪都，包括东汉、曹魏、西晋、北魏、隋、武周等，同时也是全国性的经济交通中心和文化教育中心。这座城市的重要性，单是从名字的变迁上就可得到印证。

因为位于洛水北岸，故而最初叫作"洛邑"。战国时又改名为"洛阳"，至于改名的原因，则与中国古代地名中一项命名的"潜规则"直接相关。

"阴阳"是中国古代哲学的基本概念，所以古人常用"阴""阳"两字与某一座山或某一条水相结合来构成地名，而且有"山南、水北为阳""山北、水南为阴"的规矩。

所谓"山南、水北为阳",是指山的南面或水的北面,可以使用"阳"这个字来命名。比如"华阳"一词,是指华山以南的地区,东晋常璩《华阳国志》这部现存最早的地方史志,记载的地域范围就是华山以南的巴、蜀、汉中、南中等地区。又如"衡阳",必然在衡山的南面;而"沔阳",又肯定位于沔水的北岸。

至于所谓"山北、水南为阴",则正好与上面的情况相反,是指山的北面或水的南面,可以使用"阴"字来命名。比如,"华阴"这座城市,是在华山的北面;而"淮阴"这座城市,又肯定在淮水的南岸。

这种命名的规矩,实际上与太阳的光照密切相关。中国位于地球的北半部,所以朝南的一面,最容易受到阳光的直接照射。对于高于地平线的山峰而言,它的南面是当阳的,而北面是背阴的;但是对于低于地平线的江河而言,在其两岸之滨的岸壁中,当阳的岸壁却在北岸,背阴的岸壁又在南岸。于是,山与水的命名出现上述有趣的不同区别,自然就在情理之中。

到了汉代,洛阳这座城市又使用了"雒阳"的称呼,在司马迁《史记》和班固《汉书·地理志》中都是如此。到了魏文帝曹丕代汉称帝的黄初元年(220年)十二月,名字又改变了,由"雒阳"改回了"洛阳",从此沿用至今。那么汉代为何要把"洛阳"变成"雒阳"?曹丕又为何要把"雒阳"改回为"洛阳"?陈寿《三国志·文帝纪》裴松之注引的《魏略》,有如下一段趣味性的解释:

> 诏以汉火行也;火忌水,故"洛"去"水"而加"隹"。魏于行次为土;土,水之牡也,水得土而乃流,土得水而柔,故除"隹"加"水",变"雒"为"洛"。

意思是说,魏文帝下诏认为:此前的汉朝在五行的顺序上属于"火";而火是忌讳水的,所以去掉了"洛"字的"水"字偏旁,另外加上了"隹"字的偏旁变成了"雒"。现今取代汉朝的我们大魏,在五行的顺序上属于"土",而土是水的最佳配对,水要得到土的配合才能形成水流,土也要得到水的配合才能变得柔软，因此朕决定去掉"雒"字的"隹"字偏旁，加上"水"字的偏旁，把"雒"字重新变成"洛"字。

《魏略》是曹魏中央官员鱼豢的史学著作，他对魏文帝下诏改名的这段记载，应当是真实可信的。而魏文帝下诏中的趣味性解释，与汉代以来一种非常盛行的政治文化指导理论密切相关，这种理论叫作"五德终始"。

所谓"五德"，德者，性质也，即木、火、土、金、水这五行的特性。古人认为，木、火、土、金、水是构成物质世界的五种基本元素。五行的特性各不相同，具有相生或者相克的两种关系。以相生关系而言，木材燃烧生成火焰，火焰生成灰烬即属泥土，土层中矿石生成金属，金属融化生成水样的液态（另一种说法是水汽在冰冷的金属上凝成水珠），而水则滋润树木生长，这样就形成了相生的循环。这种五行之说，后来与政治发生密切的结合，逐渐形成"五德终始"的理论，并且在汉代，又开始对现实的政治和文化产生深广的影响。

按照东汉班固《汉书》中所引录的《世经》，这种理论是把中国古代的王朝，按照出现时间的先后排好顺序之后，再用循环相生的关系，将"五德"也就是五行，与之进行对应性的匹配。第一位是伏羲氏，与之相对应的是木德。每经过五个君主和王朝，形成一个循环，然后周而复始。第三个循环，是从周朝开始，对应木德。但是请注意，接下来却抛开了秦始皇的秦朝，而是跳到了刘邦的汉朝，对应的是火德。抛开秦朝的理由，是认为此前的秦国，曾经是周朝下属的诸侯国，即使后来完成统一，也不能算是承受天命而创建的崭新王朝，所以不能列入正规的序列当中。光武帝刘秀建立的东汉，属于汉朝的中兴重建，并非革新天命之举，所以依然属于火德不变。曹魏取代东汉，对应的是土德，所以魏文帝曹丕才会说出上面"魏于行次为土"的话来。

木、火、土、金、水五行，分别又有五种颜色，即青、赤、黄、白、黑，所以与王朝相对应的，还有五色当中的某一色。而对应的颜色，就是该王朝象征正统和吉祥的标志性颜色。汉朝既然对应火德，所以标志性颜色，就是赤色。由于赤色是汉家正统的标志色，当时的人们又常用"赤心"一词，来形容对汉朝的忠诚之心。比如，董昭替曹操给杨奉写信说："吾与将军闻名慕义，便推赤心。"见于《三国志·董昭传》。孙权给曹丕写信说："权之赤心，不敢有他。"见于

《三国志·吴主传》裴注引《魏略》。所谓的"赤心",就是现今所说的一颗红心是也。

不难看出,这实际上是一种为新兴王朝,特别是为东汉朝廷,精心制造"奉天承运"的道义根据,从而将其政权神圣化的理论,在今天看来颇有荒诞的色彩。然而在东汉和三国,以及三国之后的较长时间内,这玩意儿却是正儿八经的指导性政治文化理论,并且运用到各种具体的方面。

比如,三国时期的年号确定就是如此。三国当中各自确定的第一个年号,曹丕称帝时是"黄初",孙权称王时是"黄武",称帝时是"黄龙",为什么都带一个"黄"字?唯独刘备称帝,取了一个"章武",为什么又不带"黄"字?说穿了原因也很简单:曹丕和孙权,都认为自己是改朝换代的新兴正统王朝。旧的汉朝属火,对应的是红色;火生土,新王朝属土,对应的是黄色,所以第一个年号都带"黄"字,否则的话,就不能显示自己是正统所归而承受天命。刘备则不同,他是兴复汉室,并非改朝换代,所以不用"黄"字,他要"扫黄",取了一个"章武"的年号。章武者,彰显武功从而兴复汉室的祖业也。还有,蜀汉灭亡那一年,曹魏军队大举进攻,生死关头,后主刘禅公布了最后一个年号,叫作"炎兴"。这是为什么?你看"炎"字怎么写?两个"火"字上下重叠,火上又加火,既是汉朝的象征,又还表示国运会再度旺盛。再加上一个"兴"字,就表示汉朝会重新振兴了。

汉魏到西晋的洛阳城,位于黄河中游南岸的宽广平原之上,北面是东西走向的北邙山,南面是黄河的支流洛水,还有著名的险要关隘如函谷关、轩辕关、太谷关等拱卫在周围,展现出帝王之都的宏大气象。东汉班固、张衡的文学名篇《东都赋》《东京赋》,对于洛阳的宏伟和繁盛,都有长篇的细致描绘,被南朝昭明太子萧统的《昭明文选》特别放了全书开头的重要位置之上加以展现。

根据班固《汉书·地理志》的明确记载,洛阳城居民的在册户数,在西汉时就已达到五万八千多户,按照洛阳所在的河南郡户数与人口比例,人口数量达到了32万人以上。东汉时洛阳升级为京城之后,人口应当更多。东汉末年董卓之乱,虽然人口剧减,但是经过曹魏四十多年的经营和恢复,到西晋时洛阳人口至少应当有20万人。

从20世纪50年代起，考古工作者曾对汉魏西晋时期的洛阳故城遗址进行了长时间的发掘和研究。据《中国大百科全书·文物博物馆分册》中"汉魏洛阳故城"条目的介绍，故城遗址在今河南省洛阳市东面15公里，著名的白马寺以东。城墙是南北走向的长方形，周长约14公里，南北长约3895至4290米，东西宽约3700米，与当时文献中南北长九里多，东西宽六里多，有十二道城门的记载大体符合。城内东西走向、南北走向的主要街道各有4条，街道宽度在40到50米之间，相当之宽阔。

皇宫处于城区内的中部偏北，分为北宫和南宫两大部分。北宫主要是供皇家娱乐游赏的区域，其中有登高眺望的凌云台，北宫后面则是遍种奇花异草，水木清华的华林园，也是晋武帝赐宴罗宪的地方。南宫主要是皇帝及其嫔妃的寝宫区域。宫城南面的正门叫作"阊阖门"，宫城东面有云龙门，西面有神虎门。阊阖门外正对著名的铜驼街，街道两侧设有骆驼的大型铜质造像，成语中的"荆棘铜驼"，就是出自这里。铜驼街的两侧，布满了中央各个重要部门的官署。至于皇宫之外的偏僻小街小巷，则是官员和平民的居住区了。

话说陈寿先在这洛阳城内的居住区中找到了一个居处安身下来，这才赶紧前往著作省的官署去报到。不料一上任，就遇到了一个对他而言其实算不上考验的考验。这是怎么一回事呢？

原来，根据《晋书·职官志》的明文记载，自从著作省设立之后，就订立了一条如下规矩：

> 著作郎一人，谓之"大著作郎"，专掌史任。又置佐著作郎八人：著作郎始到职，必撰名臣传一人。

意思是说，著作省设置著作郎一名，又叫作"大著作郎"，专门掌管编撰史书任务。在他下面又设置佐著作郎八名：新来的佐著作郎一到任，必须要为此前某一位已经去世的有名臣僚，在限定的时间之内，撰写出一篇记述其生平言行的完整传记来。

"必撰名臣传一人"的这条规矩，是要对新来的佐著作郎，进行突击性的现场考试，从而对其在史学专业上的见识、才能、文笔、价值观等诸多方面，进行一个综合性的评判。之所以会如此，是因为著作省的职责是编撰各类史书，这项工作的专业性很强，如果不具备全面而良好的史学专业素养，根本无法承担工作并很好完成任务。为了避免一些不具备条件的人滥竽充数混进来，那就必须设置一道入门上岗的突击性考核程序。看来古代的官也是不好当的，你说对不对？

陈寿进了著作省，一听有这样的规矩，先是有一点儿吃惊，因为此前没有碰到过这种情况。当初他在蜀汉皇朝的东观、秘书省当官时，虽然这两处官署的职责都与文字和文书有直接的关系，但是并没有设置过类似对新人的突击性考核程序。再说了，根据陈寿自己在《三国志·后主传》的传末评论所言："又国不置史，注记无官，是以行事多遗，灾异靡书。"说是蜀汉的国家中没有设置专门的史官，君主日常的一言一行无人进行如实的记录，所以君主的言行事迹多有遗失，重大的灾害和怪异现象也没有书写保存下来。由此可见，蜀汉没有设置过像曹魏、西晋那样专门编修国史的著作省，既然连著作省都没有，当然也就没有对新人进行考核的程序了。陈寿在蜀汉时期没有经历过这种程序，对此有点儿惊异是很自然的事。

但是，小小惊异之后，他又很快镇定下来。因为他此前已经完成和流传的《益部耆旧传》一书，其中所记述的对象，正好就是过去益州若干有名的臣僚。换言之，他的这部史学著作，不仅仅只有一篇名臣传记，而是多篇名臣传记的汇总。他连名人传记的大部头著作都早就完成过了，还得到了社会上的广泛好评，还怕你这只写短短一篇东西的什么考核吗？于是乎，在限定的较短时间之内，陈寿就把一篇高质量的名臣传交了上去，顺顺利利就考核过关了。

陈寿当时究竟写出了怎样的一篇名臣传记，史书中没有记录下来，无法看到其真实的面貌。但是，却有一个非常好的参照物，这就是他的《益部耆旧传》一书。

唐代编撰的《隋书·经籍志》，其中的"史部"大类中，还有如下明确记载："《益部耆旧传》十四卷，陈长寿撰。"而五代后晋时期编撰的《旧唐书·经籍志》上篇中，也有如下明确记载："《益部耆旧传》十四卷，陈寿撰。"说明陈寿这部史学著作到了唐代和五代的后晋时期都还完整存在，只是在分卷的问题上，从原来《华阳国志·陈寿传》所记载的"十篇"，变成了"十四卷"而已。

值得一提的是，《隋书·经籍志》中对这部著作的署名是"陈长寿"，而非"陈寿"。另外在《隋书·经籍志》的"集部"大类中，还有如下记载："《汉名臣奏》三十卷、《魏名臣奏》三十卷，陈长寿撰。"但是到了《旧唐书·经籍志》中，《汉名臣奏》三十卷的作者署名，又还原成为"陈寿"了。由此可见，陈寿应当还有另外一个姓名即"陈长寿"，两者的含义完全相同，只是一个"长"字的区别而已。

后世曾有学者认为，"陈长寿"中的"长"字，是古籍流传过程中出现的多余文字，专业术语叫作"衍文"。但是，关键在于《隋书·经籍志》中有两处都是"陈长寿"，并非只有一处。如果只有一处，说是"衍文"还能够成立，在同一部著作的两处不同地方，都出现了一模一样的"衍文"，这种可能性应当不存在。

可惜的是，陈寿这部《益部耆旧传》的完整原书，到了宋代以后就散亡了。幸好在其他的史籍当中，还保留有该书的部分内容，其中《三国志》的裴松之注解就是如此。由于《益部耆旧传》是陈寿精心编撰的代表性著作，其质量不会低于陈寿参加考核时所撰写的那篇名臣传，所以此处就选取裴松之注解中引录得比较完整的一段文字，来看看陈寿在写出他的名著《三国志》之前，其参加考核过关的传记文章，有可能是怎样的风貌和水平。

《三国志·刘二牧传》的裴松之注解中，引录了陈寿《益部耆旧传》的一篇，即关于名臣董扶的传记。董扶是东汉末年益州的先贤，籍贯在益州下属的广汉郡（治所在今四川省广汉市）。传文如下：

> 董扶，字茂安。少从师学，兼通数经，善欧阳《尚书》；又事聘士杨厚，究极图谶。遂至京师，游览太学。还家讲授，弟子自远而至。
>
> 永康元年，日有蚀之；诏举贤良方正之士，策问得失。左冯翊赵谦等举扶，扶以病不诣；遥于长安上封事，遂称疾笃归家。前后宰府十辟，公车三征，再举贤良方正、博士、有道，皆不就，名称尤重。

大将军何进表荐扶曰:"资游、夏之德,述孔氏之风,内怀焦、董消复之术。方今并、凉骚扰,西戎蠢叛,宜敕公车特召,待以异礼,咨谋奇策。"于是灵帝征扶,即拜侍中。在朝称为儒宗,甚见器重。

求为蜀郡属国都尉。扶出一岁而灵帝崩,天下大乱。后去官,年八十二,卒于家。

始扶发辞抗论,益部少双,故号曰"至止":言人莫能当,所至而谈止也。后,丞相诸葛亮问秦宓以扶所长,宓曰:"董扶褒秋毫之善,贬纤芥之恶。"

现将以上史文翻译成如下白话文,然后再来点评:

董扶,字茂安。他少年时就跟从老师学习,通晓了数种儒家的经典,尤其精通于西汉儒家欧阳生流传下的《尚书》学问,同时又师从曾经得到过朝廷聘书的杨厚,透彻研究神秘的图像和预言。后来他又到了京城洛阳,到太学中游览一番,然后回到家乡益州广汉郡讲学授徒,他的弟子都从远方前来求学。

东汉桓帝永康元年(167年),天空中出现了当时认为是极为不祥征兆的日食现象,于是皇帝下诏各地举荐符合"贤良方正"人才选拔科目标准的人士,准备向他们咨询政治得失的对策。担任左冯(píng)翊这一郡级行政区长官的赵谦等人都举荐了董扶。董扶以有病为由,没有前往京城洛阳的朝廷应征,只是远远在长安(今陕西省西安市)向朝廷呈递推辞的奏章,然后声称病重,回到了益州广汉郡的老家。前前后后朝廷执政大臣的府署向他发出聘用为下属的任命多达十次,朝廷专门派遣公家车辆前去征召他也有三次,益州地方政府一再使用"贤良方正""博士""有道"等人才选拔的科目来举荐他,他全部都没有接受,因而在社会上享有很高的名声。

后来执掌朝政的大将军何进,向皇帝呈上表章举荐董扶说:"董扶具有孔子门生子游、子夏那样的品德,能够传播孔子的风范,而且内心怀有如同西汉大儒焦延寿、董仲舒那样能够消除灾异而复兴社会的方法。当今并州、凉州两地遭受严重骚扰,西部的戎族发生叛乱,陛下应当发出指令,派遣公家专车特别征召董扶,来了之后采用高规格的礼节优待他,向他咨询解决当前重大社会危机问题的奇妙计策。"于是东汉灵帝特别征召董扶，他一到洛阳就被破格任命为皇帝身边的侍从长官（即侍中）。董扶在朝廷中被称为儒家宗师，受到了非同寻常的器重。

此后，董扶坚决请求离开京城洛阳，回到家乡益州担任蜀郡属国（治所在今四川省芦山县）的都尉。董扶离开洛阳一年之后，东汉灵帝就去世了，从此出现天下大乱。后来董扶也辞去了蜀郡属国都尉的官职，八十二岁时在家中去世。

当初董扶在年轻时擅长辩论，在益州地区很少有能够胜过他的对手，所以得到一个叫作"至止"的名号。意思是说，人们难以抵挡他的言辞锋芒，他所到之处人们都立即停止了谈论。后来，蜀汉的丞相诸葛亮曾经询问蜀地的饱学之士秦宓，董扶这位先贤有什么突出的长处，秦宓回答道："董扶对于秋毫那样细小的善行也要褒扬，对于纤芥那样细小的恶行也要贬斥。"

陈寿上面这段传记性的文字，具有如下三个特色：

第一个特色，是笔墨极其精练。仅仅使用了300字左右，不仅写出了董扶这位益州著名先贤的生平概况，而且刻画出董扶在言行上的突出特色，有全貌，也有特写，使得读者能够得到清晰而完整的印象。

第二个特色，是对董扶的言和行两方面都能做到兼顾，但手法又各不相同。对于董扶的行为，陈寿主要采用"实写"的手法，以较长的文字进行客观记述。但是每一方面又注意突出重点，比如写董扶的学习历程，重点在"兼通"上：不仅在经典的数量上注意"兼通"，而且在求学的地点上也注意"兼通"，在益州学了不算，还远赴洛阳的太学，从天下学人中广泛获取营养。对于董扶的言语，陈寿则别具一格，完全采用"虚写"的手法，全文中没有出现一句董扶自己说过的话，而是采用记述董扶"至止"名号的由来，以及第三者秦宓的评价，就把董扶擅长言辞辩论的才能，以及他在言辞中褒善贬恶立场鲜明的价值观，生动地表现了出来。

第三个特色，是在表面上看似平淡的记述之中隐含了深层次的丰富内涵。董扶的学问和才能都非常杰出，但是他对于仕途并不热衷，中央机构的多次任命，朝廷的多次征召，他都没有响应。后来由于大将军何进的推荐，他虽然响应了征召，进入朝廷担任了侍中，但是他很快就辞去这一显要的职务，回到家乡益州去当了级别更低的郡一级官员。为何董扶要这样做？陈寿没有明确交代，只写了两句相当平淡的记述："扶出一岁而灵帝崩，天下大乱。"原来，董扶所在的时代，正是东汉桓帝、灵帝在位的衰败阶段，用诸葛亮《出师表》的话来形容，就是"亲小人，远贤臣，此后汉所以倾颓也"。董扶到洛阳太学游览之时，不仅是在吸收学问，更是在观察皇朝的兴衰。看到皇朝的前景黯淡，覆亡不远，所以他才一再坚决拒绝到洛阳当官；即便无法推辞勉强去了，也是赶紧趁早离开政治中心返还故乡。离开才一年，京城内外就爆发大乱。清楚了这一切，就对董扶有了更加深刻的了解：这绝对不是一个只晓得读死书、死读书、读书死的书呆子，而是一个淡于名利且对时局形势有着清醒认识和明确判断的明白人啊！

　　看到这里，对于陈寿在著作省的上岗考核中，为何能够轻轻松松顺利过关，恐怕就不会有任何的疑问了。

　　过了关，上了任，得到了一个与自己专长和兴趣完全相符的工作，拿到一份还算不错的俸禄，在繁荣恢弘的京城洛阳有了相对稳定的生活。至此，这个在北方洛阳当"北漂"的陈寿，才开始有了好心情，也生出了访问蜀汉老前辈和故人的兴致来。

　　是的，在他的蜀汉老前辈和故人中，此前已经先后来到洛阳当"北漂"的还真不少。其中地位最高的，自然要数蜀汉的后主刘禅。根据陈寿《三国志》的记载，刘禅来到洛阳的时候，还是曹魏少帝曹奂在位的景元五年（264年）三月，魏少帝随即下了一道策命，嘉奖刘禅一番后，把他封为安乐县的公爵，后世简称为"安乐公"。这个安乐县，在今北京市的顺义区，距离洛阳那是相当的遥远。曹魏之所以会把刘禅封在此处当公爵，主要原因是这个"安乐"的名字有很好的含义。你举手投降了，就会得到安安乐乐的生活，这是想要给还没有前来降服的孙吴，做出一个具有吸引力的示范，属于一种运用文化软实力的举措。后世有人以为，刘禅得到这样的封号，是因为他到了曹魏之后，说出了"乐不思蜀"这句著名话语，这样的解释虽然很接地气，但是并未真正说到点子上，没有弄清楚根子还是在曹魏的政治盘算之上。

　　从各种史书的记载来看，刘禅一直是住在洛阳，并未前往他的封地安乐县居住，到了西晋皇朝建立之后也是如此。他在西晋武帝泰始七年（271年）的65岁时逝世，也是死在洛阳的。算起来刘禅在洛阳当蜀汉的第一号"北漂"，当了并不短暂的8个年头。

陈寿当初在蜀汉担任黄门侍郎、散骑侍郎的时候，就是后主刘禅身边的侍从官员。现今他去看望刘禅，应当是情理中的事。

但是，去是可以去，却绝对不能常常去。为什么呢？你看曹魏和西晋，一直把刘禅安排在洛阳居住，不让他前往远方的封国，为的是什么？为的就是能够就近监视刘禅的一举一动，免得他被别有用心的人利用来搞政治上的复辟嘛。陈寿一旦去的次数多了，就有可能产生政治上的嫌疑，对故主刘禅和自己，两边都没有好处。所以他去看望刘禅，最多也不过是略表心意的一两次短暂看望而已。

第二位他想拜望的，就是思念已久的恩师谯周了。据陈寿自己在《三国志·谯周传》中明确记载，在蜀汉灭亡之后，掌控曹魏朝政的司马昭向谯周下达了官职的任命文书。谯周启程北上，走到中途的汉中郡，就因年老病重而停留下来。魏少帝曹奂咸熙二年（265年）夏天，已经在洛阳当官的文立，从洛阳回转益州巴郡的老家探望，经过汉中时去慰问老师谯周。谈话之间，谯周写了八个字在版片上给文立看，文立一看是两句话："典午忽兮，月酉没兮。"文立马上明白，这是老师在同他使用隐语，说了相当敏感的政治预言。说穿了是什么意思呢？"典午"的"典"字，本意是管理，与"司"字的含义相似；至于"午"字，是用十二生肖的顺序排列，来表达一个"马"字。两者合起来，"典午"就是指司马氏的"司马"了。再来看"月酉"，十二个月与十二地支相对应，按照当时的历法，"酉"所对应的是八月。因此这两句预言的意思就是：那位姓"司马"的大人物，生命已经进入飘忽短暂的状态，到了秋天的八月就要消失不见了。结果当年八月，司马昭果真离开了人世，终年55岁。

这样一种带有神秘性质的政治性预言，属于当时所谓的"谶纬"，这是汉代儒家经学的变种和分支。谯周对此颇有研究，但是他也只能在与可靠门生的私密性单独交谈中，把自己对于司马昭生死这一极端敏感问题的预言，以非常隐晦的文字，悄悄说出来。直到司马昭去世好长一段时间之后，这段可以安全"解密"了的预言，陈寿才从同窗好友文立那里得知，并将此事经过写进了《三国志·谯周传》当中。

到了西晋皇朝建立，晋武帝司马炎多次下达诏令到谯周停留之处的地方政府，要求尽快安排谯周继续上路。谯周只得勉强带病前往洛阳。到了泰始三年（267年），谯周总算到达洛阳，结果一到就病重卧床不起。西晋朝廷派遣特使到他家中给予骑都尉的官职以示荣宠。陈寿在著作省就职之时，谯周正在家中养病。师生二人相见于异乡，那一番深沉的家国感慨，不用描述也可想而知。

第三位他很想拜望的故人，就该是老同窗文立了。根据《华阳国志·文立传》记载，此时的文立是在担任皇太子司马衷的侍从官员，即太子中庶子。他当上散骑常侍，是后来泰始十年（274年）才发生的事。他在推荐陈寿的事情上尽心尽力，陈寿当然会去拜望他，当面表达感激之情，同时也会回忆当初两人在蜀汉太学研读学问时的美好往事。

除了拜望过去蜀汉的老前辈和故人，第一次来到洛阳的陈寿，当然也要游览洛阳的山水名胜，从而对这座煌煌帝都进行深入的了解。洛阳周边的山水名胜，后来在他的《三国志》中一再提到，从而可以证明他去游览过的地方，数量上还不少，此处只能略举三处重要的点位。

在洛阳南面城墙之外的东边，是东汉光武帝开始建立的太学。此后曹魏、西晋的太学，也都设在这里。太学是全国的最高学府，在最为兴盛的东汉时期，从全国四方八面前来的学生，达到几万人之多。据现今考古发现测量出来的数据，此处遗址为长方形夯土建筑群，东西约100米，南北约90米。陈寿前来游览时，东汉灵帝熹平年间镌刻的儒家经典石碑，即著名的"熹平石经"，还有曹魏少帝曹芳正始年间镌刻的儒家经典石碑，即同样著名的"正始石经"，都还相当完整地出现在他眼前。陈寿当初是蜀汉太学的毕业生，现今来到这座东汉、曹魏、西晋三朝的太学，眺望眼前密密麻麻的石刻儒家经典，心中自然会产生强烈的震撼和共鸣。

从太学继续往正南方向前行，不远处就是东西流向的洛水。一道采用船只串联起来组成的浮桥，当时叫作"洛水浮桥"，横跨洛水而连通南北的大道，形成洛阳城南的第一处军事要冲。司马懿当初发动"高平陵事变"，第一道命令就是指挥精锐部队击溃守军抢占洛水浮桥，断绝了对手曹爽的归路。因为此时的曹爽正在陪同少帝曹芳前往南面九十里外的魏明帝高平陵进行拜祭。洛水浮桥一丢失，曹爽就被控扼住了咽喉，于是迅速缴械投降，死于非命。陈寿后来写的《三国志·曹爽传》，在叙述"高平陵事变"时，明确提到了洛水浮桥的关键性作用，这正是陈寿在此处现场细致观察后的清晰认识。

最后来说洛阳城北的北芒山。北芒山，又名北邙山，邙山。但是在陈寿所写的《三国志》中，都称之为"北芒"，可见这是汉晋时期的通用名称。

洛水是黄河南岸的一条支流，从西南流向东北而汇入黄河。在洛水与黄河之间狭长的三角形地带，洛阳位于洛水的北岸，其北面就是北芒了。北芒是东西走向的黄土丘陵，高度只有200到300米左右，是洛阳古城北面的天然屏障。由于地势高显，能俯瞰京都，土层丰厚，不受水浸，所以历代在洛阳建都的皇朝，其帝王将相、先贤名流的很多墓葬，都集中在北芒一带。据现今的考古调查，北芒的中部多为早期的东周墓葬，西部多为稍后的东汉墓葬，而东部多为再后来的曹魏、西晋墓葬。比如魏文帝曹丕的首阳陵，就是在这北芒的山丘之中。

除了墓葬，北芒还是汉晋时期若干重要历史事件的发生地，比如董卓之乱就是如此。东汉末年，代表外戚势力的大将军何进，与代表名门大族势力的袁绍联合，准备剿除祸国乱政的宫廷宦官势力。宦官抢先下手杀死何进，挟持14岁的少帝刘辩，以及少帝的弟弟陈留王刘协，仓皇步行逃出城区的皇宫，向北翻过北芒，奔往北面的黄河渡口。在黑夜之中，宦官们纷纷失足掉入黄河淹死，小皇帝兄弟二人凭借萤火虫的微小光亮，又掉头摸索着向回城的方向走去。第二天，领兵进京的混世魔王董卓，带着手下的骄兵悍将，在北芒的南面山坡下迎接到了小皇帝兄弟。董卓大声询问少帝刘辩事情的经过，刘辩吓得结结巴巴说不清楚。董卓转头再问弟弟刘协，刘协把整个祸乱的起始经过说得明明白白。董卓伸手把刘协抱到身边，竟然萌生出废黜哥哥而改立弟弟为皇帝的心思来。于是乎，导致东汉皇朝迅速衰亡的董卓之乱，就这样从北芒的山坡下悄然开始了。

北芒又是居高临下眺望帝都洛阳城市全景的最佳之地。东汉章帝时的清高隐士梁鸿，就是与妻子孟光留下了著名成语"举案齐眉"的那一位，曾经登临北芒的山顶眺望洛阳一番，唱出了一首著名的《五噫歌》来抒发感叹：

陟彼北芒兮，噫！

顾览帝京兮，噫！
宫室崔嵬兮，噫！
人之劬劳兮，噫！
辽辽未央兮，噫！

翻译成白话诗就是：

慢慢爬上这北芒的高山顶，哎！
回头眺望那皇帝的大都城，哎！
皇宫的建筑多么高大惊人，哎！
老百姓为之付出劳苦艰辛，哎！
想起这些心情就难以安宁，哎！

东汉章帝后来听到这首诗歌，极为不高兴，派人前去捉拿梁鸿。梁鸿却早已带上爱妻孟光，改名换姓跑到南方躲避去了。这是《后汉书·梁鸿传》记载的有趣故事。

如果说，梁鸿的北芒眺望，产生的是对草根民众的深深同情，那么陈寿的北芒眺望，产生的就是对历史往事的深深思考了。因为他后来在《三国志·董卓传》等处，就对北芒山下发生的少帝逃难、董卓嚣张等等历史场景，进行了详细而具体的记载。可见具备了史学家天分和素质的陈寿，来到这北芒的山巅游览，并不仅仅在于愉悦身心，更是想要在凭吊前朝帝王将相的青青墓葬之中，在眺望煌煌帝都洛阳的盛大全景之后，认真回顾和深入思考一个极为重大的问题：先后在此建都的东汉和曹魏，看起来似乎非常强大和兴盛，为何后来就被他人轻轻松松取而代之了呢？特别是时间上最近的曹魏，既能轻松夺取汉室江山，又能一举攻灭自己的故国蜀汉，为何会在蜀汉仅仅灭亡两年之后，其国家命运就迅速宣告终结了呢？由此看来，真是很有必要为这个仅仅存在了45年的短命曹魏，好好撰写出一部史书来进行回顾、反省和总结，找出其中真正的原因，从而永远警醒后世。

其实，他的类似想法，不久之前已经有了萌芽。当他艰难跋涉在漫长蜀道之上时，面对这故国的青山绿水，肥田沃野，芸芸众生，还有难于翻越的剑门天险，他就一直在思考类似的问题：为何故国蜀汉拥有如此广阔的地域，如此繁盛的人口，如此优越的地势，如此杰出的开国君主和先贤将相，最后的国运却是如此的短促，从先主刘备称帝的章武元年（221年）起，仅仅存在了42年就灭亡了呢？

现今陈寿再来到洛阳的北芒山巅，回想寿命与蜀汉同样短暂的曹魏，他开始清醒地认识到：将这两个非常值得进行对比和借鉴的短命政权，合在一起，大书特书，写出一部足以流传后世的青史巨著，乃是值得自己今后付出全部心血为之奋斗的远大目标。远大目标一旦确定，他就在继续当官的同时，又开始为自己远大目标的实现，努力进行前期各种各样的相关准备。这正是：

两国山河生感触，三分青史已萌芽。

要想知道接下来陈寿还会在史学著述上写出怎样的作品，他后来又会承担起什么样的国家级重大任务，这一重大任务的完成又存在着怎样的困难和挑战，请看下文分解。

宦海游踪

话说在洛阳当"北漂"打拼前程的陈寿,每天都到著作省的官署中挥笔勤奋著述,不久就完成了自己的另一部史学著作,这就是《古国志》。陈寿将其作为自己的工作成果呈送上报之后,很快就得到了上级机构即中书省两位长官的一致欣赏和好评,《华阳国志·陈寿传》对此有如下记载:

> 又著《古国志》五十篇,品藻典雅。中书监荀勖、中书令张华深爱之,以班固、史迁不足方也。

意思是说,陈寿又在西晋时期撰著了《古国志》五十卷,书中在对史事的品评上显现出辞藻典雅的突出特色,此时担任中书省正、副长官的中书监荀勖、中书令张华,作为上级审读之后深深爱上了这部著作,一致认为陈寿此书所显现出来的优秀史学才能,即便是与编撰《汉书》的班固和编撰《史记》的司马迁相比,也是比得上的。

陈寿的《古国志》一书,顾名思义应当是记叙西晋之前的古代各国历史。他的恩师谯周,就曾经编撰了《古史考》二十五篇,专门针对司马迁《史记》中关于周代、秦代的历史叙述,援引其他典籍文献进行考证,从而纠正司马迁的谬误,这在《晋书·司马彪传》中有详细的记载。既然谯周把周代、秦代的历史称为"古史",那么作为谯周门生的陈寿,他在这部著作中所说的"古国",也应当是指先秦时期的各个国家。

但是非常之可惜,陈寿这部得到两位上司由衷欣赏的史学著作,却未能完整流传下来,所以现今已经无法得知其文字上的"品藻典雅",究竟是怎样的风貌了。

前面说过,当时的著作省,是中书省下属的分支部门,而中书省是掌管朝廷机要事务的中枢机构，长官为中书监，副长官为中书令。看来当时的两位中书省长官，即荀勖和张华，相互的关系还不错，所以才能共同审读了陈寿这部属于工作成果的史学著作，而且又能够得出完全一致的高度评价。

关于荀勖和张华这两位西晋朝廷的重量级人物，下面还会进行更加深入的介绍。值得指出的是，荀勖、张华这两位政坛大佬相互的关系如何，将会对陈寿的仕途产生显著的影响。下面将要发生的一件事，就是具体的证明。

时间来到西晋武帝泰始五年（269年），在著作省担任佐著作郎的陈寿得知一个好消息：朝廷决定任命他兼任家乡巴西郡的中正，承担负责选拔本郡人才进入官员队伍的重任。手捧任命文书，陈寿的心中可谓五味杂陈。为什么呢？因为此前自己在"使婢丸药"事件中遭到社会舆论的非议，导致"沉滞者累年"而不能进入官场，正是当时家乡巴西郡的中正，一手进行操作的结果。如今自己的命运又翻了过来，要来担任选拔他人的巴西郡中正了，他自然会涌出"造化弄人"的复杂感受来。

对于自己兼任巴西郡中正一事，陈寿后来在《三国志·谯周传》中进行了明确的记载。但是，在引录和解读他这段记载之前，先又必须对当时中正这一官职的产生和背景，作出必要的介绍。

纵观我国古代的人才选拔，实际上就是官员选拔的代名词。有明确历史纪年的将近三千年间，人才选拔的具体方式实际上只有三种：第一种是凭借身份的贵族制，第二种是凭借表现的推荐制，第三种是凭借成绩的考试制。

所谓凭借身份，是看你继承的是什么血缘基因，说白了就是看你是谁的儿子，现今叫作"拼爹"。如果你的老爸是贵族，你自然而然就有了当官的资格，从而形成了世袭制。

所谓凭借表现，是看你在实际生活中所表现出来的品德和才能，品德和才能优秀者，就能得到推荐而进入官员的预备队伍。这不是在拼爹，而是在拼自己，两者有根本上的不同。

所谓凭借成绩，则是看你在各种科目的考试中，所取得的具体成绩如何，成绩优异者就能获得担任官员的资格。这也是一种拼自己。

以上贵族制、推荐制、考试制三者，实际上是长期共存、相互补充和融合的，只不过在不同的朝代和时期，各自有所侧重而已。

比如，先秦时期侧重于贵族制，但也有推荐制，不然就不会有著名的"毛遂自荐"这一成语的产生了。

两汉时期侧重于推荐制当中的察举制，推荐的主要科目是孝廉、秀才，这在前面已经说过了。但是，前面已经提到，东汉的孝廉后来也要集中到京城洛阳进行儒家经典的考试，这就融入了考试制的成分。

魏晋南北朝时期侧重于推荐制中的九品中正制，但是这一制度中也融入了贵族制的成分，下面就要讲到。另外，这一时期察举制的孝廉也依然存在，陈寿此前就被西晋朝廷举荐为孝廉，这在前面同样也说过了。

隋唐以后到明清，侧重于考试制中的科举制，同时也有属于其他两种制度的名目存在。

陈寿是魏晋时期的人物，在他之前的东汉时期，人才选拔侧重于推荐制的察举制，孝廉的人选者，在品德上要孝顺父母，廉洁正派，故名，照例是由本地的行政长官郡太守来进行推荐。秀才，东汉改名茂才，以避免触犯光武帝刘秀的名讳。茂才的人选者必须才能优秀，故名，照例是由本地的行政长官州刺史或州牧来进行举荐。

如果希望这种察举制能够得到有效的实施，必须具备一个先决性基本条件，那就是社会较长时间的基本稳定。因为只有社会较长时间的基本稳定，被评选的人才群体，才会在本乡本土长期安心生活，作出自然而真实的表现来；与此同时，具体负责考察人才的基层政权机构，也才会有可靠而合格的专人来实施考察，并作出真实而可信的考察记录，所谓的"乡举里选"，也才能顺利地完成。

但是，到了东汉末年天下大动乱发生之后，这种起码的条件就被严重破坏而难以存在了。大规模的血腥战争，可怕的大饥荒，严重的瘟疫传染病，不仅造成民众的大量死亡，而且迫使残存的民众离乡背井，迁移到外地谋求生路。这种察举制难以正常实施的残酷现实情况，就促成了另外一种推荐制，即九品中正制的诞生。

据陈寿《三国志·陈群传》记载，魏文帝曹丕在刚刚继承了父亲曹操的王位，但还没有代汉称帝的关键性时刻，就要求在尚书台担任尚书的亲信大臣陈群，负责制定了"九品官人之法"，即后世所称的九品中正制。

根据唐长孺先生等学者的研究，这项人才选拔上的创新性制度，是在地方上的各个州郡，设置一种名叫"中正"的官员，负责本地人才的考察和评定。照例是由该州或该郡之中，现今在京城洛阳担任中央机构官职者来兼任。州一级的中正，相对于郡一级的中正而言，涉及人才评选的地域范围更大，所以又称为"大中正"。中正对人才的考察和评定，是以家世背景和个人才德作为两项主要的依据，然后将人才综合评定为九个品级。品级之中最高为第一品，以下依次递降，直到最低的第九品。中正完成考察和评定之后，要将相关资料移送和推荐给朝廷的官员任命机构，再由相关机构根据品级和评语，授予不同的官职。

相对于此前的察举制，这一创新制度的最大优点在于：把负责考察和评定人才的权力，从地方上各级的行政长官手中，转移到了在中央机构任职的官员手中，这样就完全避开了地方社会动乱因素所造成的影响。即便当地的州郡发生了社会的巨大动乱，也不会影响到该州郡在本土人才上的考察和评定工作，朝廷的官员队伍就能够不断吸收新鲜的血液，使得国家政权机器得以正常运转。

不过，这一制度虽然在名义上设置了第一品，在实际上却没有人能够评得上这个最高的等级，即造成了所谓的"一品虚置"。为何会有这样的情况产生呢？笔者曾经撰写专文来探究其中的玄机。

原来，这一制度将人才评为九个品级的设计构思，追根溯源并非陈群本人的原创，而是从东汉班固《汉书》模仿而来的。《汉书》中列有一份《古今人表》，记录和评定了从远古到秦朝末年的1900多位历史人物，将他们按照上、中、下的类别划分方法，细分为上上、上中、上下、中上、中中、中下、下上、下中、下下共计九个等级。班固还根据儒家的思想标准，对于其中最高的上上等，定性为"圣人"；对于其次的上中等，定性为"仁人"；对于上下等，定性为"智人"；对于最低的下下等，则定性为"愚人"。

班固列入上上等"圣人"名单中的，仅仅有14人，包括远古帝王伏羲、神农、轩辕、少昊、颛顼、帝喾、唐尧、虞舜、夏禹、商汤、周文王、周武王，以及周公、孔子，也就是班固所认同的三皇、五帝这八位，再加上后来的禹、汤、文、武、周、孔六位。这一个位于金字塔尖的上上等群体，就相当于九品制度当中最高端的第一品。

附带说一句，现今常说的"三皇五帝"，在当时的不同学者，曾有不同的说法，并不完全一致。比如上面班固所认同的"三皇"即伏羲、神农、轩辕，就与司马迁《史记》中天皇、地皇、泰皇的说法有所不同。陈寿《三国志·三少帝纪》的记载中，曹魏后期的君臣对话，所认同的是班固的说法。

在九品中正制开始诞生和全面推行的魏晋时期，虽然玄学思潮已经开始出现，但是作为正统思想的儒家，其地位并未动摇，其核心价值观依然支配着士大夫群体的思想观念，儒家所极度崇敬的"圣人"，即三皇、五帝、禹、汤、文、武、周公、孔子，依然享有无比尊崇的地位。突出的事证之一，就是具有叛逆思想的名士嵇康，因为在其文学名篇《与山巨源绝交书》中，公开说出"非汤、武而薄周、孔"的话，即"我本人赞同非议商汤王、周武王，鄙薄周公、孔子"，最后竟然惨遭司马昭处死。在这样的时代背景下，当时还在世的后进人才要想得到第一品的评价，从而跻身于"圣人"的行列，绝对是不可能的事。作为人才的考察和评定者，任何一位兼任州、郡中正的官员，也绝对不会对某人给出第一品的评价。既然无人敢当，也无人敢评，那么最顶尖的第一品，就只能虚设在那里充当摆设了。

不过，一品虚设，并不表示当时的士大夫就具有谦让之风。因为到了东晋南朝时期，世家大族的年轻子弟，大多都会被中正评定为第二品，这就是南朝沈约《宋书》中所说的"凡厥衣冠，莫非二品"。意思是世代高官的衣冠之家，其后进子弟都被评定为第二品了。而第二品，相当于班固《古今人表》的上中等"仁人"，这一等是些什么样的人呢？就有伊尹、武丁、伯夷、叔齐、管仲、子产、颜渊、孟子、屈原、蔺相如等大名鼎鼎的杰出历史人物。还没有踏进仕途的毛头小青年，就敢于坦然接受第二品的评价，从而与如此优秀的先贤英杰相提并论，这能说是谦虚吗？恐怕不能吧。

中正对于本郡或本州人才的考察和评定，照例是每三年进行一次，当时专门的术语叫作"清定"，也就是对整个人才评定的名单，进行最后的清理和确定，然后向上呈报的意思。

在对中正的起因和职责作出以上介绍之后，就可以来解读陈寿自己对这次兼任中正的说明了。《三国志·谯周传》记载：

> （泰始）五年，予尝为本郡中正。清定事讫，求休还家，往与周别。周语予曰："昔孔子七十二，刘向、扬雄七十一而没；今吾年过七十，庶慕孔子遗风，可与刘、扬同轨，恐不出后岁，必便长逝，不复相见矣！"疑周以术知之，假此而言也。六年秋，为散骑常侍，疾笃不拜。至冬卒。

意思是说，西晋武帝泰始五年（269年），我曾经担任家乡所在的巴西郡的中正。因为完成了对本郡人才的清理和确定工作，所以向上司请求休假回巴西郡老家探望，临行前到洛阳谯周的住处与他告别。他对我说："过去孔子在七十二岁去世，刘向和扬雄在七十一岁去世；而今我年过七十，希望能够活到孔子的岁数，也可以与刘、扬二人的寿命相同。因此，恐怕不出后年，我就必定会长辞人间，不能再相见了！"我怀疑谯周能用什么方法推知了自己的寿命，借此机会说了出来。泰始六年（270年）秋天，朝廷任命谯周为散骑常侍，因病重未能接受任命。到当年冬天，他就溘然长逝了。

陈寿自己写的这段往事回忆，具有无可怀疑的可靠性、准确性和重要性。在翻译了史文的表面意思之后，就有必要来探究其深层次的谜团。史文连续记述了泰始五年（269年）陈寿所经历的四件大事：兼任家乡本郡中正，完成本郡人才清定，请求休假回返老家，行前探望恩师谯周。最后一件大事是人之常情，没有什么谜团可言。而与前面三件大事相对应的，则是以下三个需要破解的谜团。

第一个谜团是，陈寿为何会被西晋朝廷委派为巴西郡的中正？

这一官职的任命，从情理上说，定然与西晋的中书省直接相关。因为陈寿所在的著作省，是中书省的下属分支部门，所以陈寿属于中书省的人事系统，他在本职之外兼任地方上的中正职务，肯定要经过中书省长官的同意和批准，这才符合当时中央机构的运作规矩。明白了这一点，谜团就容易解开了。前面已经提到，当时中书省的两位长官，一位是中书监荀勖，另一位是中书令张华，而这两位都对陈寿的史学著作《古国志》非常喜爱和欣赏，认为此书具有"品藻典雅"的突出特色。当时"品藻"一词的"品"字，是指品评、评价、评语，而"藻"

字的意思是华美的修饰，用在文辞上，就有"文藻""辞藻"的词语产生。因此，"品藻典雅"的准确含义，是指《古国志》这部著作作出的评语，在辞藻上都非常之典雅。而这一点，就与中正的具体工作有密切的关系了。

原来，当时中正对人才的考察和评定，具体程序是三步：第一步搜集人才的家庭先世状况，第二步是对本人才德表现写出评语，第三步是综合考虑前两方面，最后定出人才的品级。其中，最为考验中正能力优劣的是第二步，即能否写出精练而典雅的评语。评语必须精练，不能冗长啰嗦，因为呈交到官员任命部门的人才档案数量很多，评语冗长啰嗦了，审读者就会感到厌倦，难以迅速作出判断；评语又必须典雅，不能千人一面，落入俗套，否则也不能产生好的效果。唐长孺先生在其《九品中正制度试释》一文中，提出了非常精当的论断，他认为中正的评语，是源自东汉名流的人物品题，所以只有很简单的一二句，比如《晋书·孙楚传》记载的西晋时并州大中正王济对本州人士孙楚的评语，就只有两句话八个字："天才英博，亮拔不群。"意思是天生的才能优秀博大，为人开朗挺拔而不同凡人。

这样看来，陈寿在史学著作中所展现出来的"品藻典雅"，就非常适合写出这样精练而典雅的人才评语了。虽然他的《古国志》后来散亡不存，但是从他另外的史学著作中，也能看出他在人物评语方面精练典雅的特色来。

比如，他此前撰写的《益部耆旧传》中，对蜀汉大将张嶷给出的评语是："出自孤微，而少有通壮之节。"即出自孤苦寒微的家庭，却在年轻时就具有通达雄壮的节操，这见于《三国志·张嶷传》裴注所引。

又比如他此后撰写的《三国志》中，对曹操的评语是："非常之人，超世之杰。"即这是一位非同寻常的人物，超越世间凡人的英杰，这见于《武帝纪》。对刘备的评语是："有高祖之风，英雄之器。"即具有高祖刘邦那样的风度，英雄一般的器量，这见于《先主传》。对孙权的评语是："屈身忍辱，任才尚计，有勾践之奇，英人之杰。"即能够委屈自己忍受耻辱，信任人才，崇尚智谋，具有勾践那样的奇特品质，英雄那样的杰出表现，这见于《孙权传》。

总之，写史书是在评价古人，当中正是在评价今人，说穿了都是在评价人，没有太大的区别。之所以把陈寿安排到兼任本郡中正的位置上，他在"品藻典雅"上的擅长，应当是主要的原因之一。此时中书省的两位长官荀勖和张华，对此任命不仅不会提出反对，甚至于就连这样的任命安排，都很有可能是出自这两人之手。

第二个谜团是，陈寿为何能在当上中正的同一年中，就把人才的"清定"公务，顺顺当当完成了呢？

的确，前面已经说过，"清定"要每三年才进行一次，所以他在就任中正的当年就完成"清定"，照理说是不合规定的。但是，这又完全是可能的，为什么呢？

这是因为，官员离职之前，照例要与后来的接任者进行公务上的交班和接班，像中正这种特殊的职务更是必须如此。否则，对于前任的公务状况，比如已经完成考察和评定的有哪些人，还值得考察和评定的又有哪些人，就会完全弄不清楚了，就会出现公务上的遗漏或者重复了。中正官员的人选变动是常态，而"清定"工作则是每三年才有一次，于是中正人选发生变动时的工作交接，就有可能出现两种情况：一种是发生在三年期限的中间，另一种是恰好发生在三年期限的末端。陈寿碰上的就是后面这种情况，兼任中正的任命文书下达之际，正好是前任中正在"清定"工作上接近完成之时。由于当时中正的官职，是由在京城洛阳中央机构中担任现职者来兼任，所以陈寿与前任中正都在洛阳，同城相见非常容易。初次兼任中正的陈寿，也想在交接的时候，看看前任在"清定"时是怎样操作的，以便学习一点经验，所以两人就在一起，共同完成了"清定"和交接这两件公务。陈寿在史文中说是"清定事讫"，即"清定"的公务圆满完成，就是在这种情况下发生的。

第三个谜团是，陈寿刚刚兼任中正，就请求休假回返家乡，是出自怎样的原因？

原因应当有二：一是出于私事，他要回老家去迎接继母等家人前来洛阳定居。现今他已经在京城洛阳站稳了脚跟，让全家相聚自然是他的急切想法。再说，继母年龄渐渐老迈，如果不赶快将其接来同住侍奉，万一继母去世而自己不在其跟前，又有可能被人说闲话，造成无谓的麻烦，是不是？二是出于公事，他还想在返回家乡期间，顺便了解了解巴西郡内还有哪些人才值得纳入自己考察和评定的范围，以便为下一步公务的开展打下基础。陈寿自己此前就在人才选拔上遭受过"使婢丸药"事件造成的打击，现今不想让他人再遭受类似的屈辱，这也是合情合理的考虑。

于是，陈寿又迅速动身启程，踏上漫长的返乡之路。这条路他已经走过一次，比较熟悉，所以对于全家前来洛阳途中的歇息驿站和交通车马等，都预先做好了计划和安排。好在此时沿途的社会秩序比较安定，他现今又是中央机构的在职官员，随身准备的盘缠费用也相当充足，所以带领全家北上的时候，沿途大致还相当顺利。然而即便如此，他那从来没有出过远门的年迈继母，仍然对蜀道的艰险崎岖充满了畏惧之感，以至于后来临终之时，对陈寿作出了一道特别的嘱托。她哪里想得到，这道嘱托会给陈寿带来不小的麻烦呢。这是后话了，暂且按下不表。

话说陈寿终于在西晋武帝泰始五年（269年），带领全家安然来到洛阳，住进了自己早已安排好的住宅，开始在洛阳的新生活。他每日到著作省上班，一面承担上司下达的常规著史工作，一面又继续进行自己写作三国史书的资料搜集准备。这样稳定和谐的日子大约过了两三年，到了泰始七年或八年，一项新的重大任务开始落到了他的身上。

这又是怎么一回事呢？先来看看陈寿后来亲自向西晋武帝呈奏的表章中，对这件事情起因的回忆和说明。这道表章的全文，后来陈寿放到了《三国志·诸葛亮传》之中。表章写道：

> 臣寿等言：臣前在著作郎，侍中领中书监、济北侯臣荀勖，中书令、关内侯臣和峤奏，使臣定故蜀丞相诸葛亮故事。亮毗佐危国，负阻不宾；然犹存录其言，耻善有遗：诚是大晋光明至德，泽被无疆。自古以来，未之有伦也。

意思是说，微臣陈寿等谨向陛下报告：微臣此前在著作省担任佐著作郎时，侍中兼中书监、济北侯荀勖，中书令、关内侯和峤，联名向陛下上奏，让微臣编订过去蜀国丞相诸葛亮所写各类文章的文集。诸葛亮辅佐处境危险的国家，依靠高山的阻隔不服从中央皇朝；然而陛下还允许保存记录他的言论，以好的言论有散失为耻辱：这确实是大晋皇朝具有至高无上光辉德泽，使普天之下人民受到恩惠的表现。自古以来，还没有能够与此相比的美好举动。

从上面的表文中，可以获得以下四方面的重要信息。

第一方面，陈寿接到的这一项新的重大任务，原来就是为蜀汉丞相诸葛亮编订一部他生前所写文章的全集。史文中所说的"故事"，其含义与现今有所不同，不是指用来讲述的有趣事情，而是指过去的文书或文件。这时候中书省的两位长官，正长官中书监依然是荀勖，副长官中书令已经换成了和峤。不过，荀勖此时的首要官职是侍中，即皇帝身边的首席侍从官员，中书监则是他的兼职；他又被封为济北侯，即封地在济北郡的侯爵，济北郡的治所在今山东省济南市的长清区。至于和峤，他被封为关内侯，这是当时侯爵的一种。当时在向皇帝呈交的表章中，为了表示尊崇和庄重，提到自己和其他臣僚时，照例要在姓名之前加上"臣"字，还要列出该人的全部官职和封爵名称，此处陈寿的表章中就是如此。

第二方面，这项任务，最先是由中书省的正、副两位长官荀勖与和峤，联名向晋武帝呈上奏章作出建议，得到晋武帝正式批准之后才正式立项的。因此，这一项任务的性质，正儿八经属于当时西晋皇朝的国家级项目，具有非同寻常的重要性和权威性。

第三方面，晋武帝之所以同意批准这一项目的根本原因，表章中说得很清楚，就是为了显示"大晋光明至德，泽被无疆"，也就是彰显大晋皇朝具有至高无上的光辉德泽，使普天之下的人民能够普遍受到恩惠。前面已经说过，西晋武帝正式称帝以来，一直竭力在宽容和仁慈这两方面，尽量展现文化的软实力，以求争取到原来蜀汉臣民的由衷拥护，以及现今孙吴臣民的向往归心。这一项为蜀汉开国元勋诸葛亮编订文章全集的特殊举措，正是晋武帝实施既定战略方针的具体环节，因而又具有非同寻常的政治性和特殊性。

作为这一项目产生原因的有力旁证，是在此前陈寿开始兼任巴西郡中正的泰始五年（269年）二月间，晋武帝曾经特别下达了这样一道诏书：

诸葛亮在蜀，尽其心力；其子瞻，临难而死义。天下之善一也，其孙京，随才署吏。

意思是说，当初诸葛亮在蜀汉担任丞相时，曾经尽心尽力履行职责；他的儿子诸葛瞻，也能够在国家面临危难之时为了道义而献身。天下对于善行的衡量都是一致的，所以朕要求对于诸葛亮的孙子诸葛京，有关部门要根据他本人的才能授予官职。

诸葛京是诸葛瞻的二儿子。其大哥诸葛尚，当初与父亲诸葛瞻一同抵抗邓艾军队进攻成都，两人英勇战死殉国，这在前面已经说过了。晋武帝的这道诏书，明确记载于陈寿《三国志·诸葛亮传》裴松之注引的《晋泰始起居注》之中。另外在《晋书·武帝纪》之中，也有"蜀相诸葛亮孙京，随才署吏"的明确记载。不仅诸葛亮幸存的孙子，要特别开恩授予官职，而且诸葛亮本人留下的文书，也要特别开恩委派专人进行整理编订，可见这两者具有前后紧密连贯的一致性。完全可以说，晋武帝对于文化软实力的强化和展示，是非常认真和执着的。

另外从晋武帝"诸葛亮在蜀，尽其心力"的两句话又可看出，他对于诸葛亮在蜀汉治军、理政两方面的才干和成就，明显是持正面肯定的态度。既然如此，那么整理诸葛亮留下来的文书，从中吸收有益的经验和借鉴，也应当是晋武帝此举的一个附带性的原因。

第四方面，此时中书省的副长官中书令，已经从原来的张华，变成了现今的和峤。为何会有这样的变换呢？根据《晋书·张华传》中的记载，张华在晋武帝称帝之后担任黄门侍郎，在侍从皇帝的过程中，因为博闻强识的非凡能力而深受欣赏，不到几年就被晋武帝提升为中书令，直到咸宁五年（279年）晋武帝下令大举进攻孙吴之时，才被调任为尚书省的度支尚书，全力负责前线大军在后勤供应上的筹划和调度。从传文中还可以看出，从大约泰始三年（267年）起，张华担任的职务一直是中书令。但是，中间也有两三年的间断，因为母亲去世而在家服丧。三年的服丧期还没有满，晋武帝就要求他提前回到中书令的岗位上。因此，和峤担任中书令，应当就是在张华因服丧而离职的这两三年间。

可以想象得到，陈寿接到这一任务的时候，心中应当是充满了感动和兴奋之情。皇帝陛下和中书省两位上级长官，一致把如此重要的任务交给自己，说明自己现今受到了高度的信任和肯定。而承担了这一重要任务，就可以在朝廷中央的所有文献档案机构中查阅各种资料，又可以为自己今后撰写三国的史书，在前期的资料搜集上提供更多的方便。带着这样的大好心情，陈寿迅速全力投入这项工作任务之中。

进入工作状态后，他才发现，这项任务绝非轻而易举就能完成，而是有各种各样的困难和挑战在等着他。具体说来，是三个方面的"大不容易"。

首先是资料搜集上的大不容易。诸葛亮生前留下来的大量文书，主要有公务文书、私人文书两大类，前者数量多而后者数量少。大量的公务文书中，在诸葛亮亲自率军发动北伐之前，多数属于在京城成都处理全国和益州行政事务的文书，集中保存在成都的朝廷档案文献部门之中。在曹魏军队攻占成都而发生军队严重哗变时，这批文书就开始散失。之后哗变被平定后，曹魏军队把蜀汉文书档案作为战利品运往洛阳，在这一过程中又出现了文书的散失。至于诸葛亮在出兵北伐曹魏的7年期间，留下来的主要是军务处理文书。在诸葛亮病逝五丈原之后，蜀军仓促撤退，这批文书又出现散失，《晋书·宣帝纪》就明确记载，当时司马懿巡视蜀军放弃的营地，"获其图书、粮谷甚众"，并且当场评论说："军家所重，军书密计、兵马粮谷，今皆弃之。"司马懿所说的"军书密计"，当然包含了诸葛亮的军务文书无疑。现今陈寿要想把所有得以幸存但又分散在各处的诸葛亮文书，一一打听得知下落，再逐渐搜集抄录起来，这显然是非常困难的任务。

其次是资料鉴别上的大不容易。文书搜集到手之后，接下来就是进行鉴别的程序。这些已经散乱的文书，究竟是不是出自诸葛亮之手？如果是的话，那么又属于什么性质和类别？又产生在什么时期？这种种的问题，都需要陈寿根据自己当初在蜀汉当官时积累起来的知识和阅历，审慎地加以判别和确定，这也不是轻而易举之事。

最后是资料取舍上的大不容易。由于搜集到手的文书，是从各种途径得来的，有的是诸葛亮亲笔写出来的原稿，有的又是其他人抄录的复本，对比彼此之间是否出现重复而决定取舍，是比较好办的事。不好办的事，是涉及触犯西晋皇朝的忌讳。诸葛亮北伐7年中，最后的4年与他正面对峙作战的魏军主帅，都是担任曹魏关陇战区司令长官的司马懿。司马懿采取守而不战的防御性战略，最后诸葛亮还使出了奇葩性的激将法，给司马懿送去女性的服饰，嘲笑对方的软弱胆怯，司马懿依然拒不出战。在这种情况下，诸葛亮留下来的军务文书，肯定会有不少对司马懿的负面评价。司马懿是晋武帝司马炎的亲祖父，陈寿对这种高度敏感的文书或者文句，必定会在取舍上大伤脑筋。

但是，无论面对什么样的困难和挑战，陈寿都下定了决心，一定要把这一部诸葛亮的文集编订出来，还要编订得使晋武帝非常满意，不仅因为这是当今皇帝陛下亲自批准的重大项目，而且这也关系到自己今后在史学著述的道路上，能否走向明天的辉煌。于是乎，他以更大的毅力和努力投入工作。然而他却没有想到，就在文集的编订工作一步步向前推进的时候，他的工作岗位却发生了巨大的改变：他被调出京城洛阳，外放到一个县去当县太爷去了！这正是：

调出京城当县令，何时史馆再挥毫？

要想知道陈寿是调往何方去担任一县的行政长官，他为诸葛亮编订文集的工作任务，是否能够继续进行下去，他又是否能够再度回到京城洛阳的著作省继续担任史官，请看下文分解。

外放平阳

陈寿被安排去的这个县，名字叫作"平阳"，故地在今山西省临汾市的西南。而他所担任的官职名称，按照他自己后来在向皇帝上奏中的正式表述，是"平阳侯相臣陈寿"，可见这"平阳侯相"，就是他此时的正式官职了。那么这是一个什么样的官职呢？

原来，西晋皇朝沿袭曹魏时期的行政区划制度，以州管辖郡，以郡管辖县。大县的行政长官称为"县令"，小县的行政长官称为"县长"。那么大县和小县怎样区别呢？根据《续汉书·百官志》记载，在东汉时期，所管辖的民户数量要达到一万户，才能算是大县；所管辖的民户数量不满一万户，就定为小县。但是，东汉时期人口繁盛，后期的顺帝在位时，全国1180县，在册户数970万户，人口达到4915万人之多，平均每县也有8200户，所以可以定下这样的衡量标准。然而经过东汉末年长期的大规模战乱，以及严重灾害和广泛性传染病的摧残，到了西晋太康元年（280年）消灭孙吴重新统一全国之后，根据《晋书·地理志》的记载，全国1232县，在册的户数也只有246万，人口也只有1616万人，平均每县只有接近2000户，所以这时衡量大县、小县的标准，就会大大降低，而不能使用东汉时期的标准了。

唐代虞世南编撰的《北堂书钞》卷七十八引录的《晋令》，对晋代的衡量标准有如下记载：

> 县千户以上，州、郡治五百以上，皆为令；不满此，为长也。

意思是说，所管辖民户数量在一千户以上的县，或者州、郡行政中心所在的县，所管辖的民户在五百户以上，符合这两者的行政长官都称为县令；如果所管辖的民户数量达不到以上的标准的，就都称为县长。

由此看来，晋代的衡量标准，比起东汉来是大为降低了。按照西晋的官阶等级，大县的县令一般是第七品，特殊的可以达到第六品；而小县的县长一般是第八品。那么陈寿前来上任的平阳县，究竟是大县还是小县呢？

从《晋书·地理志》中提供的数据来看，这个平阳县，是平阳郡的治所，即平阳郡的行政中心；而平阳郡共有12县，民户42000户，平均每县为3500户。可见在行政中心和民户数量这两方面，都达到了大县的衡量标准。因此，平阳县的行政长官，名正言顺属于七品的县令无疑。

但是，如果某一个县变成了朝廷所封侯爵的封地，那么按当时的规定，该县就会改称为"某侯国"，该县的县令或县长，也将随之改称为"相"。以后如果这位侯爷的封爵不存在了，那么这个县和县级行政长官的名称，就都恢复成原貌。平阳县的情况就是如此，此时正好变成了朝廷某一位侯爵的封地，于是改称为"平阳侯国"，前来上任的行政长官陈寿，也就变成了"平阳侯相"了。其实说白了，他依然是平阳这个县的七品芝麻官，只是名称上有一点儿变化而已。

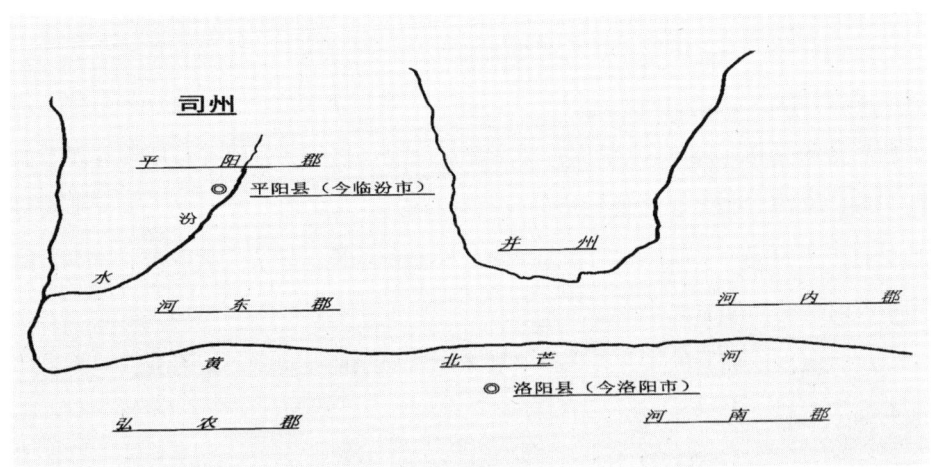

平阳县方位示意图

此前陈寿在著作省担任的官职是佐著作郎，在官阶等级上是第六品。这次官职的变动，他的官阶等级实际上是降了一级。如果朝廷考虑到他此前的官阶等级，给予照顾而可以保留原来等级的话，就变成特殊的六品芝麻官了。

为何陈寿此时会有官职上的大变动呢？从此前不久他曾接受了编订诸葛亮文

集这一重大任务的情况来看，现今的他正受到了西晋朝廷的重视，所以此举不应当是遭到了排斥或者贬低，而是一种使他仕宦履历更加丰富完整的常规举措。前面提到的唐代虞世南《北堂书钞》卷七十八，其中引录的两段《晋起居注》的史文，可以作为这方面判断的有力参照，第一段史文说：

> 泰始元年诏曰："若夫县令有缺，掾属才堪治民者，故当以参选。"

意思是说，泰始元年（265年）西晋武帝称帝时就下诏说："如果各地的县令有空缺出现，那么在中央机构担任下属的人员中，才能堪称可以胜任治理民众任务者，就确实应当让他们参加县令的选拔。"

从这段史文可以看出，西晋皇朝刚刚建立的时候，晋武帝就对各地县令的选拔，给予了充分的重视。因为各地的县令，是直接治理民众的皇朝基层官员，如果县令不称职，将会造成基层政局的动荡，影响到皇朝的稳定大局。

第二段史文说：

> 太康八年，吏部郎师袭、向凯上言："欲使舍人、洗马，未更长吏，不得为台郎。"

意思是说，西晋武帝太康八年（287年），尚书台的吏部郎师袭、向凯二人上奏说："皇太子宫中的舍人、洗马等侍从官员，如果没有担任过地方政府县级行政长官的话，就不能提升到尚书郎的重要岗位上。"

史文中提到的"舍人"和"洗马"，都是皇太子身边的普通侍从官员，前者的员额是16人，后者的员额是8人，官阶等级均为第七品。"洗马"的"洗"字，读音为xiān，与"先后"的"先"字读音相同，含义也类似。这种侍从官员，在皇太子外出时，要在皇太子的专车前面骑马充当先导，故而得名。所谓"长吏"，则是当时的习用语，是县级行政长官的代名词。"长吏"的"长"，读音与"县长"的"长"字相同。至于"台郎"，则是指尚书台的尚书郎。尚书台是当时承办朝廷行政事务的中央机构，相当于后世的行政院，分工处理各类行政公务，实权很大。尚书郎是尚书台的中级官员，官阶等级是第六品，很受重视，大多是从中央机构中的普通官员中择优选拔而来。按照史文所说，即便是皇太子身边的侍从官员，要想被提拔到尚书郎的重要工作岗位上，没有当过地方政府中县级行政长官的话，也会被认为缺乏基层的实际工作经验而不符合入选的条件。

从这段史文又可看出，即便到了西晋攻灭孙吴而统一天下之后，朝廷中央的舆论中，对于各地县令的选拔依然非常重视，不是随随便便就可以滥竽充数的。

由此可以得出明确的结论：陈寿从著作省外放到平阳县担任县令，并非如一些学者所言，是他遭到了排斥或者贬谪，反而是一种对他的重视和培养，目的是要使他具备基层行政的完整履历，为今后的升迁创造有利的条件。

对于自己是否受到重视和培养，其实陈寿本人并不过分在意，倒是工作性质的巨大改变，是否会影响和推迟诸葛亮文集的编订，才是他心中的隐忧。幸好他从接受文集编订任务之日起，就抓紧时间想方设法搜集资料，现今第一步的资料搜集工作已经基本完成，即将开始第二步的资料鉴别和第三步的资料取舍。后面两步的工作，到了平阳县依然可以正常进行，只是自己要在管理一县行政公务的同时，挤出时间来继续做下去而已。再说了，自己此前还从来没有当过地方行政官员的经历，而准确记述各级地方官员的施政业绩，又是今后编撰三国历史人物传记的重要内容，如果能在这方面有了实际的体验，得到有益的收获，对自己今后编撰三国历史的工作无疑会大有帮助。想到这里，他也就心中释然，带上家人和编订诸葛亮文集的全部资料，前往平阳县走马上任去了。

前面已经说过，两汉和蜀汉时期京城所在的州，特别称为"司隶校尉"。到了曹魏、西晋，司隶校尉被改称为司州。这个"司"字，就是从"司隶校尉"的"司"字继承而来。

司州可以视为一个大首都圈，而陈寿要去的平阳县，就位于这个大首都圈的西北部。当时从洛阳前往平阳，有两条路较为方便。一条是陆路，从洛阳向西，过函谷关，经新安县到陕县，在此北渡黄河，向正北经大阳县、安邑县、绛邑县，即可到达平阳，全程700华里左右。另一条是水路，从洛阳北面的孟津渡口上船，沿黄河向西逆流而上，经河阴县、陕县到达潼关后转向北上，到达汾阴县时向右进入汾水，一路上行即可到达平阳，全程1100华里左右。水路虽然省力，但是路程较长，风波难测，而且还要在陕县附近的黄河之中，遇到砥柱这座著名礁石山岩的险阻。所以权衡之下，陈寿最有可能选择的应当是陆路。再说走陆路还可以沿途观察风俗民情，为今后编撰三国史书增添资料。当初已经走过了极其艰险漫长的蜀道，何况现今这条陆路路程更短，艰险程度也大为减轻了呢。

西晋时期还有一条规矩，就是地方政府的郡太守、县令，在人选上出现前后更迭的变动时，在时间上有明确的规定。唐代史学家杜佑《通典》卷三十三所引录的《山公启事》中，就有如下记载：

晋制，春夏农月，不迁改长吏郡守、县令之属，以其妨农事故也。

意思是说，晋朝的制度规定，在农业生产最为忙碌的春季和夏季，不能升迁或改动地方行政长官，比如郡太守、县令之类，因为这会妨碍当地农业生产的正常进行。

因此，陈寿到达平阳接任，也应该是在当年的秋天或冬天。

陈寿在平阳县接任之后，首先当然是要在公务上迅速进入状态。虽然县政府直接面对民众，各项公务非常之繁杂，但是陈寿并不感到有太大的困难。一是因为他此前从政的时间也不短了，对于公务处理的常规程序，他已经相当熟悉，且有了不少的经验。二是因为西晋时期的县政府之中，为县令配备了充足的下属办事吏员。比如《晋书·职官志》中明确列出的，就有主簿、录事史、主记室史、门下书佐、幹、游徼、议生、循行、功曹史、小史、廷掾、书佐、户曹掾史、法曹门幹、金仓贼曹掾史、兵曹史、吏曹史、狱小史、狱门亭长、都亭长、贼捕掾、方略吏等一大串，足足有20多种。用现今的眼光来看，不是少了，而是多了，恐怕早应该精简了。手下跑腿办事的吏员多，陈寿只消把他们划分好职责，分配好任务，协调好关系，监督好进度，就不会出现太大的问题。公务之余，他就完全有时间来编订诸葛亮的文集。总而言之，他就职之后的感觉是三个字：都挺好。

那时候的地方州郡行政长官，到任之后的服务期限起码是三年。原因不难理解：要在地方上做出稳定的政绩，时间上太短是不行的；而如果没有稳定的政绩，其工作的成效就难以评定，也就无法进行奖赏或惩戒，升官或降职。关于州刺史的例证，比如魏舒出任冀州刺史，在州三年之后，因为施政简要而对百姓广施恩惠得到称赞，被调回朝廷担任侍中，事见《晋书·魏舒传》。关于郡太守的例证，比如李重出任平阳郡太守，在职的三年间，做出突出的政绩，包括推崇道德教化、大力修建学校、表彰敦厚的品行、提拔贤能的人才、行政措施清廉简化、端正自己作出表率，等等，还弹劾罢免了四个县的渎职行政长官，事见《晋书·李重传》。李重所任职的平阳郡，其行政中心正好就是在陈寿任职的平阳县。由此可见，陈寿在平阳县任职的期限，起码也应当是三年。

在这三年之中，陈寿最为重要的收获，首先当然要算诸葛亮文集编订工作的圆满完成了。

这是西晋武帝泰始十年（274年）仲春二月初一癸巳，春回大地、绿草如茵的时节，心情大好的陈寿，提笔挥毫向皇帝陛下写了一封详细的奏章，报告自己完成这一任务的经过，准备将全书编订的誊清稿本，连同这封奏章一并派遣专人护送到洛阳，呈交给著作省后，由著作省将表章按照程序上报给皇帝圣上御览。这篇工作报告性质的表章，后来被陈寿完完整整引录到了《三国志·诸葛亮传》中，使得后世的我们能够得知此事真实而完整的经过，具有特别珍贵的历史价值和文献价值。本书作为记述陈寿生平的传记，自然有必要对其进行全面探究和深入解读。

读者诸君都是爱书之人，就先从书名说起吧。陈寿把这部文集正式定名为《诸葛氏集》，就出自精心的考虑。按照当时对前人文集的命名格式，通常是在"集"字的前面加上一个三段式的定语，即"时代—身份—姓名"。从《隋书·经籍志》中的真实例证来看，比如《汉中书令司马迁集》，其中的"汉"标明时代是汉朝，"中书令"是其官职，"司马迁"是其姓名。又如三国时期的《魏武帝集》，其中"魏武帝"三字，既标明了时代，又标明了身份，具有唯一性和特殊性，所以就免去了姓名。西晋时期的例证，比如《晋司空张华集》，其中的"晋"字标明时代，"司空"标明其生前所任的最高官职，"张华"是其姓名。如果以此为准，那么陈寿编订的这部诸葛亮文集，就应当命名为《蜀丞相诸葛亮集》才合乎规矩。那么他为何没有这样做呢？

玄机在于，他如果把"蜀丞相"三个字明确标出来的话，对于西晋武帝及其大臣来说，不仅有点刺眼，而且还有可能引起他们某种不好的猜测。蜀汉曾经是他们的敌对国家，而陈寿本人又是蜀汉亡国的旧臣，明确标出"蜀丞相"三个字，他们会想，你陈寿是不是还有怀念故国的二心啊？那么把"蜀丞相"三字拿掉，直接变成《诸葛亮集》行不行呢？陈寿又觉得这样直呼其名，显得对诸葛亮这位先贤不太尊重了。斟酌再三，才选定了《诸葛氏集》的定名，这就把各方面都照顾到了。看来陈寿并非书呆子一个，做事情还是有点儿政治头脑的。

陈寿奏章的内容，分为两大部分，第一部分是介绍文集的目录，以供晋武帝了解全书内容的分类和概况，第二部分是报告文集的编订经过与相关背景。先来看全书的目录：

《诸葛氏集》目录
开府作牧第一　权制第二　南征第三　北出第四　计算第五
训厉第六　综核上第七　综核下第八　杂言上第九
杂言下第十　贵和第十一　兵要第十二　传运第十三
与孙权书第十四　与诸葛瑾书第十五　与孟达书第十六
废李平第十七　法检上第十八　法检下第十九
科令上第二十　科令下第二十一　军令上第二十二
军令中第二十三　军令下第二十四
右二十四篇，凡十万四千一百一十二字。

按照陈寿的介绍，这部文集共分为24篇，总计104112字。前面已经说过，当时书籍中所说的"篇"，实际上相当于现今我们所说的"卷"。全书24篇，平均每篇4300多字。现将各篇名称的含义逐一解读如下：

第一篇的"开府作牧"，是指后主刘禅继位为帝之后，给予丞相诸葛亮开设自己办公府署的特权，即所谓的"开府"；同时又下令诸葛亮兼任益州牧的职务，即所谓的"作牧"，事见《诸葛亮传》的史文记载。有了这样的特权和职务之后，蜀汉中央和地方的军政公务，就都由诸葛亮一手来决断处置了。陈寿在传文中把这形容为："政事无巨细，咸决于亮。"这是在先主刘备病逝之后，蜀汉一个新时代的开始。而这第一篇中的公务文书，就是诸葛亮在此时写下来的。

第二篇的"权制"，是指合乎时宜的制度。"权"是权变的意思。蜀汉在刘备病逝之后，综合实力遭受了重创，急需迅速恢复元气。在这种特殊情况下，此前兴盛时期所订立的种种制度，就有不少的内容都需要根据现今的实际情况加以调整和修改。这种诸葛亮亲自进行调整和修改的制度性文书，应当就是"权制"这一篇的内容。

第三篇的"南征"，容易理解，这是诸葛亮率军平定南中时所写下的公务文书。当时益州南部的广大地区，被称为"南中"。刘备死后南中地区出现动乱，诸葛亮亲自率军前往平定，不仅安定了大后方，而且从这里调运出大量的军用物资和优质兵员，为此后的北伐打下坚实的基础。他在自己《出师表》中所说的"五月渡泸，深入不毛"，就是指这一次的重大举措。所谓"渡泸"，即南渡现今的金沙江。详见拙著《诸葛亮传》。

第四篇的"北出"，应当是诸葛亮动员全国军队，北上汉中建立前线大本营，准备进攻曹魏时所写下的公务文书。

第五篇的"计算"，应当是诸葛亮在准备大举北伐曹魏之时，对于各方面所需兵力、武器、装备、粮食、物资、工具、交通、民工、马匹、运输车辆等等，进行详尽计算时所写下的公务文书。

第六篇的"训厉"，应当是诸葛亮对于北伐全军各路军队将士，进行训示和鼓励之时所写下的公务文书。

第七篇和第八篇的"综核上"和"综核下"，应当是诸葛亮对于北伐全军各路军队将士，进行综合性考核之时所写下的公务文书。

第九篇和第十篇的"杂言上"和"杂言下"，应当是诸葛亮在北伐前线时，对于全军各种各样的杂务作出具体指示时，所写下的公务文书。

第十一篇的"贵和"，应当是诸葛亮在北伐前线号召全军将士要保持和睦状态，从而增强战斗力时，所写下的公务文书。

第十二篇的"兵要"，应当是诸葛亮在北伐前线时，对于用兵作战的紧要关键问题，为全军将领所写下的指导性公务文书。

第十三篇的"传运"，应当是指诸葛亮在北伐前线时，为了解决全军粮食和物资的供应问题，专门对于如何在以栈道为主的秦岭褒斜道，采取有效的接力式传输方法而写下的指导性公务文书。这与诸葛亮所创制的特殊运输工具即"流马"密切相关，详细情况请参看拙著《诸葛亮传》。

第十四篇的"与孙权书"，是诸葛亮写给孙吴君主孙权的公务信件汇编。

第十五篇的"与诸葛瑾书"，是诸葛亮写给胞兄诸葛瑾的信件汇编。当时诸葛瑾是在孙吴担任大臣。

第十六篇的"与孟达书"，是诸葛亮写给孟达的信件汇编。孟达原来是蜀汉的将领，后来投降曹魏，为曹魏镇守与蜀汉接壤的新城郡（治所在今湖北省房县）。诸葛亮出兵北伐前，为了争取孟达回心转意，以便在东北方向牵制曹魏，就与孟达通信往来。事见《三国志·费诗传》。

第十七篇的"废李平"，是诸葛亮在废黜李平这一重大事件中所写下的公务文书。李平原名李严，是蜀汉大臣，曾经当过诸葛亮的副手。他在诸葛亮出兵北伐过程中负责粮食物资的后勤运输供应，在供应出现严重短缺而造成前线大军撤退时，竟然对后方的君主刘禅编造谎言来掩盖自己的过失，因此遭到撤职处分，详见《三国志·李严传》。

第十八篇和第十九篇的"法检上"和"法检下"，应当是诸葛亮在治军理政过程中，亲自制定各项法令来检查官员行为时所写下的公务文书。诸葛亮是大力主张严格依法治国和依法治军的人，所以在这两方面留下大量的公务文书，完全是合乎情理的事。

第二十篇和第二十一篇的"科令上"和"科令下"，应当是诸葛亮在治军理政时，亲自制定的各项规章。所谓的"科"，是当时习语，指规章或条令。

第二十二篇、第二十三篇和第二十四篇的"军令上""军令中"和"军令下"，应当是诸葛亮在北伐曹魏的7年之中，亲自为全军制定各种军事条令的公务文书汇总。

以上全书24篇的内容性质，大体可以分为7个大类：

政务文书类，有《开府作牧》《权制》《南征》《北出》《计算》《训厉》

共6篇；

专题论述类，有《综核上》《综核下》《杂言上》《杂言下》《贵和》共5篇；

军务文书类，有《兵要》《传运》《废李平》共3篇；

个人信函类，有《与孙权书》《与诸葛瑾书》《与孟达书》共3篇；

法律制定类，有《法检上》《法检下》共2篇；

规章制定类，有《科令上》《科令下》共2篇；

军令制定类，有《军令上》《军令中》《军令下》共3篇。

不难看出，文集中涉及的内容非常之广泛而丰富，而以治军理政这两方面的公务文书为最多。但是非常可惜，这一原始版本的文集，并未完整流传至今，只有一部分片段文字，在《三国志》裴注和其他文献中幸存下来。裴注中所引录的共有7条，提到这一文集处有3条。从被引录的文字内容上看，除了诸葛亮本人所写的文书，还有与诸葛亮密切相关的他人作品，比如刘备的遗诏、刘禅的诏书、他人的书信等。

后世的学者曾经从古代文献著作之中，搜集那些标明为诸葛亮所写的文字，然后分类汇编成文集，以弥补陈寿《诸葛氏集》原书散亡而产生的空白。比如，明代张溥所编《汉魏六朝百三家集》当中的《诸葛丞相集》，清代张澍所编的《诸葛武侯集》，其中来源比较可靠的那些部分，编订的过程大体就是如此。

陈寿上奏的第二部分，是报告文集的编订经过与相关背景。下面将分段进行介绍和探究。每一段都先列原文，再列译文，然后进行扼要的解读。

先看第一段原文：

臣寿等言：臣前在著作郎，侍中领中书监、济北侯臣荀勖，中书令、关内侯臣和峤奏，使臣定故蜀丞相诸葛亮故事。亮毗佐危国，负阻不宾；然犹存录其言，耻善有遗：诚是大晋光明至德，泽被无疆。自古以来，未之有伦也。辄删除复重，随类相从，凡为二十四篇，篇名如右。

译文：微臣陈寿等谨向陛下报告：微臣此前在担任佐著作郎时，侍中兼中书监、济北侯荀勖，中书令、关内侯和峤联名上奏，让微臣编订过去蜀国丞相诸葛亮所写的公务文书。诸葛亮辅佐处境危险的国家，依靠高山的阻隔不服从中央皇朝；然而陛下还允许保存他的言论，以好的言论出现散失为耻，这确实是大晋皇朝具有至高无上光辉德泽，使普天之下民众受到恩惠的表现。从古至今，还没有能够与此相比的美好举动。微臣自己决定，删除内容重复的篇目，分类加以编排，总共编订为二十四篇，篇名如上。

解读：这一段属于引言的性质，回顾了编订这部文集的缘起，以及自己编订工作的最后成果。陈寿的意图在于表明两点：首先，这是由著作省上级机构中书省的两位正、副长官联名上奏推荐，并经晋武帝本人亲自批准的重点项目，具有向天下民众显示大晋皇朝至高无上德泽的现实意义。其次，自己圆满完成了这一项目的工作，没有辜负皇帝陛下和两位长官的高度信任。

再看第二段原文：

> 亮少有逸群之才，英霸之器；身长八尺，容貌甚伟：时人异焉。遭汉末扰乱，随叔父玄避难荆州；躬耕于野，不求闻达。时左将军刘备以亮有殊量，乃三顾亮于草庐之中；亮深谓备雄姿杰出，遂解带写诚，厚相结纳。及魏武帝南征荆州，刘琮举州委质；而备失势众寡，无立锥之地。亮时年二十七，乃建奇策；身使孙权，求援吴、会。权既宿服仰备，又睹亮奇雅，甚敬重之；即遣兵三万人以助备，备得用与武帝交战，大破其军；乘胜克捷，江南悉平。后备又西取益州；益州既定，以亮为军师将军。备称尊号，拜亮为丞相，录尚书事。

译文：诸葛亮从年轻时起就表现出超群的才能、英雄的气度；身高八尺，面容相貌十分伟岸：当时的人们都认为他与众不同。遇到汉末动乱，他随叔父诸葛玄逃难来到荆州；亲自在田间耕种，不求声名显扬。当时的左将军刘备因为他有特殊的气量，所以到他住的草屋去探访了三次；他也深深认为刘备雄才杰出，于是就敞开胸怀抒发诚意，相互结下深厚情谊。魏武帝曹操南征荆州，刘琮献出整个荆州投降；此时刘备失势而且人少，没有立足之地。诸葛亮当时才27岁，进献一条奇妙的计策，就是亲自出使孙吴，到江东求援。孙权自来就佩服景仰刘备，又看到诸葛亮外貌非凡，风度高雅，非常敬重他，当即派兵三万支援刘备，刘备得以用来与武帝交战，大破其军队；刘备一方乘胜扩大战果，荆州的长江以南四郡全部平定。后来刘备又西上夺取益州。益州既定，刘备任命诸葛亮为军师将军。刘备称帝，以诸葛亮为丞相，总管中央尚书台的机要事务。

解读：从这一段开始，对这部文集的作者诸葛亮进行生平大事的概况介绍，从而使得晋武帝能够对诸葛亮有一个基本的了解。这一段先介绍诸葛亮辅助刘备开创蜀汉基业的过程，包括诸葛亮的才能外貌、与刘备结识的经过、进献联吴抗曹的重大策略、蜀汉建立后升任丞相等。值得注意的是，诸葛亮是敌国的首席大臣，对其进行介绍时如果进行正面的赞美，那是相当危险的事。但是，陈寿并没有吝惜赞美之词，不是因为他不知道这将有可能带来危险，而是因为他对诸葛亮怀有由衷的钦佩。后世曾有人认为，陈寿父亲受过诸葛亮的处分，所以他本人就在《三国志·诸葛亮传》中，对诸葛亮的用兵才能故意贬低，说是"应变将略，非其所长"。持这种观点的人，看了这一段文字后恐怕就很难自圆其说了。

再看第三段原文：

及备殂没，嗣子幼弱；事无巨细，亮皆专之。于是外连东吴，内平南越；立法施度，整理戎旅；工械技巧，物究其极；科教严明，赏罚必信；无恶不惩，无善不显；至于吏不容奸，人怀自厉；道不拾遗，强不侵弱，风化肃然也。当此之时，亮之素志，进欲龙骧虎视，苞括四海；退欲跨陵边疆，震荡宇内。又自以为无身之日，则未有能蹈涉中原、抗衡上国者，是以用兵不戢，屡耀其武。

译文：刘备死后，继承其位置的儿子幼弱；军国政务上事无巨细，都由诸葛亮决断。于是他对外联合孙吴，对内平定南中的少数民族；建立制度，整训军队；在军用器械的制造技巧上，他有精深的研究；他的规章指令严格明确，赏赐和处罚说话一定算数；没有不惩治的坏人坏事，也没有不表彰的好人好事，以至于官员中不存在奸邪，人人都勉励自己努力工作；路不拾遗，强不欺弱的局面出现，社会风气一片良好。在这个时候，诸葛亮一直抱着的志向是：进要像龙飞虎视，占领四海；退而求其次也要跨越边境，进攻魏国以震动天下。又认为一旦自己去世，蜀国就没有能够进攻中原而与魏国抗衡的人，所以他用兵北伐不止，多次炫耀武力。

解读：这一段介绍了后主刘禅在位期间的诸葛亮，对于辅政大臣诸葛亮在各方面取得的突出政绩，陈寿同样也不吝惜赞美之词。

再看第四段原文：

然亮才，于治戎为长，奇谋为短；理民之干，优于将略。而所与对敌，或值人杰；加众寡不侔，攻守异体；故虽连年动众，未能有克。昔萧何荐韩信，管仲举王子城父，皆忖己之长，未能兼有故也。亮之器能政理，抑亦管、萧之亚匹也；而时之名将无城父、韩信，故使功业陵迟，大义不及邪？盖天命有归，不可以智力争也！

译文：然而诸葛亮的才能，在治军上最为擅长，在运用奇谋上就不免逊色；总的说来是治理民众的行政才干，要优于当统帅时的用兵谋略。再者他所对敌的魏军统帅，又时常碰上人中的英杰；加之两国人口的多寡并不相等，攻守的局势也有所不同；所以他虽然连年出兵，最终却没有什么重大的胜绩。从前萧何推荐韩信，管仲也保举了王子城父，他们都是估量自己的长处，觉得未能兼有文韬、武略才这样做的。诸葛亮的政治才能，或许也比得上管仲、萧何了；但当时蜀国的军队却没有王子城父、韩信那样的杰出名将，所以这才造成诸葛亮的军事功业衰微，对其君主的庄严承诺未能实现吗？恐怕还是因为天命已经确定由大晋来取代魏朝，人间的凡人已经不能够凭借智力去争夺了。

解读：这一段是想说明诸葛亮在用兵北伐上未能取得预期胜利的原因。意味深长之处有两点：一是认为首要的原因，是他不幸碰上了属于人中英杰的对手，这实际上是指晋武帝司马炎的祖父司马懿；二是认为天意不可违，老天爷已经安排了大晋来取代曹魏，所以诸葛亮也无力改变。以上说法显然带有政治上的吹捧色彩，但是陈寿既然在前面整整两大段之中，对诸葛亮在行政上的种种出色成就进行了高度的赞美，那么最后在军事上对其作出一点儿降低性的评价，也是不得不做的选择。否则，用现今的大白话来说：你想找死吗！

再看第五段原文：

> 青龙二年春，亮帅众出武功；分兵屯田，为久驻之基。其秋病卒。黎庶追思，以为口实。至今梁、益之民，咨述亮者，言犹在耳；虽《甘棠》之咏召公，郑人之歌子产，无以远譬也。孟轲有云："以逸道使民，虽劳不怨；以生道杀人，虽死不怨。"信矣！

译文：魏明帝青龙二年（234年）春天，诸葛亮统兵到达褒斜道北端谷口之外的武功水；在旁边的五丈原分兵屯田，准备打下长久驻扎的基础。当年秋天他就病死了。蜀地的黎民百姓非常思念他，常常把他作为谈资。至今在他治理过的梁、益二州，黎民百姓赞叹追述他的话语，随处都还可以听得到；即使是《诗经·甘棠》一诗中赞美召公，郑国人民歌颂子产，用来比喻他也相差不远了。孟子曾经说过："出于让百姓得到安乐的目的而使唤他们，他们虽然劳累也不会埋怨；出于让百姓得到生存的目的而请他们献身，他们虽然死去也不会愤恨。"从诸葛亮的情况来看，孟子的这些话确实是非常可信的啊！

解读：这一段从蜀地民众对诸葛亮深深思念的客观现实，再次对他作出由衷的高度评价，依然属于凶险性不小的高危操作。

再看第六段原文：

> 论者或怪亮文彩不艳，而过于丁宁周至。臣愚以为：咎繇大贤也，周公圣人也；考之《尚书》，咎繇之谟略而雅，周公之诰烦而悉。何则？咎繇与舜、禹共谈，周公与群下矢誓故也。亮所与言，尽众人凡士，故其文指不得及远也。然其声教遗言，皆经事综物；公诚之心，形于文墨，足以知其人之意理，而有补于当世。

译文：议论的人有的奇怪他的文章没有什么艳丽的辞采，在叮嘱人们的时候又过于周到详细了。微臣的愚见认为：皋陶是大贤人，周公是大圣人，然而考察《尚书》中的《皋陶谟》这一篇，把皋陶的谋略谈话写得简略而典雅；周公的《大诰》这一篇，却又把周公的告知谈话写得烦琐而详尽。为何会是这样的不同呢？原来，是因为两者的谈话对象完全不同。皋陶的《皋陶谟》，是在与虞舜、夏禹这样的圣人在谈话；而周公的《大诰》，却是在和下属们起誓立约啊。诸葛亮的谈话对象，与周公的谈话对象一样，都是些资质普通的人，所以他的文意不能抒发得太高远。但是，他遗留下来的训示教诲等文书言论，都是在总理公务的繁忙过程中写出来的；他那公正忠诚之心，在字里行间充分流露出来，足以使人了解他的心意和政事治理，而对当政的人士有所补益。

解读：这一段是针对当时某些人士对诸葛亮文书价值发出的质疑，进行了适度的反驳。适度表现在两点：一是有理有据，引用的是皋陶和周公这两位圣贤的例证，因而具有无可怀疑的权威性；二是语言很有节制，措辞非常委婉，丝毫也不过分。这是因为在当时质疑诸葛亮文书价值的人士中，有的可能是政坛上具有权力和地位者，其影响力不小，如果反驳不适度，措辞不委婉，将会造成不必要的负面后果。这再次证明陈寿是很有政治头脑的，并非书呆子一个。

最后来看第七段原文：

> 伏惟陛下迈踪古圣，荡然无忌；故虽敌国诽谤之言，咸肆其辞而无所革讳，所以明大通之道也。谨录写上诣著作。臣寿诚惶诚恐，顿首顿首，死罪死罪！泰始十年二月一日癸巳，平阳侯相臣陈寿谨上。

译文：微臣跪着想到陛下追随古代圣明君主的足迹前进，胸怀开阔无所忌讳；所以即使是蜀汉这个敌国的诽谤性言辞，也都让其文字集中展示出来而没有加以删除和避讳，以此表明大晋皇朝的伟大通达。因此谨抄录誊写诸葛亮的文集全稿上交到著作省。微臣陈寿确实惶恐不安，叩头叩头，死罪死罪！泰始十年二月初一癸巳，平阳侯相陈寿谨上。

解读：这一段在性质上是整篇表章的结束语，是全文各段之中文字最短的一段，但又是内涵深意解读起来最有意思的一段，为什么呢？

西晋皇朝是从曹魏"禅让"而来，既然蜀汉是曹魏的敌国，所以蜀汉也就是西晋的敌国。而编订《诸葛氏集》，是在为敌对国家的首席大臣丞相诸葛亮做好事，这虽然是西晋武帝亲自批准的国家级项目，但依然会有不同的声音发出来。上面第六段中提到，当时某些人士对于诸葛亮文书的价值有所质疑，就是不同声音中的一种。不过这种质疑，还属于学术研讨的专业性质，不会产生严重的现实政治后果。但是，另一种不同声音就来者不善了，他们要从现实政治的角度，把诸葛亮的文书定性为表文所说的"敌国诽谤之言"，然后上奏朝廷，要求禁止其问世传播。真要是这样的话，那后果就严重了，陈寿的辛勤努力就会付诸东流了。

怎么办呢？陈寿显然只有一条路可走，这就是借重西晋武帝的权威。

于是他首先把晋武帝批准编订文集的举措，尽力抬高到"迈踪古圣，荡然无忌"的至尊高度上。言外之意是，不错，诸葛亮的文书确实如你们所言，完全属于"敌国诽谤之言"，对于这一点，我们敬爱的皇帝陛下也是非常之清楚的。那么皇帝陛下为何还是坚持要求编订这部文集呢？因为他实在是太伟大了呀，他伟大得就像古代那些无比圣明的君主，胸怀无比开阔，品格无比仁慈，即便是"敌国诽谤之言"，他也完全无所忌讳的。陈寿这样一抬高，情况就大不一样了，如果某些人士依然要提出反对，那就是在故意阻碍皇帝陛下成为无比伟大的圣明君主，阻碍皇帝陛下显示无比开阔的政治胸怀、无比仁慈的非凡品格，那岂不属于大逆不道，居心叵测，其心可诛吗？那不就应当受到严厉的惩处吗？你看看，陈寿的这一手招数厉害不厉害？高明不高明？这正是：

平阳编订新文集，上奏心思苦运筹。

要想知道陈寿编订的《诸葛氏集》和上面这篇奏章在送达朝廷之后，造成了怎样的结果，他重返著作省的史馆后又当了怎样的官职，他的平阳之行还有怎样的额外收获，他又将开始撰写什么史学杰作，请看下文分解。

杰作开篇

西晋武帝泰始十年（274年）二月初一，陈寿在平阳县把编订誊清的《诸葛氏集》全稿，连同向皇帝呈送的奏章，派遣专人完好送到洛阳的著作省之后，究竟得到了怎样的具体评价，史书上缺乏详细记载。其实这也用不着细说，单看反响就可知晓了。那么反响究竟如何呢？

陈寿送出文集和奏章之后不久，他就接到了朝廷尚书台签署的新官职任命文书，要求他迅速办理交接之后，重新回到洛阳的著作省报到，并且晋升为著作省的负责官员"著作郎"，当时习称为"大著作"。也就是说，陈寿升官了，成为著作省这个史馆当中八名佐著作郎的领头人了。但是，职责没有变，依旧是编撰本朝和与本朝相关的历史著作。官阶的等级也没有变，依旧是第六品。什么东西变了呢？只是一个字变了，从原来他所担任的"佐著作郎"，变成了"著作郎"，把那个打头的"佐"字变得没有了。

虽说只是变动了一个字，陈寿仍然非常高兴，因为升了官，说明交上去的《诸葛氏集》受到了肯定，而且不是一般性的肯定。这样一来，这部文集就可以顺利问世得到传播了。自己付出的心血得到肯定，工作成果得到流传，这还不应当高兴吗？

前面已经说过，西晋时期地方政府的行政长官即郡太守、县令，在人选上出现前后更迭的变动时，不能选择在一年当中农业生产最为忙碌的春季和夏季，而应当选择在秋天或冬天。因此，陈寿告别平阳县启程前往洛阳的时间，最有可能是在泰始十年（274年）二月呈上文集和奏章之后，当年的秋天或者冬天。即便有所延迟，也应当不会超过第二年的秋天或者冬天。

但是，陈寿之所以非常高兴，还有一个同样重要的理由。因为他在平阳县当县令的这段时间之中，为自己接下来编撰三国的史书，打开了更为广阔的视野，添加了更为深刻的认识，并且积累了更为丰富的资料。总之一句话，为今后自己三国史书的编撰,进一步打下了更为坚实的基础。这方面的丰厚收获主要体现在两大方面。

第一方面是在蜀汉历史的编撰之上。

此前的陈寿,虽然是在蜀汉的故地出生和成长,此后也在蜀汉政权中担任过多种官职,但是他的成长环境和仕宦经历都比较局限,难以从更高和更宽的视野来观察蜀汉的诸多重要问题,比如国家机器如何运作,皇朝权力如何分配,各级官员如何设置,军队力量如何动员,紧急状态如何应对,朝廷关系如何协调,社会矛盾如何解决,等等。显而易见,如果对类似的种种问题缺乏了解,要想编撰一部内容完整的蜀汉历史,就会流于空谈。虽然他此前也曾经利用在蜀汉东观、秘书省的工作之便,对与这些问题有关的资料进行了初步的搜集,但是资料的总体情况,还是比较分散而不够系统,比较表浅而缺乏深入。

但是,在他对诸葛亮遗留下来的各类公务文书,亲身经历了搜集、鉴别和整理的全过程,并最终编订了《诸葛氏集》之后,情况就大不相同了。由于诸葛亮是长期执掌蜀汉大权的首席大臣,而且权力又还包括了行政和军事两大领域,所以他的这部以军政公务文书为主体的文集,实际上就是蜀汉在军政两大领域的大事实录,堪称是蜀汉历史的浓缩和精华。

比如,要想记述蜀汉如何从刘备以君主身份掌权施政的体制,转变成为诸葛亮以臣僚身份掌权辅政的体制,那就必须而且只有去研读文集中的第一卷《开府作牧》才行,否则就根本无从下笔。又比如,要想记述蜀汉如何迅速平定了发生严重动乱的南中地区,那就必须而且只有去研读文集中的第三卷《南征》,否则也是根本无从下笔。

诸葛亮执掌蜀汉的历史,是从章武三年(223年)刘备去世后开始,直到后主刘禅建兴十二年(234年)诸葛亮病逝于五丈原为止,前后长达12年之久,将近占蜀汉正式建立后42年历史的三分之一。如今陈寿通过精心编订《诸葛氏集》,就产生了两方面的正面成果。

首先,是把蜀汉在诸葛亮12年执政期间的历史发展脉络,彻底弄清楚了。

其次,诸葛亮本人又在蜀汉历史中具有承上启下的特殊作用:就"承上"而言,他是辅佐刘备开创蜀汉的元勋,所以他留下来的公务文书中,也有一部分是反映蜀汉前期历史的重要史料；再就"启下"而言，他去世之后的蜀汉执政大臣蒋琬、费祎，都是他生前精心培养的接班人，所以他们执政时的军政举措，基本上都是沿袭诸葛亮公务文书中已经形成的定型成规。在这种情况下，陈寿在编订《诸葛氏集》之后，实际上就把整个蜀汉历史的基本框架，初步搭建成形。这样的收获，当然是非常之丰厚巨大的了。

第二方面是在曹魏历史的编撰之上。

与蜀汉比起来，曹魏的突出特点之一，就是在疆域上要大得多。此前统一天下的东汉时期，全国的行政区划有十三州部，再加一个附属的西域长史府。到了三国，蜀汉仅仅占据了其中的一个益州；孙吴大一点，也只占据了其中的三个州，即扬州、荆州、交州；而曹魏却占据了其中的九个州，即司隶校尉部（后改称司州）、并州、豫州、冀州、兖州、徐州、青州、凉州、幽州，再加一个附属的西域长史府。也就是说，单单只从州一级行政区的数量上看，占据九个州的曹魏，就是蜀汉一个州的九倍之多。

疆域大了之后，就在政治上产生了两种急迫的需求：一是急迫需求大批忠诚干练的地方州郡行政长官来为曹魏治理地方，贯彻政令，治理民众，发展生产，提供赋税，充当中央的坚强基础；二是急迫需求一批不仅忠诚干练，而且文武兼备的优秀人才，充当边境地区的军政长官，来为曹魏守护漫长边境的安全，抵御外敌的入侵。尤其是北方的边境，两汉以来塞外的草原大漠之中，先后出现了匈奴、鲜卑、乌丸等强大的马背族群，对中原形成了严重的威胁。

对于上述的国情和政情，以往一直生活在南方蜀汉"天府之土"的陈寿，是非常陌生的。显而易见，如果陈寿不能够在见识和阅历上弥补这方面的空白，他在曹魏史书的编撰上就会出现难以克服的严重困难。

好在老天爷有心成全他，让他到平阳县去走了一遭，当了一回县太爷，帮他弥补了这方面的空白。为何这样说呢？

原来，这平阳不仅是当时地方行政区划系统中的县级行政机构，平阳郡的郡级行政中心所在地，更是非常接近并州的一个县。这个并州，就是西晋北方边境之上，一个族群成分异常复杂的州。在其正北方，直接面对的是已经进入塞内的拓跋鲜卑族；在其西北方，直接面对的是羌胡族。至于在并州的内地，则布满了在曹操时期就安排居留下来的南匈奴五个大部落的民众。这种情况的产生，源于如下时代大背景。

东汉末年大战乱，匈奴族的一支即南匈奴，还有鲜卑族的势力，乘机从草原进入塞内大举南下，导致东汉皇朝的西北边境线大幅度向内地压缩。首当其冲的正是这个并州，辖地损失竟然达到将近三分之二。于是，曹操不得不撤销并州五个名存实亡的边郡，即朔方郡、云中郡、五原郡、定襄郡、上郡。但是，南匈奴的内迁趋势并未就此停止，他们继续南下，曹操只好采取强制手段，将他们划分成五个较小的部分，分散安置在并州的汾水流域。陈寿在平阳县当县令，正好就是在这以后不久的事。

陈寿在平阳县的这段任职经历，对他今后编撰曹魏历史的设想，至少有两方面的重要助益。

第一方面，是对北方边境的民族活动有了直接的了解和认识。比如，他与南匈奴族的民众，就有了面对面的接触。因为在曹魏时期，曾经有南匈奴族的首领在平阳县发动武装对抗，曹操派遣大臣钟繇率军前去迎战。钟繇成功打败对方，将为首的匈奴族头领斩首，其余全部就地释放。这些民众的一部分后代，就在平阳县住了下来，成了现今陈寿直接管辖的黎民百姓。于是，"北方民族"这一关键词，就在陈寿的头脑中留下了非常深刻的印记。难怪后来他编撰《三国志》时，就在曹魏部分特别安排了《乌丸传》和《鲜卑传》，还在其他的多处地方，记述了南匈奴等北方民族的各种活动事迹。

第二方面，是对边境地区的地方州郡军政长官的重要性有了深刻的了解和认识。就以平阳县邻接的并州来说，民族成分非常之复杂，南匈奴的武装活动最初也非常之活跃。但是，曹操精心挑选的并州刺史梁习，忠诚干练，文武兼备，到任之后恩威并用，结果在任职的20多年间，把并州治理得社会安定，生产发展，人才辈出，民众拥护，当地老一辈民众都称赞说，他们这一辈子所见到的州刺史，还没有像梁习这样英明杰出的。陈寿就处在邻近并州的平阳，当然对此有亲身的观察和了解。于是，"州郡地方军政长官"这一关键词，也在陈寿头脑中留下非常深刻的印记。这就导致他后来在编撰《三国志》时，精心安排了一大批优秀地方州郡军政长官的人物传记，包括曹魏部分的卷十五、卷十六、卷二十六、卷二十七，蜀汉部分的卷四十一、卷四十三，孙吴部分的卷六十，入传人数总计将近50位之多，将近占全书入传人物540余位的十分之一，这还不包括其他类别的人物之中，曾经担任过地方州郡军政长官的事例。

总而言之，如果从一个杰出史学家修炼过程的角度来看，陈寿在平阳县当县令的这段时间，不仅不能看成是时间和精力上的浪费，反而应当视为一种有益养分的大力吸收。用现今流行的话来表述，就是下到基层亲自观察和体验生活去也。

另外还值得一提的是，陈寿任职的平阳县城，还在西晋后期的政局巨变中，成为风云激荡的中心之一。陈寿去世仅仅7年之后，并州南匈奴后代中一名枭雄人物刘渊，趁洛阳西晋朝廷发生"八王之乱"的良机，首先举兵建立十六国时期的匈奴族政权，国号定为"汉"，并且迁都到平阳，在此称帝。刘渊第四子刘聪继承帝位之后，先是派遣大军进攻洛阳，俘虏了西晋怀帝送到平阳；接下来又出兵进攻长安，俘虏了西晋愍帝送到了平阳。至此，西晋皇朝彻底覆灭，被俘的两位皇帝，先后在平阳受尽侮辱之后惨遭杀害。对于西晋皇朝而言，这平阳县堪称是一处伤心之地了。

话说陈寿重返著作省的史馆之后，马上就发觉自己还有一个更加值得高兴的理由。什么理由呢？

前面说了，西晋著作省的编制定额，长官一人，叫作"著作郎"，简称为"大著作"；配备助手八名，就是佐著作郎。当初他担任佐著作郎的时候，要想为自己今后编撰三国史书，前往朝廷的相关机构去查阅抄录史料，是相当困难的。首先是因为，他此时不是著作省的领衔长官，说话的分量不够，难免受到刁难；其次是因为，他自己筹划的三国史书编撰，在性质上属于现今所说的自选项目，根本不像他所承担的《诸葛氏集》的编订，乃是中书省正、副长官联名推荐，经过西晋武帝亲自批准的国家级项目，两者在分量上大不相同。说话分量不够，项目分量也不够，要想通行无阻顺顺利利地查到和抄录到史料，当然更加困难。现今就大不一样了，著作郎是著作省的长官，所以担任此职的陈寿是以机构负责人的身份出现，起码在说话的分量上就会大大提高，他当然十分高兴了。

当然，高兴之余，紧迫感也随之产生。俗话说："铁打的营盘，流水的兵。"官职是随时都有可能出现变化的，因此必须在担任著作省长官的有限时间之内，抓紧机会尽可能多地搜集和抄录史料，以防官职变化而造成的中断。根据现今学者比较精准的统计，陈寿《三国志》全书成品的净字数，接近37万。这是对大量原始史料进行去粗取精、去伪存真的精细加工之后，才得到的最终结果。如果以此为基准数据来进行计算，那么陈寿最初曾经翻阅、鉴别和动笔抄录下来的原始史料，至少也不会少于基准数据的5倍，也就是180万字以上。以每天翻阅、鉴别和动笔抄录2000字来计算，需要900个工作日，相当于持续不断工作将近3年。如果考虑到他还必须完成本职的工作，包括领导工作，他至少就需要5年以上的时间，才能完成基本资料的准备任务。当然，以上还只是一种粗略的计算，但也能够从中间接体会到陈寿此时此刻的紧迫之感。

这边的陈寿投入了紧张的史料搜集之中，那边的朝廷却对他下达了一道兼任新官职的任命。这是怎样一回事呢？

原来，咸宁四年（278年）的仲冬十一月，西晋武帝要把一位文武兼备的出色人物，调派到荆州的军事重镇襄阳（今湖北省襄阳市），去为不久之后将要对南方孙吴发起的多路大举进攻预先进行军事上的战略部署。这位出色的人物，就是被赞美为"杜武库"的杜预。

杜预，字元凯，京兆尹杜陵县（今陕西省西安市东南）人氏。他的祖父杜畿和父亲杜恕，都是曹魏的重要官员。他本人娶了司马昭的妹妹为妻，所以对于西晋武帝司马炎而言，他就是姑妈的丈夫即姑爹，当然属于亲信得很的臣僚了。他的突出特点是文韬武略两者兼备。论文韬，他不仅行政才干优秀，而且还对儒家经典《左传》有精深的研究，撰写出《春秋左氏经传集解》等多种高质量的史学专著，自称是有"左传癖"。著名的清代儒家经典注解总集《十三经注疏》，其中《左传》一书的注解，就是出自杜预之手。论武略，他擅长智谋的设计，是一位风度颇为文雅的智谋型统帅。

据唐代《北堂书钞》卷六十二引录的王隐《晋书》记载，杜预在奔赴襄阳就任之前，曾当面向晋武帝特别推荐陈寿说："才史通博，宜补黄、散。"意思是此人的才能和史学通达广博，适宜于补充黄门侍郎或者散骑侍郎的空缺，作为陛下身边的侍从官员。晋武帝回答说，那就让他担任治书侍御史好了，立即亲自手写诏令作出任命。于是陈寿就以著作郎的身份，兼任了这一新的职务。

西晋的治书侍御史，简称侍御史，是中央御史台的办事官员。御史台负责监察朝廷百官，接受举报，进行弹劾，长官是御史大夫。治书侍御史则是御史大夫的主要下属，员额四人，承办相关公务，官阶等级也是第六品，与著作郎完全相同。

陈寿为何会受到杜预的重视，因而向晋武帝特别作出推荐呢？推究起来，主要应当是两人在学术文化上具有共同爱好的缘故。陈寿擅长史学，此前已有《益部耆旧传》《古国志》等著作问世，并且得到晋武帝、张华、和峤等君臣的一致赏识。杜预同样擅长史学，他所精心研究的《左传》，虽然在古代被归入了儒家的经典，然而实际上的学术性质，却是史学的著作。还有一点，就是陈寿《古国志》中所研究的古国，与杜预《左传》研究中的春秋诸国，在很大程度上是相同的。古话说得好："惺惺惜惺惺。"杜预正是出自这样一种惜才的情愫，才会对陈寿作出了特别的推荐。

再次受到重视，兼任了皇帝陛下亲自任命的新职务，陈寿感激之余，当然也更为忙碌了。但是，有关三国的史料搜集，照常进行而不中断，那也是必须的。忙就忙吧，只要心情好就足矣。也幸好他的史料搜集一直未曾中断，因为难得的有利时机就要来临了。

这是两年之后的西晋武帝太康元年（280年）三月，一个巨大的喜讯传遍京城洛阳：朝廷的二十多万大军，分成六路进攻孙吴，顺利攻克其首都建业（在今江苏省南京市），孙吴的末代君主孙皓宣布投降，天下重归一统。后来唐代的诗人刘禹锡有"千寻铁锁沉江底，一片降幡出石头"的诗句对此进行了描绘和形容。

早在西晋大军出动之前，一直对陈寿大力扶助的张华，就因坚决支持伐吴大计而深受西晋武帝的倚重，因而特别将他从中书省的副长官中书令岗位上，临时调往尚书台担任度支尚书一职，专门负责前线大军的军需后勤总务，以保障各路兵马在经费、粮食、武器、物资、工具等各方面统一的筹措和供应。在他圆满完成任务重新回到中书令的岗位上之后，他向晋武帝呈上奏章，推荐陈寿担任中书省的中书侍郎职务。由于张华在灭吴战争中立下了显著功勋，社会声望上升，所以心情大好的西晋武帝，很快就批准了张华的推荐。于是乎，著作郎陈寿的兼职，又从此前的治书侍御史，变成了现今新的中书侍郎。

为何张华会有这样的推荐呢？原因依然还是他对陈寿的深入了解。陈寿最为擅长的才能，是对历史的研究和著述。在朝廷整个行政事务的领域中，如果将他放在中书侍郎的岗位上，足以胜任侍从皇帝左右和评论政事得失的工作职责，何况他此前就在蜀汉朝廷中担任过类似的职务，即散骑侍郎、黄门侍郎。但是，如果放在治书侍御史的岗位上，让他去监察弹劾那些违法乱纪的官员，审问判决那些错综复杂的刑事案件，这就超出了他的专业擅长范围，属于用非所长了。张华正是看到了陈寿在兼职上的不小尴尬，及时对他的兼职提出了调整性的建议，这对陈寿能力的充分发挥，以及朝廷用人的合理安排，两方面都大有好处。张华其人的品格和才能，由此也可见一斑。

兼职得到了及时的调整，而且有幸来到皇帝陛下身边侍从左右，官品也上升为第五品了，陈寿由衷感激之下，很快做出了显著的成绩。他不仅在口头上随时回答皇帝的询问，而且还针对重要的时政问题，专门写出了多篇的论述文章，《华阳国志·陈寿传》对此有如下记载：

> 上《官司论》七篇，依据典故，议所因革。又上《释讳》《广国论》。

意思是说，陈寿向西晋武帝呈上了《官司论》的论著，其中包括了七篇文章，这七篇文章都依据了过去古代典章制度的事例，来议论现今官署办事机构在设置上所应当继承的旧制和改革的诸多问题。另外还呈上了《释讳》《广国论》这两篇文章。

此处史文中所说的"官司"，当时的准确含义是指官署的办事机构。"官"字的原意是官署，"司"字的原意是（官方公务的）执行。现今常说的"司法""司仪"，就是由这个表示动作的"司"字而来。而后世口语中常说的"打官司""吃官司"，其中的"官司"一词也来自古代，只不过含义发生改变，变成了法庭所受理的案件了。

至于《释讳》，顾名思义应当是解释避讳的种种问题。《广国论》的含义，应当是针对国家这一对象而抒发的推广性议论。陈寿此前曾经撰写过《古国志》，对先秦的古国进行客观记载。这篇《广国论》应当是《古国志》的延展，只不过侧重于抒发自己的议论而已。

需要指出的是，《华阳国志》的上述史文中，把陈寿向西晋武帝呈上这些文章的史事，放在了陈寿兼任中书侍郎之前，而不是之后，这就不够准确了。因为议论官署办事机构的设置，议论避讳的种种问题，并且正式向皇帝呈送写成的文章，这些都正好是皇帝侍从官员所应当做的正事，属于职责所在。至于这方面的有力旁证，则是《晋书·礼志》中的一大段记载。

这段史文中说，晋武帝太康元年（280年），有一名叫作王昌的官员呈送了一份报告，说他父亲当初从孙吴来到曹魏，再婚之后生下自己，而前妻却还留在孙吴。现今孙吴纳入西晋的版图之后，王昌听说前母早已经死亡，就请求停职，以便为前母补办服丧的礼仪程序。主管方面感到难以处理，因为此前没有这样的先例，于是上报朝廷请求作出批示。

西晋朝廷要求中央官员进行讨论，参与讨论的官员不少，大多都是皇帝身边的侍从官员，其中就包括中书省的长官荀勖、副长官和峤，还有中书侍郎夏侯湛、山雄和陈寿。其中对陈寿的身份介绍，明确说是"兼侍郎、著作陈寿"，即兼任中书侍郎的著作郎陈寿。中书侍郎是皇帝的侍从官员，地位要高一点，所以在排列顺序上放在了前面。这次讨论的主题是服丧，属于朝廷礼仪制度的范围。而上面陈寿所写的《释讳》，正好也是属于朝廷礼仪制度的范围。这就有力地证明：陈寿呈送《释讳》等文章的时候，已经兼任了中书侍郎的职务了，而不是在这之前。

但是，此时此刻的陈寿，最为抓紧的工作还是编撰三国历史的前期准备。道理非常简单，如今孙吴灭亡，天下一统，编撰的基本条件和有利时机均已出现，如果自己不抓紧的话，就有可能让他人抢占先机。好在他此前一直就抓紧了时间，现今已经基本完成了曹魏和蜀汉的史料搜集，接下来只消一边搜集孙吴的史料，一边开始初稿的正式写作即可。他已经通过孙吴归降的人士得知，此前孙吴的史学家，已经有多部孙吴史书问世，所以史料比较现成，容易搜集。至于正式的编撰，经过深思熟虑，陈寿下定决心，先从内容最为繁重的曹魏部分开始写起。

于是，在三分鼎立局面终于结束，西晋皇朝一统天下的太康元年（280

年），陈寿不朽之作《三国志》的编撰工作，就正式宣告开始了。

俗话说，造化弄人。就在陈寿正式进入编撰三国历史的工作状态之后，他的人生道路再一次遭受到严峻的考验。

考验的产生，是从张华职务的改变开始的。张华在攻灭孙吴一统天下的过程中立下巨大的功勋，声望大为提高。在他回到中书令岗位上之后，西晋武帝又把许多极为重要的公务，比如朝廷礼仪制度和典章规范的制定和修改，皇帝各种诏令的起草拟定，都委托给张华办理。这样一来，作为中书省副长官的张华，俨然就成了中书省的首席长官，而真正的首席长官即中书监荀勖，反倒被掩盖了光芒，这就引起荀勖心中的极度不满。

荀勖，字公曾，豫州颍川郡颍阴县（今河南省许昌市）人氏。颍阴荀氏是著名的世家大族，汉代以来就以儒学传家，世代为官。荀勖不仅具有深厚的文化素养，而且行政的才干也非常突出。他最初属于大将军曹爽的下属。司马懿发动"高平陵事变"，一举消灭曹爽的势力，荀勖也受到了牵连，被免去官职。他后来改弦更张，投到了司马昭的门下担任下属。西晋武帝时期，荀勖成为掌管机密的心腹大臣，长期担任中书省的正长官中书监，多次进行了重要的军政谋划，深得西晋武帝的信任。

他曾经与副长官即中书令张华，有过一段非常友好的合作，并在文化上做出了巨大的贡献。比如，他们曾经对西晋朝廷中央的大量藏书，共同主持进行整理，然后在曹魏秘书郎郑默所编订的藏书目录《中经》的基础上，编成了西晋新的藏书目录《中经新簿》。

至于荀勖本人在历史文化上的贡献，最值得一提的是下面这件事。《晋书·武帝纪》及相关文献记载，西晋武帝咸宁五年（279年）十月，在司州汲郡的治所汲县（今河南省汲县），有盗墓者发掘了战国时期魏国的国王墓葬，发现了一大批古代竹简，上面有使用古文字书写的十多万字，叙述了先秦时期的编年史事。晋武帝特别下诏，让兼任秘书省长官的荀勖主持整理这一批古代史书，然后编入西晋的藏书目录《中经新簿》。整理出来的书籍，后世称为《汲冢书》或《竹书纪年》。由于其中对先秦重要历史事件的记载与传统史书中的记载有所不同，所以引起学术界的高度重视，认为这是我国文化史和图书史上的重大发现。

可惜原书在宋代之后散佚，现今只有后世学者的辑补本了。

张华声望的明显上升，之所以会引起荀勖的极度不满，除了荀勖本人胸襟气度不够宽广开阔，还有如下重要原因。他出自名门大族，对于出自寒门的张华有门第观念上的天然歧视。再加上他长期以来就受到西晋武帝的恩宠，对于张华有可能取代自己的趋势，心中愤愤不平。荀勖经过仔细思考，定下了一个等待时机暗中出击的策略。不久，时机果然来了。

这一天，晋武帝与张华进行单独谈话。晋武帝针对自己身后的帝位继承人选，询问张华说："谁是朕可以托付身后之事的人呀？"张华从国家长治久安的大局出发，根据自己的深入了解，如实回答说："要论品行道德的最为完美和血缘关系的最为亲近，没有人能够比得上齐王司马攸了。"晋武帝听了，心中顿时很不愉快，他为何会这样呢？

原来，晋武帝司马炎的第一位皇后杨艳，出自名门大族司州弘农郡华阴县（今陕西省华阴市）杨氏，曹操手下那位参透"鸡肋"谜底的聪明下属杨修，就是其同族的先辈。她本人虽然天生丽质，聪慧而擅长书法，但是所生的后代却不怎么样。第一个儿子在两岁时就夭折，第二个儿子司马衷，智商有所欠缺。史书上说司马衷在花园中听到蛤蟆的叫声，就问左右的侍从道："这些蛤蟆的叫声，是官家的，还是私人的呢？"有人糊弄他说："在官方的地界上叫，就是官方的；在私人的地界上叫，就是私人的。"这个故事虽然有些夸张，但是他智商不高，难以驾驭统一天下之后的大晋皇朝这一巨大的政治实体，却是很容易看出来的事。

与司马衷形成鲜明对比的，则是他的二叔父司马攸。司马攸是晋武帝的同胞二弟，他天生聪明，学习勤奋，早年的才能和声望甚至比大哥司马炎还要高一点，极受祖父司马懿的器重。由于司马师没有儿子，所以司马攸很早就被定为伯父司马师的继承人。司马炎称帝之后，司马攸被封为齐王，掌控朝廷的军事大权。此后又担任司空、侍中、太子太傅等显要职务，在军事和行政两方面都显露出非凡的才能。晋武帝进入晚年之后，朝廷百官中大多认为，齐王司马攸是最好的皇位继承人选，张华也是其中之一。他与晋武帝的对话，就是在这样复杂的现实政治背景中出现的。

晋武帝对这一无比重大问题的考虑，却是从自私心理出发的。他担心皇位传给二弟司马攸之后，司马攸又会传给本人的儿子和孙子，自己就会像伯父司马师那样，变成没有帝系后嗣传承的局外人了。亲生儿子司马衷的才能究竟如何，他其实也是很清楚的。但是，亲生儿子总比二弟更为信得过，所以他的砝码一直是放在亲生儿子这一边的。他之所以会向张华提出上面的问题，目的就是想要得到张华对皇太子司马衷的肯定，因为张华的声望很高，影响力很大，张华表了态，事情就好办多了。但是晋武帝没有想到，张华却站到了齐王司马攸那一边，他很失望，而荀勖也就等来了大好的机会。

在荀勖的极力推动之下，晋武帝在太康三年（282年）正月十九甲午，下达诏令任命张华为安北将军，都督幽州诸军事，离开京城洛阳，前去镇守北方边境的幽州。西晋的幽州，治所设在涿县（今河北省涿州市），距离张华的家乡方城县还不到100华里。这样的安排很巧妙，表面上看来是照顾你张华回到故乡，一来满足你的思乡之情，二来让你有了衣锦还乡的显摆机会。然而在实际上，却是把你排除到京城的权力圈子之外，免得影响其他朝臣在帝位继承人选上的选边站队。

好一个张华，受到排斥并不气馁，到了幽州就任军事长官，恩威并施大显身手，很快把当地治理得井井有条，《晋书·张华传》对此有如下记载：

> 抚纳新旧，戎夏怀之。东夷马韩、新弥诸国，依山带海，去州四千余里，历世未尝附者二十余国，并遣使朝献。于是远夷宾服，四境无虞，频岁丰稔，士马强盛。

意思是说，张华安抚接纳幽州境内新来和旧有的各地民众，少数族群和汉族民众都很拥护他。东面境外的异族国家诸如马韩、新弥等，依傍高山面临大海，距离幽州有四千多里，历代未曾依附中国皇朝的达二十多国，到这时全部都派遣使者前来朝拜贡献礼品。于是，远方的异族纷纷服从，四方的边境安定无忧，农业连年丰收，军队人马强盛。

但是，就在张华声望进一步增高的时候，又有人在晋武帝面前诋毁他，说是张华具有功高震主的潜在威胁，现今又统领精兵强将镇守边境的军事要地幽州，这与当初统领大军攻灭蜀汉的钟会实在是太相似了。一旦张华像钟会那样生出异心，必定成为朝廷的心腹大患。晋武帝深以为然，便在太康五年（284年），下令解除张华的军权，征调张华回到京城洛阳，改任没有什么实权的文职官员，也就是九卿之中主要负责礼仪文教的太常。此后直到晋武帝去世为止，张华一直就在太常的职位上，处于被边缘化的低潮状态。

张华彻底失去西晋武帝的信任之后，深受他赏识和提携的陈寿，也随之遭到了牵连性的打击。当初张华离开洛阳前往幽州之时，荀勖马上就示意吏部，把陈寿也调出京城洛阳，分配到长广郡去当太守。

西晋的长广郡，属于青州管辖，其治所设在不其县，在今山东省青岛市的北部。从洛阳到长广郡的不其县，直线距离在2000华里左右。显而易见，这一安排就好比把张华派到北边的幽州一样：表面上是给你好处，提升你去当比县令级别更高的郡太守，实际上却是把你从京城洛阳的中枢机构内排挤出去，发配到了远方。

但是，此时的陈寿，已经正式开始挥毫动笔编撰三国史书，心中有了既定的人生宏大目标，岂肯俯首听从他人的任意摆布？于是就以继母老迈多病难以上路为由，坚决推辞，继续编撰不辍。前面已经说过，西晋武帝大力提倡孝道，从而掩盖不好提倡忠贞的尴尬。陈寿以尽孝来推辞郡太守的官职，正好符合当时的核心价值观念，理由非常充足。荀勖虽然大为不快，一时间也没有更好的手段，只得等一等再说。

就像耐心等待有利时机来对付张华一样，荀勖果然又等到了对付陈寿的有利时机。

原来，陈寿并没有说谎，他的继母果真是老迈多病，来日无多。一段时间过去，陈寿的精心治疗照护也无力回天，最终继母病重去世。陈寿办理了安葬事宜后，正式离开著作郎的史馆官职，带上自己所搜集的全部史料，回到家中安心服表三年，同时继续进行自己的著述工作。

哪知道回家之后，一阵对他不利的社会舆论开始传开。事情的起因，是陈寿继母生前曾经一再叮嘱，自己去世之后，遗体只消就近安葬在洛阳，不要运回益州安汉县的老家，去"附葬"在陈寿父亲墓葬的旁边。他继母生前的态度是如此坚决，必定有深思熟虑的理由。推测起来，理由应当有二：

一是千里蜀道艰险异常，当初她前来洛阳时已经有过惊心动魄的难忘体验，把遗体运回家乡，不仅困难重重，而且危险难测。

二是陈寿父亲在安汉县的老家，已经与陈寿的生身母亲合葬在一起。现今自己的遗体即便运回了家乡，也只能依附在旁边单独安葬，没有太大的意思。看来陈寿的这位继母，还是一位很有主见的明智女性。

由于继母的态度非常之坚决，陈寿只能遵照执行。客观而论，这正是他遵循孝道的表现。不料却有人借此生事，硬要说他未能严格按照丧葬礼制办事，把继母遗体运回家乡安葬，完全属于不孝之举，在个人的品行修养上出现了重大缺陷，应当鸣鼓而攻之。这种负面舆论的幕后指使者荀勖，一心想要把陈寿从精神上完全击倒，使之从此消沉颓废，不会再有什么作为，然而实际情况却大谬不然。

陈寿早就经历过"使婢丸药"负面舆论的心理磨炼，现今又胸怀远大的目标，正在奋勇前行。上面提到的儒家经典《左传》，曾经归纳出可以使人声名长存不朽的三种方法，后世简称为"三不朽"：最上一等是"立德"，即成为道德楷模；其次是"立功"，即创建巨大功勋；最后是"立言"，即留下一家之言。当初西汉的太史公司马迁，就把撰写不朽之作《史记》作为自己的远大目标，并在《报任安书》中对此目标进行描绘说："究天人之际，通古今之变，成一家之言。"最后，司马迁果然因为《史记》而成就了自己的不朽美名。现今的陈寿，正下定决心要以司马迁为榜样，留下自己的一家之言。因为远大目标已定，所以他对这些负面的舆论，毫不理会，视同无物，日夜伏案，奋笔著史不辍，心中反而充满了自豪之情。这正是：

舆论汹汹何所惧，目标既定在前方。

要想知道接下来陈寿编撰三国史书的努力，究竟获得了怎样的初步成果，这一成果获得了怎样的社会评价，后来他和张华在官场中得到怎样的转机，他的《三国志》全部书稿在他去世之后又怎样得到流传，请看下文分解。

修成青史

在这一章当中,将要介绍陈寿人生中的最后一段历程,以及他不朽之作《三国志》的艰难诞生。

当初陈寿闭门谢客,在家为继母服丧,同时开始全力以赴,撰写他的一家之言《三国志》。光阴荏苒,很快就过了几个春秋。应当是在西晋武帝太康八年(287年),《三国志》当中关于曹魏历史的《魏书》部分,终于完成了初稿。

身心俱疲的陈寿依然非常高兴,因为《魏书》是全书三个部分当中,分量最重的那一部分,也是内容最为复杂的那一部分。这一部分的初稿完成,全书的初稿撰写任务就算完成了一半多,接下来的工作就比较好办了。为何《魏书》的分量最重,内容又最复杂呢?只消列举一下魏、蜀、吴三方的两项基本数据就会明白。

先来看地盘的大小。前面已经说过,东汉时全国有十三个州,再加一个附属的西域长史府。到了三国疆域相对稳定之时,蜀汉只占有其中的一个州,孙吴占有三个州,其余的九个州,再加一个附属部分西域长史府,全部都属于曹魏控制的范围。

再来看人口的多少。东汉统一时期的中期,全国的在册人口,据《续汉书·郡国志》的明确记载,是5000万人左右。经过东汉末年频繁战乱、灾害、饥荒、传染病的摧残,人口剧烈减少。据史书记载,蜀汉灭亡时,在册人口只有100万人左右;孙吴灭亡时,在册人口只有250万人左右;至于曹魏,在攻灭蜀汉后在册人口为537万,减去蜀汉的100万,还有437万人左右。

也就是说,魏、蜀、吴三方之中,论地盘曹魏最大,论人口也是曹魏最多。《三国志》与《史记》《汉书》一样,都属于纪传体的史书。而纪传体史书记载的主要对象是人物,以及人物所做出来的事件。地盘大了,所出的人物就多了,做出来的事情也就更多和更复杂了。这就是《魏书》分量最重和内容最复杂的根本原因所在。

陈寿确实很有胆量，《魏书》的分量最重，内容又最复杂，他还专门先挑《魏书》来写。他为何要这样做呢？深究起来，原因至少有如下三条。

一是资料的核实更容易得到解决。前面说了，此前陈寿在西晋的著作省任职之时，抓紧时间搜集起来的原始资料，粗略估计应当有180万字以上。而他在正式动笔撰写正文之前，先又必须对这大量的原始资料，进行精心核实，从而去伪存真，去粗取精，才能运用到具体的撰写之中。由于陈寿已经在首都洛阳长时间定居，并在这里建立起一定的人脉关系，所以有关曹魏的原始资料中，如果出现需要找人核实的疑难问题，在洛阳就比较容易找到合适的咨询人选。

二是初稿的质量更容易得到反馈。《魏书》记载了曹魏一朝的历史，而洛阳是曹魏的首都。现今在洛阳的西晋官员中，有不少人过去都曾在曹魏担任过官职。因此，《魏书》初稿如果能在洛阳撰写完成，就很容易在本地交给各界人士传观评论，从而获得中肯的意见，以便进一步地修改提高。

三是竞争的高下也更容易得到评判。为何这样说呢？原来，就在他决心动笔撰写《魏书》初稿之前，早已有人在洛阳写出了有关曹魏的史书，而且作品还不止一部。因此，陈寿再想要撰写，实际上就是要投入一场作品之间的竞争之中。

第一名竞争者，是政坛大人物王沈，他参加竞争的作品是《魏书》。

王沈，字处道，并州太原郡晋阳县（今山西省太原市南）人氏。他出自东汉的官宦之家，在曹魏后期进入了官场，最早是在大将军曹爽手下担任下属，与前面提到的荀勖情况类似。曹爽是曹魏宗族大将曹真的长子，魏明帝临终前，安排曹爽与司马懿为辅政大臣，共同辅佐未成年的魏少帝曹芳。此后司马懿发动"高平陵事变"，诛杀了曹爽及其支持者，从此朝廷大权落入司马氏之手。在这场重大政治斗争中，王沈先是因为此前属于曹爽下属而被削职罢官。但他与荀勖一样，迅速改变政治立场，变成司马氏集团的积极支持者。司马炎建立西晋之后，王沈成为开国元勋之一，显耀一时。

王沈又有出色的文才，所以他当初在魏少帝曹髦之时，不仅出任少年皇帝的侍从官员，同时还主管著作省的公务。曹魏的著作省是西晋著作省的前身，承担撰写国史的任务。根据唐代刘知几《史通》一书的记载，曹魏的文帝、明帝两朝，都曾下令朝臣编撰本朝的纪传体史书，但是经年累月都没有什么成就。此后朝廷又调集一大批臣僚，包括王沈在内，组成庞大写作班子来撰写国史。俗话说，一个和尚挑水吃，两个和尚抬水吃，和尚多了没水吃。人多了，往往心就不齐，这个写作班子依然没有能够完成任务。最后是王沈独自承包，一个人挑水吃，结果进展很快，不久就在此前的基础上写成了全稿，也就是《魏书》四十四卷。该书完成的具体时间，按照《晋书·王沈传》的叙述，是在魏少帝曹髦在位时期。这时的蜀汉还没有灭亡，正是宦官黄皓开始专政，而陈寿与之进行尖锐斗争的时候。

第二名竞争者叫作鱼豢，他参加竞争的作品是《魏略》，又称为《典略》。

鱼豢其人，根据刘知几《史通·外篇》和《隋书·经籍志二》的记载，他是曹魏京兆郡（治所在今陕西省西安市）人氏，曾任郎中的官职，属于皇宫殿堂各处的侍卫之一。他的《魏略》叙述曹魏史事，只到魏明帝曹叡时期为止。与王沈带有官修余味的《魏书》不同，鱼豢的《魏略》纯属私人著述，而与陈寿的《魏书》部分相同。

鱼豢的《魏略》，《隋书·经籍志二》记载为《典略》，卷数为八十九卷。而《旧唐书·经籍志上》的记载是《魏略》三十八卷，《典略》五十卷，两者相加为八十八卷，与《隋书》记载的卷数基本符合。可见此书原来叫作《典略》，后来一分为二，变成了《典略》和《魏略》。实际上，早在南朝刘宋时期，裴松之注释《三国志》的时候，就已经分成《典略》和《魏略》。不过，原书虽然一分为二，两者的性质却完全相同，都是属于曹魏时期就已出现的史书。

对于陈寿而言，以上两名竞争者的作品都有一定的水准，但也有各自的弱点和缺陷。陈寿对其进行深入研读之后，确信自己完全有能力超过两者。于是，他以更加坚定的努力，对自己的作品进行了周密设计和精心撰写。那么他能够在竞争中获取胜利吗？

陈寿在《魏书》部分初稿完成后，先后将其送给多位具有评判能力的知名人士，请他们进行评阅，不吝赐教。首先采取实际行动来给出评判的，是与司马氏有姻亲关系的文化名流夏侯湛。

夏侯湛，字孝若，豫州谯郡谯县（今安徽省亳州市）人氏，乃是曹魏大将夏侯渊的曾孙。其祖父夏侯威、父亲夏侯庄，都曾担任曹魏的地方长官，夏侯庄还是司马师妻子羊氏的姐夫，所以夏侯湛还应当叫司马师为姨父。夏侯湛本人自幼就文才出众，这时正在中书省担任掌管皇帝文诰草拟的中书侍郎。他的外貌非常俊美，又与当时另一位著名美男子潘岳，关系非常之友善。两人经常一同乘车出游，京城洛阳的人士将他们赞美为"连璧"，即珠联璧合的两位大帅哥。他所撰写的文学名篇《东方朔画赞》，被南朝萧统收入《昭明文选》之中。夏侯湛对于陈寿书稿的反应，《晋书·陈寿传》有如下记载：

夏侯湛时著《魏书》，见寿所作，便坏己书而罢。

意思是说，夏侯湛本人当时也正在动手撰写《魏书》，已经进入了写作程序，但是看了陈寿的《魏书》初稿之后深深佩服，自叹不如，于是动手把自己写的文稿销毁，从此放弃了《魏书》的写作。

夏侯湛的举动，堪称此时无声胜有声，当然是一种极高的赞美了。他用实际行动来作出评价，认为陈寿的书稿质量超过了他人。为何这样说呢？

既然夏侯湛文才出众，现今又正在朝廷的中书省任职，那么他在动手撰写自己的《魏书》之前，当然会对已经问世流行的王沈《魏书》和鱼豢《魏略》，进行一番深入细致的了解，确认自己将来的作品完全能够超越两者之后，才会开始动笔，以免劳而无功，贻笑大方，对不对？他没有被王沈和鱼豢的作品吓倒，却在陈寿的作品面前断然停下了脚步，这就清楚证明：在他的心目之中，陈寿的作品明显胜过了王沈和鱼豢的作品，是这场竞争中的胜利者，对不对？

其次给出评价的，就是长期扶持陈寿的张华。此时的张华，虽然处于核心政治圈之外的边缘化状态，但是扶持后进的热情依旧保持不减。根据《晋书·陈寿传》记载，张华看了陈寿的书稿，仅仅只说了一句颇具深意的简短评语："当以《晋书》相付耳！"说是真应当把编撰本朝历史《晋书》的重大任务交付给你呀！

要知道，当时西晋的学术文化界，杰出的史学人才并非只有陈寿一人。然而张华看了陈寿的《魏书》之后，偏偏就认为只有陈寿才是编撰《晋书》的最佳人选，这就相当于对陈寿作品的质量，间接地作出了胜过他人作品的评价。如果说夏侯湛的评语可以用"此时无声胜有声"来形容的话，那么张华的评语，就可以用"一句顶一万句"来形容了。

还有给出评价的，是当时对陈寿和王沈两人作品进行了具体比较之后的社会公众。《晋书·王沈传》对此有如下明确记载：

> 正元中，迁散骑常侍、侍中，典著作。与荀𫖮、阮籍共撰《魏书》，多为时讳，未若陈寿之实录也。

意思是说，魏少帝曹髦在位的正元年间，王沈先后升任散骑常侍、侍中，是皇帝身边的侍从长官，并且在担任侍中的时候，兼管著作省撰写国史的职责。他与荀𫖮、阮籍共同撰写的《魏书》，其中有多处地方对当时敏感的史事采取了避讳而不记载的做法，这就不如陈寿的《魏书》部分那样能够如实加以记录了。

以上史文，见于现今流行的《晋书》。而现今流行的《晋书》，编撰于唐代。在此之前，曾经有多家《晋书》存在。唐代所编的《晋书》，主要史料来自于南朝萧齐时期史学家臧荣绪的《晋书》。那么对于王沈所著《魏书》的评价，是不是还有其他的记载呢？答案是有的。

北宋大型类书《太平御览》卷二百三十三，引录了东晋史学家王隐的《晋书·王沈传》，其中就有如下记载："王沈为秘书监，著《魏书》，多为时讳，而善叙事。"说是王沈在曹魏时担任秘书监，他在这时编著了《魏书》，其中有多处地方对当时敏感的史事采取了避讳而不记载的做法，而优点在于善于叙述史事。不难看出，在"多为时讳"的问题上，东晋王隐也有同样的评价，而且记录的时间比南朝萧齐的臧荣绪更早。

由此可见，这一评价在记载上的时间顺序应当是这样：公众认为陈寿的《魏书》部分，在如实记录史事上要胜过王沈的《魏书》的评价，最先是由东晋王隐《晋书》正式记录下来，以后南朝臧荣绪的《晋书》，唐代编撰的《晋书》，也都一致认同而加以转载，因而更加具有广泛性。

总之，陈寿在这场作品的公开竞争之中，明显后来居上。

但是，这场竞争的有趣故事还没有结束。因为"多为时讳"四个字，仅仅是高度概括的抽象性表述，还缺乏具体事实作为证据来加以说明。而这一问题，又关系到我们对陈寿《魏书》得出深刻而具体的认识，所以有必要来进行一番探究，以求破解如下两个谜团：

第一个谜团，王沈《魏书》为何会"多为时讳"？

根本原因在于王沈特殊的个人经历。他动笔撰写《魏书》，是在曹魏的后期。这时接连出现三个少年皇帝，中央皇权衰弱不振，司马氏家族趁机大肆扩张势力，为西晋皇朝取代曹魏奠定基础。王沈最初在政治上站错了队，此后赶忙改弦更张，投入司马氏怀抱。司马氏势力在曹魏后期的所作所为，如果以正统儒家伦理价值观念来衡量，属于不折不扣的以臣代君，甚至是以臣弑君，完全践踏了臣僚应当忠于君主的原则红线。因此，对于司马氏在曹魏后期的所作所为如何进行历史记载，就成为王沈《魏书》撰写中最现实和最敏感的"时讳"。由于王沈已经成为司马氏集团的重要成员，假如他要对历史事件如实记录，那就不仅会得罪掌权的司马氏，而且也会使自己的政治形象变得非常难看。在现实利害的权衡之下，他就对敏感内容全都采取回避不写的手段。实际上，王沈之所以在最后，独自一人也要把撰写《魏书》的事情承包下来，将其编撰完成，其深层次的意图，就是要把历史的书写权掌控在自己的手中，免得他人的史笔把自己钉在历史的耻辱柱上。

第二个谜团，王沈《魏书》的"多为时讳"，又有何典型的事实证据？

最为典型的事实证据，就是书中对曹魏最后两名小皇帝的敏感史事记载，全都出现了空白。

回顾王沈对司马氏集团做出的突出贡献，主要有两点：

一是在魏少帝曹髦亲自统率禁卫军出宫，前去突袭司马昭之际，他抢先跑去给司马昭报信，使司马昭得以及时作出防备和反击，把曹髦活活杀死在皇宫的云龙门前；

二是策划和迫使最后一名小皇帝曹奂把天下"禅让"给司马昭的儿子司马炎，从而建立起西晋皇朝。

一个小皇帝丢掉了性命，另一个小皇帝丢掉了帝位，这当中都有王沈积极行动的身影，也都是他在《魏书》中必须避开的一段历史。证据在哪里呢？现今不是流行大数据吗？就来看看《三国志》裴松之注释中的数据吧。

王沈的《魏书》现已不存，而是散见于其他典籍的引录。南朝刘宋时期的裴松之，在注释陈寿《三国志》时，把当时他所能够见到的三国史料，几乎全都搜集齐全，并且引录到陈寿的正文当中。据笔者统计，在曹魏部分的正文中，引录数量最多的史书之一，就有王沈的《魏书》，共有165条。而在曹魏的皇帝本纪部分，记述曹操的卷一《武帝纪》，引录数量多达37条；记述曹丕的卷二《文帝纪》，引录数量也有25条；记述曹叡的卷三《明帝纪》，引录数量则有11条；以上三卷引录的数量，全部都在两位数以上。但是，形成鲜明对比的是，记述三名小皇帝的卷四《三少帝纪》，引录数量仅仅只有个位数的寥寥2条；而且这2条，还都是第一名小皇帝曹芳在位的史事，此时的王沈，还属于曹爽集团的成员，还没有改变政治立场站到司马氏这一边。

也就是说，自从王沈在曹髦时期投身到司马氏门下之后，他的《魏书》就对第二、第三名小皇帝即曹髦和曹奂，尽力减少了史事的记录，以至于搜罗史料务求齐备，如同竭泽而渔的裴松之，也找不到哪怕一条有用的史料，只能在这两名小皇帝的正文中，让王沈的《魏书》出现空白了。可是，一旦接下来进入记述曹魏后妃的卷五《后妃传》，王沈《魏书》的引录数量，马上又上升到了两位数的12条。

以上数据清楚地证明：王沈《魏书》对于魏少帝曹髦、曹奂在位的敏感史事，确实是"惜墨如金"，能不写就不写，能少写就少写，弄得擅长搜集史料的裴松之也拿他没有办法。因此，社会公众说他的《魏书》"多为时讳"，确确实实没有冤枉他。

说了王沈的"多为时讳"，再来对比陈寿的如实记录。在曹魏后期两名小皇帝在位之时，曹髦惨遭杀害的"云龙门事变"，算是其中最为敏感的历史公案了。这一公案有两点最为关键的客观事实：第一点是曹髦当皇帝时的具体表现，第二点是他被杀死的具体过程。前者关系到他该不该死，后者关系到他被谁杀死。那么陈寿《魏书·三少帝纪》中关于曹髦的部分，对这两点有没有做到如实记载呢？

对于第一点，陈寿不仅做到了如实记载，而且还使用了不少的篇幅。他记载曹髦继承帝位之后，在政治上发布了有利于民众的多种措施，包括减少自己的衣服数量，节省宫廷后妃的用费，停止制造皇家奢靡用品等；又详细记载了曹髦在文化上的勤奋学习，如何重视教育亲临太学，与儒学教官们深入讨论《周易》《尚书》《礼记》等儒家经典，询问了种种深奥的问题，提出了自己的个人见解等；又如何亲临皇家礼仪和教育的专用建筑即辟雍，与朝廷群臣当场赋诗，并且勉励大家认真学习经典等。值得注意的是，陈寿笔下记载的曹髦的具体表现，全部都属于正面性质，没有任何负面的成分。看了之后会令人觉得，这是一位表现相当不错的年轻皇帝，他是不该被杀死的。

对于第二点，陈寿自己以第一人称作出的记载相当简略，只有"五月己丑，高贵乡公卒，年二十"这12个字，却已经明确记载了曹髦突然死亡的准确时间和具体事实。史文中的"五月己丑"，是甘露五年（260年）的旧历五月初七；"高贵乡公"是指曹髦，曹髦被杀，陈寿不便再称他为帝，只好称他原来的封爵即"高贵乡公"；曹髦的死亡也不好称为"崩"，只好表述为低一等的"卒"。但是，紧接下来，陈寿又引用了当时皇太后郭氏下达的令书原文，对曹髦死亡的全过程进行了间接性的记载。令书是以皇太后的口吻，陈述了如下五层意思：

其一，曹髦登上帝位之后，表现极其恶劣，自己经过深思之后决心要将其废黜；

其二，曹髦得知将被废黜，就想起兵杀害皇太后，还要杀害执政的大将军司马昭；

其三，幸好曹髦身边的侍从官员王沈、王业，赶忙跑去报告司马昭，司马昭才得以出动军队赶往皇宫，进行阻止和防备；

其四，曹髦亲自率领身边将士杀出皇宫的云龙门，结果在双方的交锋中当场被杀死；

其五，既然曹髦的表现是如此悖逆不道，我决定采用平民的规格将他安葬，还要向朝廷内外公布他的恶劣行为。

不难看出，皇太后郭氏的这道令书，实际上是司马昭授意下属的笔杆子，以皇太后的口吻写出来的，目的是要替司马昭"甩锅"，把责任都推到曹髦的身上，从而为司马昭开脱罪责。但是，令书中第三层和第四层的内容，却能够对曹髦被杀的具体过程，起到基本如实记载的重要作用。也就是说，陈寿实际上是采用了转述皇太后令书原文的巧妙方式，来如实记载曹髦被杀的具体过程。方式如何并不重要，只要能够达到如实记载曹髦被杀具体过程的效果就行了，对不对？那么效果究竟如何呢？请看以上两层内容的令书原文：

  吾语大将军："不可不废之！"前后数十。此儿具闻，自知罪重，便图为弑逆。……事已觉露，直欲因际会举兵入西宫杀吾，出取大将军。呼侍中王沈、散骑常侍王业、尚书王经，出怀中黄素诏示之，言"今日便当施行"。吾之危殆，过于累卵！吾老寡，岂复多惜余命邪？但伤先帝遗意不遂，社稷颠覆为痛耳！赖宗庙之灵，沈、业即驰语大将军，得先严警。而此儿便将左右出云龙门，擂战鼓，躬自拔刃，与左右杂卫共入兵阵间，为前锋所害。此儿既行悖逆不道，而又自陷大祸，重令吾悼心不可言！

史文所说的"黄素"，是指黄色的细绢。当时皇帝的亲笔手诏常用黄素来书写。而官府重要文书或用黄纸。所谓"严警"，是指召集军队进行防备。"云龙门"，是皇宫大门的名称。曹魏洛阳的皇宫，分为南宫和北宫两大部分，云龙门是南宫的东面正门。这段史文的白话翻译如下：

  我此前就告诉过大将军："不能不废黜这个小子！"前后说了不止几十次。这个小子得知消息后，自己知道罪孽深重，竟然打算杀死我。……事情败露，又想直接找机会举兵冲进西宫来杀我，然后再出宫进攻大将军。这个小子召来侍中王沈、散骑常侍王业、尚书王经，从怀中取出自己在黄色细绢上写的诏书，展示给这三个人看，说是'我今天现在就要付诸行动'。这时我处境的危险，比起摞高的鸡蛋还要严重！我一个老寡妇，未必然还吝惜自己残余的生命吗？只是悲伤先帝的遗愿不能实现，为天下将要颠覆而痛心罢了！幸好依赖祖宗的神灵保佑，王沈、王业立刻跑去向大将军报告，使之得以预先召集军队做好防备。而这个小子竟然带领左右冲出皇宫东面的云龙门，擂响战鼓，亲自拔出佩剑，与左右各种卫士冲进军队的交锋阵势当中,结果被前锋分队当场杀死。这个小子的行为既属于忤逆不孝,而又自陷大祸,使我加倍伤心而说不出话来。

如果拨开皇太后令书中那些强加在曹髦身上的罪状迷雾,这名20岁的皇帝被杀的具体过程,就会显露出比较完整的六点关键性具体事实来:

第一点,曹髦决定召集身边的宫廷禁卫军侍卫将士,想要杀出皇宫,前去进攻大将军司马昭;

第二点,曹髦出发前,召来侍从官员王沈、王业、王经,从怀中拿出自己亲自写在黄色细绢上的诏书,向大家展示后下令说,"我今天现在就要付诸行动";

第三点,王沈、王业立刻迅速跑出皇宫,前去向司马昭报告,司马昭得以迅速召集军队,前往皇宫进行防备和阻止;

第四点,曹髦带领身边侍卫将士冲出皇宫的云龙门,正好与门外司马昭派来的军队正面相遇;

第五点,曹髦下令擂响战鼓,亲自挥动佩剑,带领侍卫将士向对方发起冲锋,结果被对方军队的前锋部队当场杀死;

第六点,曹髦的遗体,最后仅仅以平民百姓的礼仪规格,草草进行了安葬了事。

以上六点关键性具体事实,就把整个"云龙门事变"的全貌,基本呈现在后世读者的面前。或许有人会问了:陈寿直接就把这六点事实记载出来,不是更加清晰省事吗,干吗还要不嫌麻烦,通过皇太后的令书来转述呢?

我的回答是,如果陈寿真是那样做的话,那就会连命都保不住了!要知道,他的《魏书》部分初稿,是在西晋武帝司马炎还在世时完成的,而司马昭就是司马炎的老爸。陈寿直接这样写,相当于你本人认为司马昭就是杀死皇帝的第一凶手,司马炎不迅速处死你才是怪事。采用皇太后的令书来转述,情况就有所不同了。令书是皇太后向天下臣民公开发布的,要说定性也是她老人家自己定的;何况令书中还列举了种种曹髦该死的"罪状"。这一切都与陈寿没有关系,所以相对要安全一点。但是说老实话,就是采取这种转述的方式,也都存在一定的风险,万一晋武帝龙心不悦,随便找点另外的什么理由,都能让你陈寿从人间消失。陈寿甘愿冒着风险也要这样记载，这正是他具有"史德"的充分表现，难怪当时社会公众要给予他"实录"的赞美性评价了。

事实上，包括《魏书》在内的陈寿《三国志》全书，还在后世上千年的竞争之中，最后成为胜利者。因为王沈的《魏书》也好，鱼豢的《魏略》也好，到了宋代以后完整的版本就已经先后散亡不存。唯有陈寿的《三国志》，至今依然流传不衰，光耀人间。

当然，古语说得好："人心不同，各如其面。"陈寿《魏书》部分的初稿问世后，负面的评价也还是有的。当时发出负面评价者是谁？就是曾经打击过陈寿的荀勖。《华阳国志·陈寿传》就说，陈寿的《魏书》初稿"有失勖意"，即不符合荀勖的心意。什么方面或者哪些表述不符合荀勖的心意呢？史书中没有明确交代。但是从此前他对张华以及陈寿所持的敌意态度来看，即便从道理上说挑不出你书稿中的硬性毛病，而从情感上说他也不会给你任何好评和点赞的。

关于陈寿完成《魏书》初稿的具体时间，史书上没有明确的记载。但是，从此处"有失勖意"的记载中也可作出判断。

根据《晋书》中的《武帝纪》和《荀勖传》记载，荀勖死于太康十年（289年）的十一月。在他死之前，他长期担任中书省长官即中书监，后来被调离具有决策大权的中书省，前往实权较轻的尚书省去担任代理长官即尚书令。他深感失落，别人祝贺他就任新职，他当场就抱怨说："夺我凤凰池，诸君贺我邪！"所谓"凤凰池"，是指当时朝廷最有权势的中书省。把我的凤凰池都夺走了，诸位还祝贺我干吗！不久之后，他就郁郁而终。荀勖被调离中书省，清代学者万斯同《晋将相大臣年表》确定在太康八年（287年）。有了这个时间点，就可判断出陈寿完成《魏书》初稿的时间了。为什么呢？因为荀勖对陈寿的《魏书》初稿不满意，那就证明荀勖此时还坐在中书省长官即中书监的位置上，现今依然管辖着负责国史编撰的著作省。在这种情况下，荀勖对陈寿的史学著作进行审读评判，并说出"我不满意"的话来，他完全具有这样的职权和底气。一旦他被夺去中书省的凤凰池，他自己都陷入了深度失落当中，哪还有心情来对陈寿的书稿表示不满意啊？由此可以看出，陈寿《魏书》初稿的完成，应当是在太康八年（287年），荀勖尚未离开中书省的时候。

对于荀勖的不满意，陈寿根本无所谓，只要得到其他有识之士的好评，那就足够了。于是，在开始对初稿进行认真修改润色的同时，他又加快了蜀汉和孙吴部分的初稿写作。也幸好他打从当初刚刚一开始，就抓紧时间奋笔不辍，因为现今老天爷给他留下的时间，实在是不多了。

为何这样说呢？一是因为他本人的年龄，即将达到60岁的花甲之年；二是因为他所在的西晋皇朝，也即将进入动荡分裂的可怕时期。

太熙元年（290年）四月，晋武帝司马炎死亡，终年55岁。司马炎30岁代魏建立西晋皇朝，45岁攻灭孙吴完成天下一统，算是在前半生有所建树的皇帝。但是他在临终之时，对后事的考虑却是私字当头，毫无远虑，结果留下了一笔隐藏巨大危机的政治资产，可以用三个"低"来形容：

一个低智商的继位皇帝——继位的32岁皇太子司马衷，即晋惠帝。前面已经说过，其实当时最佳的继位人选，乃是晋武帝的胞弟司马攸。司马攸德才兼备，素有声望，体气康强，完全能够承担君临天下的巨大责任，所以得到了张华的坚定支持和努力推荐。但是晋武帝不愿自身的帝系传承就此中断，坚持要选自己的儿子司马衷，张华也因此失去了晋武帝的信任。司马衷的智商明显低下，难以掌控至高至大的皇权。在位的皇帝是如此糟糕的角色，觊觎最高权力者不断出现并且相互激烈争夺，那就无可避免。

一个低能力的辅政大臣——为了给宝贝儿子保驾护航，晋武帝挑选了第二个杨皇后即杨芷的父亲杨骏，来充当晋惠帝的辅政大臣。杨芷是司马衷生母杨艳的堂妹，所以司马衷应该叫她堂姨。第一个杨皇后杨艳临死前，请求晋武帝娶自己这位堂妹，于是杨家又出了第二个皇后。杨骏字文长，虽然出自两汉以来第一等的世家大族弘农杨氏，本人却是能力低而野心大的角色。他掌控朝政之后，立即拉帮结派，刚愎自用，结果迅速招致杀身之祸。

一群低素养的宗室诸王——晋武帝有鉴于曹魏严厉控制宗室诸王介入军政权力，造成曹魏后期三个少年皇帝严重孤立，因而将政权拱手让给他人的惨痛结局，于是采取完全相反的政治举措：在大量封拜宗室诸王的同时，还让他们深度介入军政两方面的大权，以求建立起坚强的宗室长城来拱卫皇帝。殊不知宗室诸王掌控了军政大权，特别是强劲的武装力量之后，反而开始对中央的皇帝权位产生了觊觎之心。由于司马氏是一个人数众多的大宗族，比如司马懿就有8个兄弟，所以产生的野心家数量上还不少。相互争夺的结果，就形成了历史上著名的"八王之乱"，即八个宗室亲王打群架而造成的祸乱。东汉末年群雄争夺的局面，再度以另一种方式重复性上演了。

大体说来，晋惠帝司马衷在位的16年，前半期的10年间，虽然血腥的争权夺利事件不时出现，但是规模和范围都比较有限，再加上有明智大臣如张华等人的全力支撑，所以整体的社会政治局面还能保持最起码的安稳状态。但是到了后半期的6年间，局势急剧恶化，宗室诸王之间的大规模武装冲突接连不断，西晋皇朝也进一步陷入更加严重的大分裂大战乱，即所谓的"永嘉之乱"中。

本书的主人公陈寿，幸好在晋惠帝前半期最起码的安稳状态中，抓紧时间完成了他的不朽之作《三国志》，并在全书完成之后满意地离开人间。否则的话，他的《三国志》就很可能半途而废了。

介绍了陈寿晚年所处的社会政治背景，再来说他晚年的具体生涯。

永熙元年（290年）四月晋惠帝继承帝位，由太傅杨骏总揽朝政。当年八月，晋惠帝立13岁的儿子司马遹为皇太子，挑选具有品德和名望的大臣为太子的指导老师，包括张华在内的六位大臣入选。张华的仕途出现转机，将对此后陈寿的仕途产生有利的影响。

永平元年（291年）三月，比晋惠帝大两岁的皇后贾南风，暗中联络楚王司马玮等，出动宫廷禁卫军，铲除了杨骏势力，改变年号为"元康"，以汝南王司马亮为太宰，与太保卫瓘共同辅政。当年六月，贾皇后又指使楚王司马玮诛杀了执政的太宰司马亮、太保卫瓘，京城秩序出现动荡惊扰。贾皇后被迫采纳张华的计谋，又诛杀了楚王司马玮，京城局势这才恢复安定。于是朝廷重用张华，提升他为侍中、中书监，不仅担任晋惠帝的侍从长官，而且掌管中书省草拟皇帝诏令的职责，拥有了参与决策权。从这时开始，皇朝的政局恢复了最起码的安稳状态。

元康六年（296年）正月，张华升任司空，成为"三公"之一。三公是太尉、司徒、司空的合称，朝廷名义上的执政大臣，地位很高。大约在张华被提升的前后，陈寿再度进入政坛，担任了太子中庶子一职，成为皇太子的侍从官员之一。这一职务能够领取固定的俸禄，对于长期在家埋头著书没有固定收入，因而生活相当窘困的陈寿而言，无疑如同久旱逢甘霖一般及时。这一职务又还没有繁重的公务，空闲时间很多，所以对于陈寿的著述也没有太大的影响和干扰。陈寿能够得到这样有利于《三国志》著述的官职，应当是有张华在暗中的大力帮助。于是乎，陈寿编撰《三国志》的进程，就更加快速和顺利了。

西晋惠帝元康七年（297年），完成了《三国志》编撰的天才史学家陈寿，因病在京城洛阳瞑目长逝，终年65岁，与他的故主刘禅死亡时的年龄相同。君臣二人都到洛阳当"北漂"，死亡年龄也相同，算是有点儿缘分了。

陈寿的遗体安葬在何处，史书中并无确切的记载。不过按照常理，他也应当像他的继母那样，就地在洛阳安葬，陪伴在继母身边继续尽孝。不过据《宋会要辑稿》记载，在他的家乡果州南充县，即今四川省南充市，北宋之前就出现了祭祀他的祠庙，成为一方名胜。他的英灵就以这样的方式，终于回到了故乡的巴山蜀水之间。

根据《晋书·陈寿传》记载，陈寿病逝之后，当时兼任梁州大中正的尚书郎范頵等人，联名向晋惠帝呈上表章，说陈寿所著的《三国志》，"辞多劝诫，明乎得失，有益风化……愿垂采录"。是说该书的文辞中有很多劝诫人们的有益内容，又还阐明了治国理政的得失经验，对于改善风俗教化非常有益，但愿陛下能够施恩加以采集和收录。于是晋惠帝专门颁布诏令，下达给京城洛阳的郡、县两级地方行政长官，也就是河南尹、洛阳县令，要求派出专人携带纸笔，前往陈寿的家中，将其《三国志》原稿的全文完整抄写下来，放到皇家的图书档案馆中妥善保存。这一官方的全书正式抄本，就是流传至今的《三国志》最早传世版本。

笔者的恩师缪钺先生，曾在《书品》1991年第2期发表《〈三国志〉传抄本的"祖本"》一文，认为西晋官方的这一抄本，应当是后世传抄本的"祖本"。文中还引用了唐代类书《北堂书钞》卷一百四引录的王隐《晋书》史文：

> 陈寿卒，诏河南尹华澹，下洛阳令张泓，遣吏赍纸笔，就寿门下写取《三国志》。

先生认为，此段史文说明，当时晋惠帝的诏令是下达给河南尹的行政长官华澹，而华澹又命令下属洛阳县的行政长官张泓，派遣吏员携带纸笔，前往陈寿在洛阳的家中具体承办此事。

为何联名向晋惠帝呈上表章的领头人，会是兼任梁州大中正的范頵呢？

原来，此时西晋皇朝已将原来蜀汉益州的北部分出来新设立了梁州，陈寿家乡所在的巴西郡安汉县，就被划分在梁州的范围。而一个州的中正，习称为"大中正"，负责推荐本州的人才和相关情况。陈寿的史学成果《三国志》，就属于范頵向朝廷报告的内容范围。关于当时中正制度的详细内容，前面已有详细介绍，读者可以参看。笔者认为，为一本史书的原稿而向皇帝呈送表章，皇帝又专门就一本史书原稿的抄录而向地方行政长官下达诏令，这都属于难得一见的大好事，也是王沈《魏书》和鱼豢《魏略》未能享受到的特殊待遇。因此，这两件事的背后，都应当有非常赏识陈寿其人、其书的张华在进行有力的推动。另外，范頵等人上表中所说的"辞多劝诫，明乎得失，有益风化"，实际上也是当时社会的主流性正面评价，而且得到了西晋皇帝具有最高权威性的正式认可。这也最终证明，陈寿的《三国志》，在与王沈《魏书》、鱼豢《魏略》的激烈竞争中，完全取得了胜利。

总之，张华、范頵、华澹、张泓，还有耗费了大量时间和精力认真抄写《三国志》全稿的无名吏员，都是对陈寿《三国志》得以流传后世做出了贡献的人士，值得在此对其加以叙述，从而表达敬意。至于晋惠帝司马衷，能够以皇帝的名义下达诏令批准此事，无论如何也应当受到正面的肯定，也该视为陈寿《三国志》的特殊贵人。

但是非常可惜，在陈寿去世三年后的永康元年（300年）四月，梁王司马肜、赵王司马伦联合起兵争夺权力，废黜贾皇后。陈寿的恩人司空张华，也在此次政变中惨遭杀害，终年69岁。他的年龄只比陈寿大1岁，两人虽是上下级关系，但是实际情谊却如同兄弟，实在是难得！

陈寿的专著还有《古国志》五十篇、《益部耆旧传》十篇，两者均未完整流传至今，也是一件令人遗憾的事。这正是：

曲折人生虽有憾，修成青史亦欣然。

要想知道陈寿《三国志》的全书具有怎样的风貌，其体裁和性质如何，在布局上又划分了多少部分和卷数，写了哪些各具特性的人物群体，请看下文分解。

第十二章

全书概貌

上面已经叙述了陈寿的一生。从本章开始，要介绍陈寿的《三国志》一书。本章先来展示全书的概貌，重点有二：一是在体裁上的锐意创新，二是在内容上的精心布局。

完整的三国历史时期，包含了两大阶段，即酝酿阶段和正式阶段。酝酿阶段是从东汉灵帝中平元年（184年）黄巾军在全国大规模武装起事，朝廷动员各地军队进行镇压，因而造成群雄割据的分裂状态开始；而正式阶段则是从黄初元年（220年）魏文帝曹丕代汉称帝宣布建立曹魏皇朝开始，直到西晋武帝太康元年（280年），三国当中最后的孙吴政权被灭亡，天下重新统一为止。陈寿《三国志》的正文，共计六十五卷，总计36万多字，记载了三国时期上述两个阶段将近一百年的历史，是现存最早完整记载三国历史的纪传体正史，也是现今研究和了解三国历史文化最为基本的首选史书。

陈寿此书的正式名称是《三国志》。古汉语中的"志"是一个多义词，在此处的准确含义是文字记录。所以《三国志》的意思，就是对三国时期曹魏、蜀汉、孙吴三个国家历史的文字记录。

在现今流传的《三国志》版本中，全书分成三大部分，记载上述三个国家的历史，分别叫作《魏书》《蜀书》和《吴书》。但是，这里有两点值得提出来说一说。

首先，这三大部分的名称，最早应当是称为"某志"，而不是称为"某书"，因而才会有《三国志》的得名，否则就该称为《三国书》了。之所以用"志"来命名，也是为了避免与此前他人已经撰写完成问世的著作相混淆。例如曹魏部分称为"魏志"，而不称"魏书"，这是为了避免与当时王沈撰写的《魏书》相混淆；孙吴部分称为"吴志"，而不称"吴书"，这是为了避免与当时韦曜撰写的《吴书》相混淆。这种情况，在南朝梁代刘孝标对《世说新语》一书的注释中，就会看得很清楚：他所引录的陈寿《三国志》文字，全部都使用《魏志》《蜀志》《吴志》的名称。到了后世，在王沈《魏书》、韦曜《吴书》的完整著作已经亡佚失传，而陈寿《三国志》却非常流行的情况下，人们也开始对《三国志》的三大部分，使用了"某书"的名称。所以现今我们所看到的《三国志》版本，三个部分就叫作《魏书》《蜀书》和《吴书》了。

其次，关于当时三个国家准确的正式国名，应当是魏、汉、吴，而不是常说的魏、蜀、吴。刘备和诸葛亮所建立的政权，为了表明自身是继承两汉皇朝的"汉室正统"，所以正式国名依然沿袭两汉的"汉"，这从陈寿《三国志》相关部分的记载中可以清晰地看出来。比如，诸葛亮派遣外交特使陈震前往孙吴，两国订立战略伙伴性质的盟约，结盟的正式文件中就有如下文句："自今日汉、吴既盟之后，戮力一心，同讨魏贼：若有害汉，则吴伐之；若有害吴，则汉伐之。"详见卷四十七《吴主传》黄龙元年。不言而喻，国家之间结盟文件的正式文本，当然是最具权威性的证据。但是，陈寿的《三国志》完成于西晋时期，此时他如果继续使用"汉"这个国号来称呼蜀汉的话，不仅会与此前两汉时期的汉朝相混淆，而且更重要的是，会使西晋皇朝当局产生严重误解，以为他是有意在抬高自己故国的政治地位，这样一来，陈寿就会有麻烦了。因此，他就只好改用"蜀"来称呼之。后世沿袭他的说法，但又加上了"汉"，从而形成了"蜀汉"这一通用性的称呼。但是通用性称呼，却并非正式的国号。而陈寿称之为"蜀"，也并非是对故国的有意贬低。

《三国志》的体裁，属于纪传体的正史，更是一部具有锐意创新特色的纪传体正史，这一点非常值得详加介绍。在介绍《三国志》的创新特色之前，需要先了解一些有关"正史"的文化知识。

所谓"正史"，意思是体裁符合正式规范的史书。这一词汇早在南朝时期就开始出现，比如萧梁时的学者阮孝绪著有《正史削繁》一书。但是，把纪传体史书正式定性为"正史"，在现今依然传世的典籍文献之中，则是从《隋书·经籍志》开始的。

从中国古代文献目录学的角度来看，有两部正史之中保存的古代典籍目录，与我们所讨论的三国历史文化密切相关，因而应当有所了解。在三国之前的古代典籍目录，是《汉书·艺文志》；在三国之后的典籍目录，就是《隋书·经籍志》。如果想知道三国时期的人们有可能阅读到前人遗留下来的哪些典籍文献，可以去查阅前者；如果想知道三国时期的人们自身又编撰完成了哪些典籍文献，则应当去查阅后者。

不过，对于古代典籍的分类，这两者所采用的方法并不相同。前面已经说过，《汉书·艺文志》作为现存最早的古代典籍目录，作者班固采用的是六分法。这可以称为古代典籍分类法的1.0版。

六分法将古代典籍分为六大类，每一大类称为"略"，共有"六艺略""诸子略""诗赋略""兵书略""术数略""方技略"，总计著录迄至西汉为止的传世古代典籍596种。由于这时的史学典籍在数量上还不多，所以被分在"六艺略"中的《春秋》一类当中；而《春秋》一类的全部史学典籍，包括司马迁《史记》在内，也仅仅只有23种而已。

但是，到了初唐时期魏徵等人开始编撰《隋书》的时候，情况就大不相同了。经过五百多年的长期积累，中华文化的成果大大丰富，不仅传世古代典籍的总数显著增加，而且史学典籍的数量更是显著增加。《隋书·经籍志》所记录的古代典籍，包括道教、佛教经典在内，总数达到6520种之多。除开道教和佛教经典，余下的经史子集四大部类，典籍总数也还有4191种；被归为"史部"的史学典籍，总计多达817种。其中，就包括了出自三国时期人们之手的多种作品，陈寿的《三国志》也在其中。与《汉书·艺文志》相比，经史子集典籍的总数增长了7倍多，史学典籍的总数更是增长了35倍多。

这种典籍数量急剧增长的态势，就使得《隋书》的编撰者必须要采用另外一种能够与之相适应的新型分类法，即按经史子集四大部类来划分的四分法。四分法是六分法的升级版或增强版，可以称为古代典籍分类法的2.0版。

其实，新型四分法的最早出现，正是在陈寿供职于西晋著作省的那段时期；而且诞生的地点，就在他著作省的上级机构即秘书省之中。

前面已经提到，早在三国时期的曹魏，有感于董卓之乱中皇宫收藏典籍的大量散失毁灭，就开始在全国各地大力搜集典籍文献，收藏到皇宫的秘书省之中，并且委派秘书郎郑默开始编写相应的分类目录，叫作《中经》。西晋代魏之后，随着皇宫秘书省收藏典籍的不断增加，前面已经提到过的荀勖，又以中书监兼任秘书监的身份，领衔在郑默《中经》的基础上，编写出一部新的典籍目录，即《中经新簿》。

这部《中经新簿》，最先采用了四分法来分类：第一类是"甲部"，收入经学的六艺，以及小学（即文字语言学）类的典籍；第二类是"乙部"，收入诸子、兵书、术数类的典籍；第三类是"史部"，收入各种体裁的史学典籍：第四类是"丁部"，收入各种文学作品、图像类古籍，以及从汲郡古墓中发现的竹简文书，当时称为"汲冢书"。

大体说来，此时的四部分类法，其顺序编排是经、子、史、集，还不是我们熟悉的经、史、子、集。此后，南朝的宋、齐、梁各朝，都按此顺序，编写了命名为《四部目录》的传世典籍目录。到了唐代编撰《隋书》时，在其《经籍志》中，又将顺序进行了调整，改为经、史、子、集，从此被后世所袭用，直到如今。而从中华文化史的宏大角度来看，这一顺序的调整，实际上反映了史学典籍在人们心目中地位的上升和提高。由于史学典籍从此开始固定在甲、乙、丙、丁的乙部，所以后来的学者文士，往往又喜欢用"乙部书"的文雅措辞，来代替史学类的典籍。

《隋书·经籍志》中，归入"乙部"的史学典籍，又进一步细分为正史、古史、杂史、霸史、起居注、旧事、职官、仪注、刑法、杂传、地理、谱系、簿录等共计13个小类。每一小类的末尾，编撰者都会撰写一段总结性的"结语"。而赫然列在13个小类之首的，就是所谓的"正史"了。在其结语之中，编撰者叙述了司马迁《史记》、班固《汉书》之后，对于陈寿《三国志》一书，特别作了如下重点介绍：

> 晋时，巴西陈寿删集三国之事，唯魏帝为纪，其功臣及吴、蜀之主，并皆为传，仍各依其国，部类相从，谓之《三国志》。……自是世有著述，皆拟班、马，以为正史，作者尤广。

意思是说，西晋的时候，巴西郡的陈寿删改收集三国的史事，其中只把记载曹魏皇帝的部分称为本纪的"纪",曹魏的功臣和孙吴、蜀汉的君主,其记载都称为"列传"的"传",仍然各自按照其所属国家,分成不同的类别来记述,总称为《三国志》。从此之后,世代都有这种体裁的著述问世,全部模拟班固《汉书》、司马迁《史记》,作为正规体裁的史书,其作者的数量尤其广泛。

这段论述的内容要点,主要有二:第一,陈寿的《三国志》,主体内容为本纪和列传,这是仿照司马迁《史记》、班固《汉书》的体裁来创作的;第二,从陈寿开始,还带动起编撰纪传体史书的风气,从此各个时代都有著述,作者非常广泛,于是形成了"正史"这一类史学典籍的系列。

此处史文说陈寿是此后编撰纪传体史书风气的带动者,这一论断是非常正确的,但是还不够全面。陈寿的《三国志》,虽然是以《史记》和《汉书》作为体裁的榜样,却又有自己的锐意创新。因为《史记》《汉书》,都是以统一的政权作为处理对象。比如《汉书》,属于断代性的纪传体史书,其处理对象只是同一个西汉皇朝政权;又比如《史记》,虽然是通代性的纪传体史书,但在某一个具体时期,其处理对象也只是同一个王朝政权,比如《夏本纪》只处理夏王朝政权,《殷本纪》只处理殷王朝政权,等等。

但是,陈寿《三国志》的处理对象却与两者有明显的不同。由于魏、蜀、吴三国分立,三者都是在同一时期进行活动,所以陈寿必须要在同一个历史时期,分别处理三个不同的政权对象。而且还有一个非常难于处理之处,就是同一个历史事件,经常会有三个政权对象同时参与进去,关系往往非常复杂。比如赤壁之战,三方各自都在进行紧张的活动,相互又发生错综复杂的关系。如何确定这一历史事件的记述顺序,记述内容的详略轻重,记述对象的相互呼应,从而使得文字的表述既非常清晰明白,又还不会在三个政权分别的记载中,在内容上发生重复和雷同,在衔接上出现空白或矛盾,这是非常考验编撰者创新能力高低的关键所在。

陈寿所采取的方法,概括而言就是不同问题不同对待:凡是不同政权各自独有的历史事件,就采用三个国家分别叙述的方式来处理;凡是多方共同参与的同一个历史事件,又采用三个国家共同叙述,但是根据情况各自有所侧重、有所区别,使之能够产生相辅相成效果的方式来处理。这种独特而有效的方法,就成为陈寿在纪传体正史体裁上的最大创新。用三句话来总结就是：陈寿的《三国志》，开创了分国记载同一时期历史的正史新体裁，这就是纪传体的分国记载断代史。

说到这里，有的读者会有疑问了：既然当时不断出现的史书种类如此之多，为何《隋书·经籍志》单单要把纪传体史书认定为"正史"，即体裁符合正式规范的史书呢？

前面已经提到，我国古代出现的史书体裁，最先是编年体，即按照时间先后，依次对历史事件进行记载，相当于大事记录。比如，相传是孔子整理修订的儒家经典《春秋》，就是编年体的史书。这种体裁，实际上是以"事件"为重点，优点在于时间的先后顺序非常清楚，一望而知。不足之处，在于对人物的记述难以充分展开。实际上，"事件"的制造者是"人物"，而"人物"的聚合者是"事件"，两者具有密不可分的关系。打个比方来说，按照时间先后来记录的"事件"，相当于编织历史画卷的经线；而按照生平表现来记录的"人物"，则是编制历史画卷的纬线。编年体史书，侧重运用单一的经线，所以画卷的内容显得不够饱满和丰富，于是后来便有了纪传体史书的出现。

天才的史学家司马迁，在其不朽之作《史记》中，最先开创了纪传体史书的体裁。在纪传体的措辞中，所谓的"纪"是"本纪"的简称，而本纪是历代皇帝的编年大事记录；所谓的"传"，是"列传"的简称，而列传是各类人物的生平表现记录。本纪和列传，是《史记》内容结构中的两种主干部分，此外还有其他部分的设计。单就主干部分的本纪和列传而言，本纪是吸收编年体的优点而来，起到了编织历史画卷的经线作用；而列传是司马迁的创举，起到了编织历史画卷的纬线作用。看了本纪，当时发生的重大事件就清清楚楚；看了列传，参与重大事件的各类人物也就明明白白。如果用现今的话来形容，编年体史书几乎是单一的线性结构，而纪传体史书能形成一幅完整的二维图像。

司马迁的纪传体通史《史记》一问世，就显现出这种创新性体裁的全面优势来；接下来东汉的史学家班固，又运用这种体裁写出了纪传体的断代史《汉书》；本书的主人公陈寿，也运用这种体裁写出了纪传体的分国记载断代史。这三种纪传体的不朽史书形成一个完整的系列之后，就为后世提供了非常成功的典范,非常完整的榜样,于是乎效法的史书纷纷出现,使得纪传体史书变成了史书撰写的主流性体裁。唐代官修的《隋书·经籍志》,就顺应这一客观的情势,将纪传体史书正式定性为"正史",即体裁符合正式规范的史书。从此"正史"一词,就变成了纪传体史书的代名词了。

现在再来说说《三国志》的性质。古代的史书,性质有官史和私史,或者官修和私撰之分。尽管陈寿在编撰《三国志》时,曾经在西晋专门编撰史书的著作省任过职,然而《三国志》的性质,依然为个人编撰的私史,而非官方出面组织编撰的官史。官修史书的判断标准,主要有四:

一是要具备朝廷官方专门为此下达的文件,特别是皇帝下达的诏书;

二是要具备朝廷官方为此宣布的编撰人选;

三是要具备朝廷官方为此安排的编撰场地;

四是要具备朝廷官方为此提供的编撰经费。

陈寿完全不具备以上四项基本的优越条件,而是纯粹以个人之力包揽了一切,所以他所要克服的困难,自然要比官修大得多。可是他不仅克服了种种困难,而且还取得了很好的效果,得到社会有识之士的普遍赞赏,这就为后来有志于编撰史书的学者,树立了一个非常值得学习的成功榜样。之所以陈寿能够带动起此后纷纷编撰纪传体史书的风气,他在私人修史上做出的成功榜样,正是主要的推动原因之一。王仲荦先生的《魏晋南北朝史》曾经指出:"魏晋南北朝时期,私家修史的风气非常发达。"他在书中,还详细罗列出这一时期问世的上百种史书。其中属于陈寿之后出现的史书,单是东晋南朝私人编撰的晋史一类,就有将近20种之多。

因此,从这一角度来说,陈寿不仅是纪传体"正史"体裁的继承者和创新者,还是"正史"这一概念形成的积极促进者。

《三国志》的编撰时间,比如起始于何时,完成于何时,史书上并没有非常明确的记载。由于这是一部体大思精的著作,也是陈寿倾注毕生心血的作品,所以必定会经历一个相当漫长的过程,包括萌生想法、资料搜集、正式撰写、反复修改等环节。如果考虑到他在蜀汉任职时就已经在努力搜集蜀汉史料,所以编撰此书的最早时间,可以上溯到蜀汉尚未灭亡之时。而《三国志》大体完成之后,陈寿又会不断补充新资料，进行精益求精的反复修改，直到他离开人世的不久之前。因此，《三国志》的最后完成时间，应当是在西晋惠帝元康七年（297年）他去世之前不久。前后的持续时间，至少在35年以上，占了他65年人生的一半还多。完全可以说，这是一部凝结了陈寿毕生心血的不朽之作。

再来介绍《三国志》在内容上的精心布局。

笔者此前曾经编撰出版过两种校勘、注释、翻译《三国志》全书的著作，即《三国志注译》《三国志全本今译注》。其中对古本《三国志》的目录进行了订正，并重新编订了新的全书目录。新的目录中，陈寿正文所记叙的人物，除开记叙族群和外国的卷三十《乌丸鲜卑东夷列传》之外，其余以个人为记叙对象的纪传部分，共计六十四卷，列入正传的总数为320人，其中曹魏162人，蜀汉68人，孙吴90人；列入附传的总数为224人，其中曹魏119人，蜀汉39人，孙吴66人。共计列入正传和附传的人物，数量为544人，其中曹魏281人，蜀汉107人，孙吴156人。面对数量如此众多的人物，陈寿又是如何来精心安排全书布局的呢？

按照三个分立政权来划分各自所属的人物，当然是总体布局最重要的第一步，所以全书分为魏、蜀、吴三大部分，分别进行记述。

将曹魏放在最前面的第一部分，不仅因为陈寿完成《三国志》时的西晋皇朝是从曹魏政权继承而来，具有现实政治考量的因素，而且也因为在三国之中，曹魏在称王和称帝这两方面，都是最先开始的政权和国家。

至于把蜀汉放在第二部分，处于孙吴的前面，也有充足的理由：因为在称王和称帝两方面，以及在政权灭亡的方面，蜀汉都比孙吴要早，何况蜀汉又还是陈寿的故国。

曹魏和蜀汉的位置确定之后，放在最后的当然就只能是孙吴了。

但是，东汉末年那一大批曾经参与割据活动的群雄，他们的活动虽然是在三国的酝酿阶段，属于应当记叙的对象，然而他们当中的大多数人，到后来并不属于三国之中某一国的臣僚，又该如何来安排他们的位置呢？这是比较难以处理的问题。

陈寿的办法相当合理，是根据他们与上述三国的开创时期，相互关系的紧密程度，然后将其分别安置到关系最为紧密一方的记叙范围之内。比如，把董卓等人的传记放在曹魏部分，把刘焉父子的传记放在蜀汉部分，把刘繇（yóu）等人的传记放在孙吴部分，原因都是如此。至于把他们放在各部分的什么位置，则根据三方各自的具体情况而有所不同，总之是以最为合适为标准，这在下面还要加以具体介绍。

另外，东汉以来至三国时期，在北方活动的境外草原民族即乌丸、鲜卑，在东面生存的东夷诸国，因为与曹魏辖境相连，关系密切，所以就放在曹魏部分中记叙。

下面再来介绍三大部分具体的精心布局。

曹魏部分一共三十卷，布局如下：

最前面的五卷，依次记叙武帝曹操，文帝曹丕，明帝曹叡，曹魏后期的三位年轻皇帝曹芳、曹髦、曹奂，以及武帝、文帝、明帝的五位皇后。

接下来的三卷，记叙东汉末年北方的割据群雄，列入正传者包括董卓、袁绍、袁术、刘表、吕布、臧洪、公孙瓒、陶谦、张杨、公孙度、张燕、张绣、张鲁等人，以及列入附传的多人。要想知道东汉皇朝如何陷入脑死亡的崩溃状态，三国鼎立局面如何开始酝酿形成，可以从这三卷中见到端倪。

之后的卷九，记叙曹魏非嫡系皇亲中的重量级将帅。他们追随曹操建功立业，堪称曹魏的骨干和柱石。又分为三个小类：姓夏侯的，姓曹的，还有原本不姓曹而后来姓了曹的。曹操的祖父曹腾是宦官，没有生殖能力，只好从夏侯家抱了一个养子，即曹操的生父曹嵩，所以夏侯家族受到了与曹姓非嫡系皇亲等级相同的重视和对待。

之后的九卷，从卷十到卷十八，记叙了曹魏老一辈的重要文武臣僚，他们之中大多是从曹操创业时就开始为之效力服务，有的是运筹帷幄的智囊，有的是处理机要的干员，有的是坐而论道的三公，有的是州郡两级的地方行政长官，有的是征战沙场的骁勇将领，等等。

然后的卷十九、卷二十，记叙了武帝曹操、文帝曹丕二人那些被封为亲王的儿子们。将他们的传记放在这里，是要以之作为标志点，将曹魏的文武臣僚群体，做出一个大体的分隔，将其分为前后两大类：前一类的资历较深，开始效力的时间主要在武帝曹操时期；后一类的资历较浅，开始效力的时间主要在武帝曹操之后。

之后的七卷，从卷二十一到卷二十七，记叙了上面所说的后一类资历较浅的文武臣僚。有的是文化建设的精英，有的是在尚书台处理机要的长官，有的是直言进谏的忠臣，有的则是造福民众的地方大员。

卷二十八的记叙对象，包括王凌、毌丘俭、诸葛诞、邓艾、钟会五人，都是因为不同原因而举兵对抗朝廷的重要将领。他们虽然在"对抗朝廷"上具有共同性，因而被归为一类，但是动机却并不相同。前三人都是曹魏淮南战区的军事长官，他们相继凭借淮南战区的强劲兵力，举兵声讨一手控制朝廷政权的司马氏父子：王凌反抗司马懿，毌丘俭反抗司马师，而诸葛诞则反抗司马昭。因此，他们虽然被合称为"淮南三叛"，然而对于曹魏皇朝而言，三人实际上都是竭力拥护皇室的忠臣。邓艾和钟会，情况却有所不同。邓艾原本并无反叛之心，只是因为立下了攻灭蜀汉的盖世奇功之后，自己的行为轻率，而他人又乘机恶意陷害，最后招致杀身之祸。至于钟会，则是在统兵攻灭蜀汉之后，企图拥兵自立的野心家。

卷二十九的《方技传》，记叙了五名具有特殊技艺的人物，包括华佗、杜夔、朱建平、周宣、管辂。华佗精于医术，杜夔擅长音律，朱建平善于相术，周宣善于解梦，管辂善于卜筮。司马迁《史记》有《扁鹊仓公列传》《日者列传》《龟策列传》，记叙善于医术和卜筮的人物。所以陈寿这一卷的设置，是对《史记》的一种继承。但是他把具有科技素质的音律专家杜夔列入记叙对象，却是自己的创举。

卷三十记叙北方的草原族群和东边的域外国家，反映出当时中国的生存环境和对外关系。

蜀汉部分一共十五卷，布局如下：

开始的卷三十一，记叙刘备进入益州创业之前的两名益州军政长官，即刘焉、刘璋父子。此二人属于东汉末年的割据群雄，如果按照曹魏部分的处理方式，应当放在君主和后妃的后面。但是，由于刘备是从刘璋手中直接取得益州，如果不将此父子二人的传记放在最前面，那么刘备如何取得益州的过程，就会难以表述清楚，还会发生不必要的文字重复，于是陈寿就径直将其放在蜀汉部分的开始位置。这种不拘一格的安排，是陈寿具有非凡史学见识的具体表现。

接下来的三卷，依次记叙蜀汉政权的先主刘备、后主刘禅，以及二人的后妃、子嗣。将二人的后妃、子嗣合在一卷，而不是按照惯例，将皇帝的女性家属和男性家属分开在不同的卷中记叙，这是考虑到蜀汉的这两类人物数量较少，内容也不多，分卷记叙没有必要，这也属于不拘一格的布局安排。

之后的卷三十五，专门记叙诸葛亮及其子孙。臣僚一人及其子孙，独自安排整整一卷的文字分量专门进行记叙，能够享有这种特殊待遇者，在全书之中只有蜀汉的诸葛亮、孙吴的陆逊这两位，而这两位都是陈寿不惜笔墨进行详细记叙的正面人物。仅此一端，就已经可以清晰看出陈寿对于诸葛亮的态度和立场。

卷三十六记叙了蜀汉的五位大将，即关羽、张飞、马超、黄忠、赵云，俗称"五虎上将"。曹魏部分的卷十七，也记叙了曹魏五位异姓的骁勇虎将，即张辽、乐进、于禁、张郃、徐晃，算是曹魏的"五虎上将"。但是，关羽曾经擒获于禁，张飞曾经大破张郃，可见蜀汉"五虎"要胜过曹魏"五虎"。

卷三十七记叙庞统、法正。将这两位放在一卷，是因为他们都是刘备出色的谋臣，又都曾在其他人的手下效力。庞统曾是周瑜的下属，法正曾是刘璋的下属，后来都转变立场，为刘备效力终身。

卷三十八、三十九，记叙了蜀汉的文职臣僚，但两卷的人物在是否具有实权这一点上明显不同。前一卷的许靖等人，职务都相当悠闲，没有具体实权；而后一卷的董和等人，或参与掌管机要，或侍从皇帝天子，是蜀汉具有实权的重要文官。

卷四十这一卷，可以说是蜀汉犯错误、受处罚官员的案卷汇总。刘封、彭羕、廖立、李严、刘琰、魏延、杨仪，各有各的优点长处，也各有各的犯错原因和应得结果。看了他们的传记，感慨之余也会有所借鉴。

卷四十一所记叙的人物，成分和官职都各不相同，但是都有某一方面的突出优点可取，因而放在一卷。霍峻守卫葭萌孤城，坚如磐石；王连掌管朝廷盐铁生产，收入大增；向朗免职之后专心学问，淡泊名利；张裔对待友人有始有终，而且谈吐诙谐；杨洪见识超人，而且忠贞无私；费诗善于言辞，又能直言进谏。蜀汉政权的人才数量明显少于曹魏，却能与之长期抗衡，从这一卷中可以看出玄机。

卷四十二是对蜀汉文化学术官员的记叙。两汉时期的儒学非常兴盛，大体可以分为两派：一派着重于解释经典的字句含义，另一派则喜欢预言未来的政局走向。前者是谨守规矩的传统学问，后者是逢迎政治的时尚新潮。新潮称为"谶纬"或者"内学"，这一派人物最热心做的事情，是半夜从床上爬起来，悄悄去偷窥天象，然后再用简短隐晦的文句来预测政局的走向和变化，大有制造政治谣言之嫌。本卷的文化官员，有玩新潮流的，如周群、张裕、杜琼；有守老规矩的，如来敏、尹默、李譔；还有两种都玩的，那就是蜀汉的大儒谯周了。但是，他们都为蜀汉的文教事业作出了不同程度的贡献，这一点是值得肯定的。

卷四十三中的军政官员，主要都是在蜀汉中央朝廷之外任职效力者。可以分成两组：在沙场上征战敌国的将领，有黄权、王平；在地方上治理少数民族聚居区的官员，有李恢、吕凯、马忠、张嶷。黄权出身文职，但打起仗来头脑清醒，刘备不听他的合理化建议，结果导致全军在猇亭被孙吴的陆逊打得狼狈而逃；王平目不识丁，但用兵经验极其丰富，蜀军依靠他一再收拾危局，避免重大的挫折。当时益州南部的广大地区称为"南中"，是少数民族的聚居之地，也是蜀汉北伐时物力、人力供应的大后方。李恢等四位，都对安定和开发南中卓有贡献，值得留名青史。

卷四十四是蜀军后期三位主帅，即蒋琬、费祎、姜维的个人传记。由于前两位还是执掌朝政的首席大臣，所以这一卷其实又是蜀汉政权后期的衰亡史，应当与记述刘禅的卷三十三《后主传》对比阅读最好——《后主传》是大纲，是骨架；本卷是详述，是血肉。

最后的卷四十五，记叙了四位文武官员，其中邓芝、宗预二人，不仅会打仗，也能办外交，涉及双方核心利益的问题时，又都擅长使用诙谐生动的语言，说得孙吴君主孙权心服口服，值得现今的外交人员参考。张翼出身益州犍为武阳县的著名家族，高祖张浩官至司空，曾祖张纲受命巡查举报贪腐，敢于弹劾东汉顺帝皇后之兄大将军梁冀，他的名言"豺狼当路，安问狐狸"，令京城之内的不法官员大受震慑，堪称是包公出现之前的包公。张翼继承祖辈的正直品格，所以对于主帅姜维的穷兵黩武，敢于公开抵制。杨戏的官运很不亨通，但是他所撰写的《季汉辅臣传》，可以作为陈寿《三国志》蜀汉部分的补充，因此也可以随同流传而不朽了。

孙吴部分一共二十卷，布局如下：

卷四十六记叙了孙权的父亲孙坚、大哥孙策。长江在今安徽省芜湖市至江苏省南京市之间，其流向大体是从南到北，所以当时称自此以下的长江南岸为江东，北岸为江西。出自富春江边的孙氏家族，乃是真资格的江东土著，而且颇具尚武善战的特色。孙坚起自县府小吏，使用武力开路，击败董卓的骄兵悍将，走出孙氏创业的第一步。孙策继续招兵买马，从淮南打回老家江东，取得孙氏基业的第一块根据地。将他们放在孙吴部分的最前面，考虑非常合理周全。

接下来的两卷，记叙孙吴君主孙权，以及他之后的三名年轻君主。孙权在位52年，享年71岁，这两方面的数据均创下三国君主之最。他把疆域从区区江东向外扩张，向东一度达到台湾，向西扩展到三峡，向南拓张到岭南，向北进逼至巢湖一线；他的庞大舰队最早登陆台湾，最早远征辽东，最早出使南洋开创海上丝绸之路的雏形，这些都是展现他雄才大略的非凡作为。难怪曹操也要慨叹一声："生子当如孙仲谋！"但是到了后半生，他就犯了荒唐暴虐的大毛病，使得孙吴的大好政治局面急转直下。他之后三个年轻皇帝的大事记，则是一部孙吴后期的衰败史。孙吴和曹魏的后期，竟然都以三个年轻皇帝作为结束，这种巧合不仅令人感到意外，也令人唏嘘不已。

卷四十九记叙的刘繇、太史慈、士燮三人，都是在孙策尚未打下江东之前，就已经在江东和岭南两地镇守的地方军政长官，也属于东汉末年的割据群雄。将他们安排在此处，与曹魏部分安排董卓等人传记位置的考虑完全相似。

卷五十的记叙对象，是孙吴后宫的女性：从孙坚的夫人吴氏，到孙权的六名后妃，以及三名年轻君主孙亮、孙休、孙皓的配偶，再加孙皓的生母。与曹魏部分的《后妃传》一样，卷中呈现出来的皇家后宫场景，多是拉帮结派，争宠夺利，嫉妒中伤，自杀或者他杀的戏码。看来江南的吴宫花草之间，同样游荡着诡异残酷的阴影，与曹魏的宫廷并无二致。

接下来的卷五十一，记叙孙吴宗族势力中的骨干人物。与曹魏一样，孙吴创业也有劲的宗族力量作支撑。在这一点上，唯有蜀汉显得薄弱。

从卷五十二到卷五十八，这七卷记叙了孙吴的文武臣僚。最前面的卷五十二、五十三，主要对象是孙吴的文臣，但两卷人物在资历和地位上有高低之分。卷五十四、五十五、五十六的记叙对象是武将，但最前一卷的周瑜、鲁肃、吕蒙，性质是指挥全军的主帅，后面两卷的程普、黄盖等十六人，性质大多是冲锋陷阵的战将，两者共同组成孙吴异姓将帅的强大阵容。三国时期有三次关系到全局形势的重大战役：一是决定北方由谁主宰的官渡之战，二是决定三分鼎立形势的赤壁之战，三是决定孙刘两家稳定疆域线位置的猇亭之战。三方的战绩得分如下：曹魏是一胜一负，蜀汉也是一胜一负，只有孙吴最为厉害，竟然是二胜零负。孙吴军队能够取得全胜的骄人战绩，与其将帅阵容的强大齐整，当然有密切的关系。卷五十七的入传者，都是言行正直的清白官员。其中的虞翻、陆绩、张温、吾粲、朱据，最后或被流放，或被疏远，或被处死，下场都相当悲惨。余下的骆统、陆瑁二人，虽未受到处分，却也未受到特别的重用。雄才大略如孙权，也容不下有棱有角的正直臣僚；难怪古代封建皇朝的官场，得势者不少是八面玲珑的"不粘锅"了。卷五十八是陆逊及其子孙的传记。他与诸葛亮一样，既是朝廷的丞相，又是全军的主帅，出将入相，文武双全，而且品格上都是忠诚正直，尽忠国家，子孙又能继承家风，两人都堪称三国的完美型英杰。陈寿通过独自享有一卷的特殊安排，对他们两位表达出自己的由衷敬意。

接下来的卷五十九，记叙了孙权的五个宝贝儿子。将他们安排在紧接陆逊的传记之后，是因为其中孙和、孙霸两兄弟，在皇位继承人的激烈争夺，即史称的"两宫构争"之中，连带造成了陆逊的无辜死亡，也造成孙吴政局的由盛转衰。

从卷六十到卷六十三共计四卷，是孙吴各类官员的传记。有的在广大山区的开发上政绩突出，有的在上游荆州的镇守上尽忠职守，有的在机要文书的处理上能力非凡，有的在预测未来的方法上有所擅长，总之，都有某一方面的长处。

卷六十四所记叙的五人，即诸葛恪、滕胤、孙峻、孙綝、濮阳兴，全部都不是担任辅政大臣的材料，然而很不幸，又全部都先后当上了孙吴后期三位年轻皇帝的辅政大臣。于是乎，又全部都以极其悲惨的下场，来告别政治舞台：有四人被杀死，比例高达百分之八十，已经非常惊人；又有一人竟然还被鬼吓死，比例占百分之二十。这样的大数据，真是有点诡异啊！

最后的卷六十五，记叙了孙吴末代皇帝孙皓在位时期的五名宫廷侍从官员，他们为人正直，忠贞奉公，最后却都遭遇悲惨的结局，或者被孙皓残酷处死，或者被他谴责废黜。孙皓其人，是三国君主当中，在历史舞台上最后谢幕的一个，也是最为凶残暴虐的一个。以众多英雄豪杰风云聚会来开场的三国大戏，竟然以这样一个狗彘不如的丑恶君主来谢幕，实在是令人惊讶，更令人深思。

以上，就是对陈寿《三国志》全书风貌的概况介绍。在他之后，历代编撰的纪传体正史不断出现。后世把纪传体史书中时代相互连贯、体裁符合规范、质量基本不错的二十四部史书，合称为"二十四史"，包括《史记》《汉书》《后汉书》《三国志》《晋书》《宋书》《南齐书》《梁书》《陈书》《魏书》《北齐书》《周书》《南史》《北史》《隋书》《旧唐书》《新唐书》《旧五代史》《新五代史》《宋史》《辽史》《金史》《元史》《明史》。而这一长长系列的前四部，即《史记》《汉书》《后汉书》《三国志》，又被称为"前四史"。后世公认，"前四史"是"二十四史"当中，位置最前，质量也最好的典范。这一高度评价，对陈寿而言完全当之无愧。这正是：

不朽篇章风貌在，创新守正展英才。

要想知道对陈寿其人、其书这两方面究竟应当如何公正评价，为何说陈寿是一位专为《三国志》而生的杰出史学家，《三国志》具有怎样突出的光辉优点，同时又存在怎样的不足之处，请看下文分解。

第十三章 总体评价

在这一章中，我们要对陈寿其人和其书这两方面，作出总体的公正评价。

先来说第一方面。对于陈寿其人，评价可以浓缩为下面这一句话：

陈寿是一位专门为《三国志》而生的杰出史学家。

为何这样说呢？因为在当时，只有陈寿一人，才有条件完成编撰《三国志》的历史任务。其中奥秘何在？听我一一道来。

综合上面各章对于陈寿生平事迹的介绍，我们对于陈寿何以能够写出不朽史书《三国志》，可以提炼出以下相关要点：

其一，陈寿不仅从小好学，而且后来在蜀汉的太学之中，曾经受教于蜀汉全能型的大学者谯周，得到优质教育和悉心培养。

其二，陈寿在谯周指导下研读的学问，主要是史学领域的典籍，包括《尚书》《左传》《谷梁传》《公羊传》《史记》《汉书》等，因而很早就在史学领域打下了非常坚实的专业基础。

其三，陈寿出生在诸葛亮去世的前一年，即公元233年。公元263年蜀汉灭亡时他31岁，此前他已经担任过蜀汉的多种官职，包括地方上益州府署的下属，中央的卫将军府主簿、东观郎、秘书郎，以及在皇宫侍从皇帝的散骑侍郎、黄门侍郎等。相当全面和完整的官场任职经历，使他得以亲自观察和体验到蜀汉国家机器的运转、重大政策的制定、高层人物的活动，从而为日后《蜀书》部分的编撰，积累起丰富的有用素材和亲身体验。

其四，在他所任蜀汉官职中最为关键者，是《华阳国志》记载的东观郎和秘书郎。东观的设置是沿袭东汉，其性质既是朝廷官方修史的史馆，也是皇家的图书馆和档案馆。所以在政治上承袭东汉的蜀汉，其东观也应当是中央图书馆和文献档案馆。至于蜀汉的秘书省，其职能是担任君主的喉舌，掌管皇帝诏令文书的草拟。无论是东观所典藏的图书和档案，还是秘书省所掌管的诏令文书，都属于编撰史书的重要原始素材，这对日后陈寿编撰《三国志》具有极大的价值。

其五，孙吴灭亡而天下重新统一的公元280年，陈寿48岁，正是精力旺盛、经验丰富、眼界开阔、见识提升的成熟时期，这一切都为他编撰《三国志》提供了极为有利的主观条件。

其六，他进入西晋皇朝后，先后出任了佐著作郎、著作郎，不仅成为专职编修国史的史官，而且还是著作省的主管官员。由于西晋皇朝是从曹魏和平演变而来，所以这一特殊的职务，首先使他可以充分搜集到曹魏的历史素材和资料。西晋灭吴之后，孙吴朝廷所保存的公文档案，又被西晋大军作为重大战果运送到洛阳，照例也会收藏到著作省，作编修国史从而炫耀武功之用。他对孙吴的历史素材和资料，同样也有条件进行充分搜集。因此，这一任职经历，又为他稍后正式开始全面编撰《三国志》，在魏、吴两国史料的搜集上，提供了极为有利的客观条件。

其七，陈寿在编撰《三国志》之前，又还兼任过本土巴西郡的中正。中正的职责，是以人才为中心，要亲自负责本郡人才的搜罗、识别、比较、选择、评价等一系列的工作。而《三国志》属于纪传体的正史，其内容的主要构成部分，恰恰就是由各种人物活动所构成的传记。所以陈寿在这一职务上所积累起来的经验和体会，也是他日后编撰《三国志》的一笔宝贵财富。

以上相关要点，实际上就是陈寿编撰《三国志》时各种有利条件的汇总。如此众多的有利条件，已经令人产生一种印象，即陈寿在当时，应当是最适合编撰《三国志》的人选之一。

然而情况还不止于此。如果再考虑到另外一个非常特殊的原因，我们还可以进一步得出结论，即环顾当时，除了陈寿，还真的找不出更为合适的第二人选来。

那么这是什么非常特殊的原因呢？

《三国志》既然是记载魏、蜀、吴三国历史的史书，所以要想完成《三国志》，首要的先决条件，就是必须能够得到这三家政权在历史活动上的原始素材，否则就是空谈。曹魏和孙吴两家，都设置了专门编修国史的史官。魏明帝太和年间，就开始设置修史机构即著作省，长官为著作郎。西晋继承曹魏之后，制度依然不变，所以陈寿才会在西晋著作省担任官职。至于孙吴，也设置了专门编修国史的左国史、右国史。由于魏、吴两国都有史官，编修国史所需的素材，都有现成的积累和收藏，甚至还有成品或半成品的史书问世。比如曹魏王沈的《魏书》、鱼豢的《典略》，孙吴韦曜的《吴书》等。

但是，唯独蜀汉情况不同。陈寿本人就在《三国志·后主传》中记载：

> 又国不置史，注记无官，是以行事多遗，灾异靡书。

这段话的准确含义是说，蜀汉没有设置专门修史的机构，皇帝本人的起居生活没有专门的史官进行记载，结果造成皇帝的言行多有遗失，国家发生的灾异现象也没有完整的记录。

按照古代的政治理念，君主的一言一行都应当有史官专门进行记录，所以《汉书·艺文志》说周代是："左史记言，右史记事。"汉代开始出现记载皇帝起居生活的史书，被称为"起居注"，比如汉武帝时有《禁中起居注》，东汉明帝时有《明帝起居注》等。此外，还有各种特殊的灾异现象，诸如日食、地震之类，史官也要记录，因为这被认为是上天对自己的儿子即天子所发出的特殊警告，与君主有直接关系。

后世对这段史文，往往会有过度的解读，认为蜀汉既然不设史官，所以整个国家的历史记载就完全出现了空白，什么都没有了，这其实是一种误解。蜀汉没有设置史官而产生的空白，只限于皇帝本人的起居生活，以及灾异现象的完整记录，而这两者只是整个国家历史记载的一部分，并不意味着整个国家的重要历史活动，全都没有档案记录了，整个国家具有历史价值的公文档案，也全部都丢弃而不复存在了。事实上，只要国家的政权机器还在运转，重要的军政活动还在进行，相关的公文档案就会完好保存下来。保存在哪里呢？就在陈寿曾经任职的东观和秘书省当中。否则，诸如先主刘备自称汉中王，以及后来又升格称帝时，对外公布的那一批重要文告，还有刘备在永安行宫对诸葛亮的那一番临终托付话语，刘禅在诸葛亮逝世时下达"赠君丞相武乡侯印绶，谥君为忠武侯"的庄重诏书，又怎么会出现在陈寿的《三国志》中呢？

也有人说，蜀汉是设置过史官的，因为《后主传》中就有如下记载："景耀元年，史官言景星见，于是大赦、改年。"其实，此处的"史官"，是指专门观察天象和制定历法的太史令,而非专门记载君主日常起居的著史之官,比如著作郎,两者并非一回事。预示祥瑞的"景星"出现,太史令进行报告,这是分内的职责。但是有太史令存在并不说明有史官存在。

但是,保存在蜀汉东观和秘书省中大量具有史料价值的公文档案,还必须得到具有史学素养、史学兴趣和史学才能的人物去阅读,去搜集,去研究,这才能够将其史料价值充分地发掘出来,有效地表述出来,最后形成完整的史学作品,从而使得蜀汉没有专职史官的缺陷,完全得到弥补。显然,这一非常艰难的使命,并非任何人都能承担得了。

至此,我们可以对编撰《三国志》的人选,作出合理的逻辑性推断:

首先,能够完成《三国志》编撰任务的第一轮人选,必须在蜀汉政权过去的官员中产生,因为曹魏、孙吴两家政权过去的官员,根本无法弥补蜀汉没有史官的空白,也就根本无法完成全书当中《蜀书》部分的编撰任务。

其次,蜀汉政权过去的官员中,又必须是曾经在东观和秘书省这两处机构中,都曾担任过职务,并且还在史学素养、史学兴趣和史学才能三方面具备条件的人物,才能够进入第二轮的选拔。

比如,蜀汉的秘书令郤正,一直在秘书省供职,从最低级的吏员,升为秘书令史、秘书郎,直到最高的长官秘书令,而且他也擅长文辞,不仅为后主刘禅草拟诏令,而且自己留下的诗赋、论文,也有将近一百篇之多。但是,他并没有在蜀汉史书的编撰上做出任何成就,原因应当就是他在史学素养、史学兴趣和史学才能这三方面总有某种关键性的欠缺。

再次,能够进入第二轮选拔的人物当中,又必须是在西晋消灭孙吴完成统一之后,具有在西晋著作省任职经历的人物,才能够进入第三轮的选拔。

为什么呢?因为曹魏、孙吴两家政权被消灭后,两者所积累的官方档案文献和私人著述作品,都被集中到西晋著作省中保存。如果没有在西晋著作省任职的经历,就不可能有机会去接触和研读这两家政权留下来的丰富原始史料,也就无法完成曹魏和孙吴这两部分的史书编撰了。

在这方面,具体的例证是王崇。据《华阳国志·王化传附王崇传》记载,蜀地本土人士王崇,字幼远,其人学识渊博,也曾在蜀汉担任过东观郎。他具有史学素养、史学兴趣和史学才能，因而能够利用担任东观郎的有利条件，撰写了一部《蜀书》问世，其书与陈寿《三国志》当中的《蜀书》相比，内容颇为不同。但是，因为他进入西晋之后，只担任过尚书郎、上庸郡太守、蜀郡太守等职务，无缘进入著作省任职，因而再没有机会写出像《三国志》那样内容全面涵盖曹魏、蜀汉和孙吴的著作。而他的《蜀书》，也在陈寿《三国志》问世之后，过了一段时间就散佚不存了。

最后，能够进入第三轮选拔的人物当中，又还必须在西晋皇朝攻灭孙吴统一天下之后，有幸在著作省任职之时，本人又还身体健康、精力旺盛、经验丰富、眼界开阔、见识不凡，这才能够顺利完成《三国志》全书编撰的艰巨任务。

按照以上严格要求层层筛选下来，最后得以留下来的人选，就非西晋统一天下时48岁，年富力强的陈寿莫属了。

由此可见，我们确确实实可以作出下面的概括性评语：

陈寿是一位专为《三国志》而生的杰出史学家。

再来说第二方面。对于陈寿的《三国志》一书，我们的总体评价是下面四句话：

具有多项非常突出的优点，堪称一部不朽的史学经典；虽有极少的不足之处，却不影响其永恒的光辉。

自从《三国志》问世之后，种种评价就不断出现。古人的评价大体有三类：极度赞美者、极度贬低者、有褒有贬者。之所以出现如此分歧的情形，既与评论者自身的学术素养和治学态度有关，也与评论者所处的政治环境和文化风气有关。明白了这一点，再去观察古人的种种评价，就不会有眼花缭乱、无所适从的感觉了。

纯粹从史书编撰的角度，客观冷静地进行评价，笔者个人认为《三国志》最为突出的优点，至少有如下四项：一是能够保持史德，尽力如实记录；二是善于记叙史事，详略处理得当；三是行文简练明快，表达效率极高；四是常用片言只字，传达隐微之意。

先看第一点，能够保持史德，尽力如实记录。

古代史家编撰史书，会遇到两种尴尬的情形。时间距离较远者，容易保持客观，却难以弄清真相；时间距离较近者，容易弄清真相，却难以保持客观。陈寿编撰《三国志》时，就碰上了第二种尴尬。他的书完成于西晋之时，而西晋政权是从曹魏手中不断采取暴力手段抢夺而来。用后来东晋十六国时期羯族首领石勒的话来说，就是欺负人家曹魏的孤儿寡母。于是，陈寿在《三国志》的编撰上就遇到了两个最为棘手的问题：

一是如何叙述司马氏对曹魏皇权的暴力夺取，因为这是明显违背儒家伦理价值观念的以臣代君；

二是如何处理司马懿与诸葛亮前线对阵时，那种处于下风的状态，因为司马懿是西晋皇帝的先祖，而陈寿本人又是来自蜀汉故地的亡国之人。

这两方面的问题一旦处理不好，就会摊上大事，后果会很严重。那么陈寿将会如何处理呢？来看他对具体事件的文字表述。

比如，魏少帝曹芳正始十年（249年）正月，司马懿突然在京城洛阳发动"高平陵事变"，诛杀执政的政敌曹爽等多人，从此司马氏开始完全控制曹魏政权，走出取代曹魏政权关键性的第一步。对此极度敏感的事件，陈寿在卷九《曹爽传》中是这样记载的：

> 宣王称疾困笃，示以羸形。……十年正月，车驾朝高平陵，爽兄弟皆从。宣王部勒兵马，先据武库，遂出屯洛水浮桥，奏爽……于是收爽、羲、训、晏、飏、谧、轨、胜、范、当等，皆伏诛，夷三族。

史文的"宣王"是指司马懿，他后来被追谥为宣王、宣帝。史文是说，司马懿声称患病严重，对外显示出极度衰弱的形态来麻痹对手。正始十年（249年）正月，魏少帝曹芳的专车队伍前往洛阳南郊拜祭明帝的高平陵，曹爽兄弟都随从前往。司马懿亲自部署兵马，首先占领洛阳城中的中央武器库，接着出兵据守在城外南郊洛河上的浮桥，然后向少帝上奏罢免曹爽。于是逮捕曹爽、曹羲、曹训三兄弟，以及其同党何晏、邓飏、丁谧、毕轨、李胜、桓范、张当等人，全部处死，并且诛灭他们的三族，即父母、妻室儿女、同胞兄弟姊妹。

不难看出，史文中对于这场突发性政变的各种关键性要素，包括背景、时间、时机、地点、发动者、采取手段、具体经过、政变对象、最后结局等，全部都是如实叙述，没有任何的回避和掩饰。

又如，嘉平六年（254年）九月，继承父亲司马懿而控制曹魏政权的司马师，决定废黜不利于自己的少帝曹芳，另立新君。对此极度敏感的事件，陈寿在卷四《曹芳纪》中是这样记载的：

> 秋九月，大将军司马景王将谋废帝，以闻皇太后。……是日迁居别宫，年二十三。使者持节送卫，营齐王宫于河内之重门，制度皆如藩国之礼。

史文的"景王"是指司马师，他后来被追谥为景王、景帝。史文是说，这一年秋天的九月，大将军司马师密谋将要废黜少帝曹芳，将此事报告皇太后。当天就把曹芳迁出皇宫到别处居住，这一年曹芳23岁。特派使者手持象征权力的节杖护送保卫他，为他在河内郡的重门修建齐王的寝宫，制度都按照藩王的礼仪规格来办理。

同样，史文对于这一以臣废君的重大事件，在时间、地点、发动者、意图、手段、经过、结果等关键性要素上，也全部都是如实叙述，没有任何的回避和掩饰。

又如，魏少帝曹髦甘露五年（260年）五月，20岁的曹髦，亲自率领禁卫军将士，从皇宫云龙门杀出，准备清除控制朝廷大权的司马昭，结果被司马昭的部队杀死在云龙门前。对于这一以臣杀君的骇人事件，陈寿虽然在《曹髦纪》中，只有"五月己丑，高贵乡公卒，年二十"的简短记述，但却在紧接下来的史文中，全文引录了皇太后即魏明帝郭皇后，代表皇家为此事件颁布的令书全文400多字，详细叙述了事件发生的经过，这就巧妙地采用间接性的方式，把整个事件的关键性要素，包括时间、地点、起因、发动者、参与者、具体经过、最后结局等，相当清晰地如实记载出来，没有回避和掩饰，这在前面已经说过了。

又如，对于诸葛亮北伐，最后一次与司马懿在战场对抗这一相当敏感的事件，陈寿在卷三十五《诸葛亮传》中的记载是：

> （建兴）十二年春，亮悉大众由斜谷出，以流马运，据武功五丈原，与司马宣王对于渭南。亮每患粮不继，使己志不申，是以分兵屯田，为久驻之基。耕者杂于渭滨居民之间，而百姓安堵，军无私焉。相持百余日。其年八月，亮

疾病，卒于军，时年五十四。及军退，宣王案行其营垒处所，曰："天下奇才也！"

意思是说，建兴十二年（234年）春天，诸葛亮出动全军从斜谷道向北进军，以流马作为运输工具；占据武功水西边的五丈原，与魏军主帅司马懿在渭水南岸对峙。诸葛亮在北伐中常常担心军粮不能保证供给，使得自己的北伐大志难以实现，所以这一次决定分出兵力在当地实行屯田，打下长久驻扎的基础。从事耕种的将士夹杂在渭水岸边的居民中间，而当地的老百姓都像墙壁一样安安定定不受惊扰，军队也没有任何抢掠百姓谋取私利的行为。如此相持了100多天。当年8月，诸葛亮患上重病，结果死在军中，终年54岁。蜀军撤退之后，司马懿巡视蜀军的营垒布置之后，由衷发出赞叹说："诸葛亮真是天下奇才啊！"

史文如实记载了诸葛亮的军事部署和民众反应，不仅没有任何故意贬低诸葛亮的文字，而且还巧妙引用了当事者司马懿本人的原话——"天下奇才也"，来对诸葛亮的用兵才能作出总结性评价，这也无疑是如实记录的明显例证。

作为来自敌对国家的降臣，陈寿能够针对上述最为敏感的历史事件，甘愿冒着巨大的安全风险，不歪曲事实，不掩盖真相，写出以上如实的记载，使得后世对于这些事件，能够得到完整准确的了解，这是非常具有史德的可贵表现。所以《晋书·王沈传》中才会说："（王沈）与荀𫖮、阮籍共撰《魏书》，多为时讳，未若陈寿之实录也。"这是当时有识之士共同作出的公正评价。后世一些学者在未能充分研读史文的情况下，就对陈寿作出种种负面的主观臆断，这是不符合客观事实的。

再看第二点，善于记叙史事，详略处理得当。

对于这一优点，后世学者多有提及。但是，究竟具体表现在哪些方面，往往语焉不详。前面已经说过，把参与方面比较单一的事件记叙得清清楚楚，这只是史学家的初等功夫，而陈寿在记叙上充分展现其高超功力的，还是在那些参与方面众多，因而头绪非常复杂的历史事件之上，比如人们熟知的赤壁之战就是如此。而陈寿对此事件是如何处理的呢？

首先，他在文字轻重的安排上，对于战胜曹操的主力，即孙权一方，作为记叙的重中之重，给予最大的文字分量；对于协同作战而取胜的刘备一方，则作为记叙的次要重点，给予的文字分量有所减少；对于惨遭大败的曹操一方，则作为记叙的非重点，给予的文字分量最少。

其次，他在记叙内容的安排上，又各有侧重，从而避免彼此内容重复，浪费文字资源。

对于孙权一方，他在卷四十七《吴主传》中，着重记叙了大战的概略过程，相当于电影中的全景镜头，这是为了与《吴主传》的本纪性质相一致。又在卷五十四《周瑜传》中，着重记叙了整个大战的详细过程，包括孙吴君臣的决策，主战倡导者周瑜与主降派的激烈辩论，孙权对周瑜全力抗战的一锤定音，孙权与刘备的两军会合，黄盖如何在赤壁献计火攻，周瑜如何安排施行火攻，战胜之后周瑜如何扩大战果，进而攻占南郡，等等，是全书中文字分量最重的一段，相当于电影中的分镜头脚本。

对于刘备一方，他在卷三十二《先主传》中，又从刘备的角度记叙了大战的概略过程，但内容与《吴主传》并不相同，着重在两点：一是大战前夕，刘备君臣如何仓皇向南撤退，躲避曹军的锋芒；二是大战之后，刘备又如何在荆州南部四郡，建立起可靠的根据地，蜀汉政权就此萌生发端。接下来又在卷三十五《诸葛亮传》中，着重记叙了诸葛亮如何代表刘备，前往柴桑说服孙权，两家合力抗战。

对于曹操一方，只在卷一《武帝纪》中使用了寥寥数语，简略记叙战争的结局而已。

于是，赤壁之战的全貌，就在读者眼前清晰呈现出来。但是，相关各处的文字记载，彼此的内容又并不雷同，而是各有特色，无缝对接，彼此补充，相互呼应。这种以最少文字而取得最好效果的处理手法和表现能力，才是陈寿真正的看家本领。

再看第三点，行文简练明快，表达效率极高。

这方面的事例在书中随处可见。以众所周知的刘备礼聘诸葛亮为例，卷三十五《诸葛亮传》对此的记叙是：

时先主屯新野。徐庶见先主，先主器之，谓先主曰："诸葛孔明者，卧龙也。将军岂愿见之乎?"先主曰:"君与俱来!"庶曰:"此人可就见,不可屈致也,将军宜枉驾顾之!"由是先主遂诣亮,凡三往,乃见。

意思是说,当时先主刘备驻屯在新野县。徐庶去见先主,先主对他很器重,徐庶对先主说:"这里有一位诸葛孔明,享有'卧龙'的美誉。将军您是否愿意见他呢?"先主曰:"您就同他一起来吧!"徐庶说:"此人只接受登门拜访,不可能委屈他自己前来啊,所以将军您应当劳动大驾前去看望他!"于是先主就前去见诸葛亮,一连去了三次,才算见到了。

寥寥72字,就把事件的全貌,包括人物、地点、起因、评价、经过、结果等多方面的内容,环环相扣清楚地交代出来,可以说是简练到了极点,要想再删除一个字都很困难。而陈寿如此节省笔墨,是为了把文字记叙的重点放在接下来两人的对答,即著名的隆中对策上面。因此,好好静下心来阅读他的《三国志》,往往会有一种行云流水的愉悦感受。

最后看第四点,常用片言只字,传达隐微之意。

这一点也是此书的显著特色之一。以后世议论很多的正统问题为例,陈寿在西晋时期完成《三国志》,而西晋是从曹魏手中以"禅让"方式接过政权,所以他在书中不能不以曹魏为正统。最主要的体现在于四点:

一是曹魏君主的大事记载称为"纪",即本纪之意,例如《武帝纪》;而蜀、吴两国君主的大事记载称为"传",即列传之意,例如《先主传》《吴主传》。

二是曹魏的君主称为"某帝",而蜀、吴两国的君主称为"某主"。

三是曹魏君主的本名称为"讳",如"姓曹,讳操,字孟德";而孙吴君主则直呼其名,如"孙权,字仲谋"。

四是曹魏君主与皇后,正常死亡者称为"崩",如《武帝纪》中的"庚子,王崩于洛阳"。而孙吴君主与皇后,正常死亡者称为"薨",这是古代对于诸侯死亡的称谓,比起"崩"来明显要低一等,如《吴主传》中的"夏四月,权薨,时年七十一"。

但是,对于自己的故国蜀汉,陈寿在前两点,即称"传"和称"主"上,待遇虽然与孙吴相同,但是在后两点上,措辞却与孙吴有所区别。比如说同样记叙死亡，对刘备称为"殂"，而不像孙权那样称为"薨"了：《先主传》说是"先主殂于永安宫"，《后主传》的措辞也与此相同。为何会如此呢？因为在当时，"崩"与"殂"是含义完全等同的同义词，诸葛亮的《出师表》中就有"先帝创业未半而中道崩殂"的文句。所以对刘备称为"殂"，就等于称为"崩"了，比对孙权的待遇要高出一等。至于记叙本名，对刘备、刘禅都称为"讳"，而且整个措辞格式都与曹操相同，如"先主姓刘，讳备，字玄德"，"后主讳禅，字公嗣"。以上两点，都比对孙吴君主的待遇要高，而与曹魏等同。从这些片言只字中，陈寿就把自己的故国情怀委婉地表达了出来。

又如卷二十四《高柔传》中，记叙了曹魏大臣高柔在77岁时还帮助司马懿发动高平陵政变的经过，然后在传末的评语中，陈寿说"柔保官二十年"，比起在老年时坚决推辞三公高官的徐邈、常林，"于兹为疚矣"，意思是说，高柔到了老年都还贪恋官位，比起徐邈、常林的超脱来应当感到内疚了。寥寥"于兹为疚矣"五个字，就对高柔依附司马懿的行为，作出了隐微的负面性评价。

客观而论，《三国志》也有极少的不足之处，具体说来有三点。

一是全书无"志"，即缺乏对重大问题进行专门论述的部分。

前面已经说过，司马迁编撰《史记》，使用"本纪"来记述编年的大事，这相当于经线；又使用"列传"来记述重要人物的活动，这相当于纬线。经线和纬线相互作用，这就编织成了完整的历史画卷。但是，他在书中还使用"书"来论述多种重大问题，这相当于补充性质的纬线，使得历史画卷更加丰富多彩。接下来班固编撰《汉书》，沿袭《史记》的体例，但是把"书"改称为"志"，共有律历、礼乐、刑法、食货、郊祀、天文、五行、地理、沟洫、艺文共计十志，比起《史记》的礼、乐、律、历、天官、封禅、河渠、平准等八书，既有保留与去除，也有合并与创新。从此，"志"就成为正史中的组成部分，但也并非必备不可的部分：有当然更好，可以锦上添花；没有则有所欠缺，但是并不影响基本历史画卷的编织完成，因为"本纪"和"列传"才是最为基本的两种组成要素。

以陈寿的才能和条件而论，他是可以编撰"志"这一部分的，而且三国时期的不少重大问题，比如职官制度的承上启下变革，屯田制度的全面推广施行，水利工程的普遍建设，典籍文献的重新聚合和整理编目，都有大量的资料可资凭借。《三国志》如果有"志",将会更加光彩夺目,可惜陈寿没有能够锦上添花。究其原因,应当是他把自己有限的精力和时间,全部都投入到撰写"本纪"和"列传"这两种最基本的组成要素之上,以求实现重点突破而超越他人,而不希望面面俱到。也幸好他能够这样做,使得他在有生之年完成了《三国志》一书,否则就可能造成巨大遗憾了。

二是书中偶尔出现相互矛盾之处。

例如,卷十四《蒋济传》记载,曹魏官员温恢在担任扬州刺史时,曾经任命蒋济为自己州政府中的下属"别驾",即别驾从事史;但是卷十五《温恢传》记载同一事件,却又说蒋济被温恢任命的职务是"治中",即治中从事史。这两种"从事史",虽然都属于州一级行政长官的下属,但是职责并不相同,各有分工,并不是一回事。

又如,曹魏大将满宠在其所镇守的淮南战区内,修建军事要塞即合肥新城的时间,卷二十六《满宠传》说是在魏明帝青龙元年(233年),满宠才开始向朝廷提出建议;而卷四十七《吴主传》则说,在孙权黄龙二年(230年)正月时,曹魏就已经开始建造合肥新城了。两处的记载在时间上相差了三年,未能做到一致。

再如,卷四十七《吴主传》记载,嘉禾三年(234年),孙吴境内出现了"庐陵贼李桓、罗厉等为乱"。意思是说,庐陵郡的李桓、罗厉等人发动了叛乱。但是,根据卷六十《吕岱传》的详细记载,李桓起兵的地点是在庐陵郡,而罗厉起兵的地点却是在南海郡,两者虽然在起兵的时间上相同,但是在空间上却远隔千里:庐陵郡的治所高昌县,在今长江流域的江西省吉安市南;而南海郡的治所番禺县,却在今珠江流域的广东省广州市。这应当是陈寿为了追求文字的精练,在进行内容整合时未能照顾周到所致。

总的来说,全书之中这种相互矛盾的记载,数量极少,但是如果能够完全消除当然最好。

三是有极少数的人物应当入传而没有入传。

比如,曹魏的著名机械专家马钧,字德衡,扶风郡(治所在今陕西省兴平市东南)人氏,当时被誉为"巧思绝世"和"天下名巧"。他曾经在魏明帝时担任宫廷侍从官员,魏明帝要他复原已经失传的古代指南车,他很快就复原成功;他又改进了用来提取河水灌溉田园的"翻车",就连儿童都可以轻松操作,使得提取的水量足够田园灌溉使用,比此前老式翻车的供水量大大提高;他又创制了能够自动进行艺术表演的大型木偶群组,采用水流作为动力,使得木偶不仅能够自动走出前台,表演各种各样的花式动作之后,又能够自动走回后台,堪称是我国最早的机器人群体表演装置。从上述成就来看,如果将马钧的传记列入卷二十九《方技传》中,他完全可以与华佗、杜夔并肩抗衡,并且为全书增光添彩,可惜陈寿没有能够为他立传。

又如,孙吴政权正式建立之后的第一任丞相孙邵,以其身份而言属于孙吴朝廷的第一等重要大臣,当然应当进入列传之中。但是,陈寿在孙吴部分却没有安排《孙邵传》。

以上马钧、孙邵两位重要人物事迹的空白,幸好有后来裴松之的注释对此进行了很好的填补。

不过,微瑕不掩大瑜,《三国志》的诸多突出优点还是最主要的。总体而言,它依然是一部闪耀着不朽光辉的纪传体正史。

下面,我们再来对有关陈寿评价的两件历史公案,进行介绍和解读,为他说一点儿公道话。

陈寿《三国志》问世之后,对其进行评价者,除了正面的肯定和赞扬,也有负面的指责和讥评。而负面评价的焦点,主要不是在陈寿的"史才"方面,而是在他的"史德"之上。至于具体的事实,主要就是《晋书·陈寿传》中记载的两件事:

> 或云:丁仪、丁廙有盛名于魏,寿谓其子曰:"可觅千斛米见与,当为尊公作佳传。"丁不与之,竟不为立传。寿父为马谡参军,谡为诸葛亮所诛,寿父亦坐被髡,诸葛瞻又轻寿。寿为亮立传,谓"亮将略非长,无应敌之才",言"瞻惟工书,名过其实",议者以此少之。

意思是说,有人曾经讲过,丁仪、丁廙两兄弟在曹魏有很大的名气,陈寿就对他们的儿子说:"你们可以去找一千斛米来送给我,我就给令尊在书中写一篇进行赞美的好传记。"丁家儿子没有给陈寿送米,陈寿就不给丁仪、丁廙两人立传。有人又还讲过，陈寿的父亲曾经在蜀汉当过马谡手下的参军，马谡因街亭兵败被诸葛亮处死，陈寿的父亲也连带受到髡刑，即剃光头发去做五年苦工，诸葛亮的儿子诸葛瞻又轻视陈寿，所以陈寿为诸葛亮写传记的时候，就说诸葛亮当军事将领的谋略不是强项，没有应对敌军的才能，又说诸葛瞻只是擅长书法而已，享有的名声大过他真实的才能。当时的评论者因此对陈寿的评价不是很好。

那么这两件与丁家兄弟、诸葛父子相关的历史公案，其真相究竟如何？是不是客观的事实呢？这是非常值得弄清楚的严肃问题。

首先必须指出的是，《晋书·陈寿传》是在记述了《三国志》在西晋问世并受到当时人士的高度评价之后，才以"或云"的措辞，引出了这两件事来，这就明显表明了《晋书》编撰者自身的立场。所谓"或云"，意思是另外有人说。使用这一措辞，意在表明这只是有些人的说法而已，并不代表我们《晋书》编撰者对这些说法的完全认同。也就是说，尽管《晋书》记载了另外有些人的说法，却并不认为这些说法就是铁定的客观事实。后世的一些论者，并未仔细分辨出《晋书》编撰者专门使用"或云"措辞的用意，径直就把这些说法当成是《晋书》编撰者本身的权威性论断，这是严重的误读。

对于上述两件历史公案，笔者恩师缪钺先生在其1984年出版的《三国志选注》一书的《前言》之中，就已经详细引述了充分而可靠的史实证据，进行了有力的考证和辩驳，证明这两种说法并不可信，读者诸君可以参看。在这里，我只是结合本书的叙述，再来做一点儿小小的补白。

在第一件历史公案中，说是陈寿利用立传来敲诈丁家兄弟"千斛米"，这在情理上就大有问题。因为当时的一千斛米，并非是一个小数目。根据《续汉书·百官志》记载，东汉的官员，每月的俸禄是发给实物米粮。丞相、大将军、三公等朝廷顶级的高官，也只有三百五十斛。所以一千斛米，就是朝廷顶级高官每月俸禄米粮的三倍。当时的一斛米，重量约为300市斤，一千斛米就是30万斤，相当于公制的150吨之多。如果使用现今载重5吨的中型货车来装运，足足就要30辆！要想把这样多的敲诈所得，浩浩荡荡搬到陈寿在京城洛阳的家中，首先是他家能否装得下都是问题；就算是装得下，一路上的运米队伍，车载人扛，招摇过市，也肯定会被路人发现而引起轰动，难道陈寿就一点儿也不怕别人的非议和指责吗？何况还有荀勖这样对他失去好感的朝廷高官，时时刻刻都在想找他的过错或岔子，以便置他于死地呢！其实，这种夸张过度的说法，就好像现今所说的标题党招数，反倒证明其真实性并不可靠。

至于第二件历史公案，即陈寿在《诸葛亮传》的末尾评语之中，为何会说诸葛亮"应变将略，非其所长"的问题，笔者曾经发表《诸葛亮"应变将略"评价问题补说》的专文，进行了深入的考辨，其中的关键点如下：

其一，诸葛亮在整个北伐曹魏的五次主动出兵之中，每一次都有临机应变的举措，说他缺乏"应变将略"，与客观事实完全不能吻合。

其二，对于诸葛亮的军事才能，连司马懿这位老对手也有"天下奇才也"的由衷赞叹，事见《三国志·诸葛亮传》《晋书·宣帝纪》《资治通鉴》卷七十二等处的记载。一个军事上的"天下奇才"，却偏偏缺乏"应变将略"，岂非明显的矛盾？

其三，评价诸葛亮用兵缺乏应变才能的，最先还不是陈寿，而是其老对手司马懿。《晋书·宣帝纪》记载，诸葛亮最后一次北伐，屯兵五丈原，一再主动向司马懿挑战。京城洛阳的曹魏君臣极其关注前线战局的发展，于是在尚书台当官的司马懿之弟司马孚，写信给他询问军情，司马懿立即回复说：

> 亮志大而不见机，多谋而少决，好兵而无权，虽提卒十万，已堕吾画中，破之必矣！

意思是说，诸葛亮志向很大却不能看见时机，谋略很多却缺少决断，喜好用兵却没有权变，虽然统领了十万人马，但已经落入我的谋划之中，击破他是必然的事情了！

司马懿对诸葛亮的评价，明显带有安抚曹魏朝廷君臣、稳定下属军心的政治考虑，与其在对方死后而发出的"天下奇才也"这一轻松自然的流露迥然不同。其中的"好兵而无权"一句，意思是喜好用兵却没有权变，这和陈寿的"应变将略，非其所长"，在含义上是完全相同的。

其四，既然司马懿早已对诸葛亮作出了"好兵而无权"的公开评价，那么陈寿"应变将略,非其所长"的评语,就非做不可了。首先,有司马懿的公开评价在前,而且司马懿又是与诸葛亮亲自对垒长达4年之久的当事者,具有20多年的丰富用兵经验,这样的权威性意见,陈寿不能不吸取。更为重要的是,陈寿《三国志》完成于西晋之时,而晋武帝司马炎继位之初,就已将祖父司马懿追尊为"高祖宣皇帝",在皇家宗庙的居中位置供奉。所以司马懿的上述评价,更上升为先祖皇帝"钦定"的"金口玉言"。在西晋朝廷当官的陈寿,对此高度敏感的史料,必须尊重,也必须将其写入对诸葛亮的评价当中。

其五,陈寿《诸葛亮传》评语的原文是:"然连年动众,未能成功,盖应变将略,非其所长欤?"请注意,最后两句使用的是疑问语气,而不是非常肯定的判断。如果陈寿真是对诸葛亮当初惩罚他父亲心怀不满,就该写成非常肯定性的语句:"然连年动众,未能成功,皆因应变将略,非其所长也。"岂不是更能发泄他心中的怨恨吗?他之所以采用疑问语气,是想委婉表明,这两句评价并非出自我的真心,而是现实政治逼迫下的无奈之举啊。

总之,陈寿对于诸葛亮的军事才能,并没有刻意的贬低,而是在全面赞美其出色行政才能之后,仅仅在评语的最后两句话上,被迫采取了一点点调和与平衡。他的"史德"依然完好保持,良苦用心深藏在字里行间。说他这是对诸葛亮的诋毁,不仅背离事实,而且很不厚道。这正是:

其人才德如珠玉,若论其书第一流。

要想知道后来南朝刘宋时期优秀的史学家裴松之,如何为陈寿《三国志》进行了开创性的注释,带有裴注的《三国志》不同版本又如何在后世广为流传,请看下文分解。

第十四章 增辉流传

在本章中，着重解读这两方面的情况：一是裴松之的注释如何为陈寿《三国志》增辉添彩，二是《三国志》的版本如何在后世广泛流传。

在第一方面，我们重点解读裴松之注释的产生背景，以及其特色创新。

自从陈寿《三国志》问世之后，就有对其进行评论和注释的专书出现，《隋书·经籍志》著录的这种专书存目，就有晋朝王涛《三国志序评》三卷，何常侍《论三国志》九卷，徐众《三国志评》三卷，北齐卢宗道《魏志音义》一卷。但是，真正算得上开启了《三国志》专书研究的创新风貌，从而为后世学者对《三国志》的专书研究树立起美好典范者，当然要数南朝刘宋时期优秀史学家裴松之的注释了。

陈寿去世132年之后，即南朝刘宋文帝元嘉六年（429年），杰出史学家裴松之完成了对《三国志》全书的注释，后世简称为"裴注"。

裴松之，字世期，河东郡闻喜县（今山西省闻喜县）人氏。河东裴氏，是汉魏以来北方最为著名的世家大族之一，到了唐代还出了17位宰相，堪称是兴盛一时的"宰相世家"。《新唐书·宰相世系表》所列的多个宰相家族中，裴氏家族高居第一名。成都武侯祠博物馆中著名唐碑的撰文者裴度，即是其家族中的宰相之一。2010年11月，在成都市中心天府广场的建筑工地，出土了巨大的东汉后期蜀郡太守裴君碑，笔者撰文考证，其碑主也应当是出自河东裴氏，即东汉后期曾任东汉并州刺史、度辽将军的裴晔。

据《宋书·裴松之传》记载，裴松之出自官宦之家。自幼好学，后来得到刘宋开国君主武帝刘裕的赏识，得到提拔。宋文帝刘义隆在位时，裴松之出任中书侍郎，接到文帝的诏令，要求他为陈寿《三国志》一书作注。他后来所撰写的《上三国志注表》，对此事有清晰的记载。下面依据宋本《三国志》所载的这篇表文，引录如下：

> 臣前被诏，使采三国异同以注陈寿《国志》。寿书铨叙可观，事多审正。诚游览之苑囿，近世之嘉史。然失在于略，时有所脱漏。臣奉旨寻详，务在周悉。上搜旧闻，傍摭遗逸。

意思是说，微臣此前接到皇帝陛下的诏令，要求微臣采访三国时期的各种不同的史料记载，用于注释陈寿的《三国志》。陈寿这部史书在内容的叙述上值得观赏，在史事的记载上审慎正确，确实是值得畅意阅览的书籍花园，是近代的一部优秀史书。但是其文字不免失之简略，史事记载时有缺漏。微臣遵奉陛下圣旨，采集相关详尽史料，务求周密完全，又搜罗早先就有的传闻，拾取其他的流散资料。

从史文可以看出，裴松之注释《三国志》一事，起因是出自当朝皇帝的圣旨，其性质已经不是个人的行为，而是国家的意志，完全属于最高官方特批的学术研究项目。至于具体的目标，就是要通过对《三国志》一书的注释，把此前有关三国时期的全部史料都搜集齐全，然后分别补充进去，从而使得《三国志》这部史书的内容更加详尽和齐备。

经过较长时间认真细致的工作，裴松之对《三国志》全书的注释终于完成，并在宋文帝元嘉六年（429年）七月二十四，正式将带有自己注释的《三国志》全书稿本，向文帝呈交复命，同时附上自己的这篇《上三国志注表》。这一篇表文，在《三国志》古代版本中被放在全书的前面，以便引起读者的注意。现今的各种标点本，将其改为放在全书的末尾，往往就被读者忽略了。

一位皇帝专门下诏，要求为某一部史书进行详尽的注释，这与当初西晋惠帝专门下诏，要求地方行政长官派遣专人带上纸笔前去抄写陈寿《三国志》一样，都是在历史上相当罕见的事。宋文帝刘义隆为何会有如此的意愿呢？追根溯源，这应该与当时的现实政治背景密切相关。

现实政治背景的因素，又有主次之分。

主要的现实政治背景，是要为宋文帝提供治国理政所急需的经验和借鉴。

刘宋的开国皇帝刘裕死后，最初由17岁的长子刘义符继位，被称为少帝。少帝在位刚满两年，一批异姓的掌权大臣就将其废黜，而后又杀死少帝刘义符及其二弟刘义真，改立其三弟，即当时镇守上游荆州的刘义隆为帝。刘义隆时年才18岁，是为文帝。文帝即位一年多之后，开始动手诛杀此前废黜少帝的骨干人物徐羡之、傅亮、谢晦等，然后独揽大权，艰难站稳了脚跟。

但是，年仅20岁的他，虽然暂时稳定了自己的政治基础，却对今后如何才能达到长治久安，使自己不会重蹈两位兄长的惨痛覆辙，依然感到十分迷茫，所以急需从前朝获取历史的经验和借鉴。而此前不远的三国时期，不仅风云变幻、兴废并存，而且更为重要的是，还有多名年轻的皇帝先后出现。其中，有的下场相当之悲惨，比如曹魏后期三名少年皇帝曹芳、曹髦、曹奂，以及孙吴后期两名皇帝孙亮、孙皓；有的却能坐稳君位，比如17岁继位的蜀汉后主刘禅，孙吴第二位年轻皇帝孙休；有的还能够大权独揽，令从己出，成功驾驭朝廷群臣，比如21岁继位的魏明帝曹叡；有的甚至大有作为，开疆拓土，振兴基业，比如19岁继位的吴大帝孙权。于是乎，三国历史就成为刘义隆获取宝贵经验和迫切借鉴最好的信息来源，正如裴松之《上三国志注表》中所言："伏惟陛下……犹复降怀近代，博观兴废。"说是皇帝陛下依然留心于近代的历史，广博观察各个朝代的兴盛和衰败。

既然宋文帝有心要从三国历史中获取宝贵经验和迫切借鉴，那么书中记载的历史内容越多越详尽，自己所获取的经验和借鉴也就会越多越详尽了。基于这样的认识，所以就对陈寿《三国志》产生了记载过于简略和内容有所缺漏的看法。在此情况下，以陈寿的《三国志》一书为基础，通过对其进行注释的方法，来对三国历史资料作出大量的补充和完备，就成为宋文帝非常急切的政治意愿。他之所以会专门下达诏令，要求裴松之为《三国志》作注，最为紧要的现实政治背景即在于此。

至于次要的现实政治背景，还有为刘宋政权进行美化的考虑。

刘宋政权，是由东晋末年的强势大臣刘裕所创建的。而刘裕的皇帝权位，是从东晋末代皇帝恭帝司马德文的手中，通过所谓"禅让"的形式而得来的。也就是说，曹魏的文帝曹丕，通过"禅让"的形式代汉称帝；西晋的武帝司马炎，又通过"禅让"的形式代魏称帝；刘宋的武帝刘裕，再通过"禅让"的形式代晋称帝。于是乎，魏、晋、宋三朝，连续通过"禅让"的形式获得皇帝权位，开始组成中国历史上罕见的"禅让"连环套。其中的曹丕代汉称帝，就处于这一"禅让"连环套开头第一环的特殊重要位置。

所谓"禅让"的政权更替形式，虽然有远古唐尧禅位给虞舜，虞舜又禅让给夏禹的文献记载，但是年代过于久远，记载过于简略，给人的印象不免过于模糊，因而影响到这一政权更替形式在社会民众中的政治影响力和伦理认同度。其后西汉末年的王莽，也宣称通过"禅让"这一形式建立了新朝，但却遭到强劲的反对声浪，结果成为反面的典型和历史的笑柄。

对于裴松之所在的刘宋王朝而言，遥远的尧、舜禅让模糊不清，西汉王莽的"禅让"又臭不可闻，所以位于"禅让"连环套开头第一环特殊重要位置的曹魏，便成为"禅让"这种政治文化最好的示范和典型。而陈寿《三国志》中的《文帝纪》正文，又对魏文帝曹丕接受东汉献帝刘协"禅让"这一事件的记载惜墨如金，只有短短200字左右的简略记载。因此，把这一历史事件带有正面性的相关史料，全部搜集齐备，并在书中完完整整和清清晰晰地罗列出来，从而向当今和后世进行充分的展示，就成为摆在裴松之面前一项具有重大现实意义的政治任务。展示得越是详尽越是成功，也就对晋、宋禅代的合法性和完美性，越是能够产生强劲的支持作用。裴松之当然对此心领神会，并且全力以赴。因此，在《三国志·文帝纪》中记载魏文帝曹丕接受"禅让"称帝的正文位置，一处长达上万字之多的裴注，就出现在读者的面前了。

对于纪传体史书中某一处史文的记载，竟然不惜作出了上万字的超长注释，这在史书注释的历史上，堪称是绝无仅有的独特场景。

尽管裴注的起因，带有上述非常强烈的现实政治背景，但是从另一个角度来说，也正是这种非常强烈的现实政治需要，才使裴松之心中产生非常强烈的使命感，这就促使他必须在史书的注释上采取一种创新性的设计，才能够圆满完成宋文帝交付的重大政治任务。因此，又使得裴松之的注释在学术上呈现出一种前所未有的创新性面貌来。

关于对《三国志》进行注释的具体内容设计，裴松之在他的《上三国志注表》中有如下明确说明：

> 其寿所不载，事宜存录者，则罔不毕取以补其阙。或同说一事而辞有乖杂，或出事本异，疑不能判，并皆抄内以备异闻。若乃纰缪显然，言不附理，则随违矫正以惩其妄。其时事当否及寿之小失，颇以愚意有所论辩。

意思是说，凡是陈寿书中没有记载，但是又应当保存记录下来的史料，没有哪一条不收取进注释之中，以便弥补陈寿的缺漏。或者陈寿正文与其他史料都说的是同一件事，但是彼此的文辞歧异纷繁；或者陈寿正文与其他史料说法互不相同，又难以判别谁是谁非者，那就全部抄录在注释之中，以便备齐不同的见闻。如果陈寿的正文明显出现错误，说的话不符合道理，那就随时进行纠正，以便处置他的误说。还有陈寿记载史事是否妥当，以及他的细小失误，我都按照自己的意见进行了论辩。

按照裴松之所言，他注释的内容有四个方面：补缺、备异、惩妄、论辩。用现今的话来表述，就是填补陈寿记载的空白，提供与陈寿不同的说法，纠正陈寿错误的记载，对陈寿的记载进行必要的论辩。其中的重点，是放在第一项，即填补空白上面。

裴松之完成这项工作的时间，按照他表文所言是："自就撰集，已垂期月；写校始迄，谨封上呈。"所谓"期（jī）月"，有两种含义，或为整月，或为整年，此处当然是指后者，因为一个月的时间内根本无法完成这项繁重艰巨的工作。所以史文的意思是，这一工作从开始着手，到完成初稿，已经将近整整一年；然后还要抄写全文，进行校对，才能正式呈送朝廷。由此可见，他所有工作所需要的时间，肯定是在一年以上。

关于裴注的文字数量，宋代学者晁公武的《郡斋读书志》认为，裴注"多过本书数倍"，即比陈寿原书要多几倍。这其实是一种想当然的错误说法。但是，这一说法却曾经误导了此后不少的学人。直到如今，依然都还有人在这样说。但是，现今治学谨严的学者，经过细致的计算，发现裴注的净字数，不仅没有陈寿《三国志》正文的净字数多，甚至还要少一点儿，他们的结论是实事求是的，确凿可信的。

首先进行比较精准统计的是王廷洽先生。他在《古籍整理研究学刊》1985年第3期发表的《略谈〈三国志〉与裴注的数量问题》一文中，公布了自己进行计算的结果：总计正文三十六万六千余字，注文三十二万余字，正文比注文多四万五千余字。

此后的吴金华先生伉俪，又独自根据百衲本，进行了更为精准的计算，他们得出的结果是：总计陈寿正文368039字，裴注322171字，正文比注文要多45868字。这一结果发表在吴金华先生《三国志校诂》一书附编中的《三国志考释集锦》一文之中。

裴注所引用的典籍文献数量，清代学者钱大昕、赵翼所作的统计，均为140余种。但是现代学者杨翼骧先生在《裴松之与〈三国志注〉》一文中的统计为210余种，载于《历史研究》1963年第2期。如果按照高秀芳、杨济安所编《三国志人名索引》一书所附《三国志裴注引书索引》来统计，则为204种。由于《三国志裴注引书索引》，是将裴注所引书目，以中华书局标点本为准，逐页进行记录在案，所以以此为准得出的统计，应当更为精确。按照该《索引》的记录，裴注引用超过100次的古代典籍，有王沈《魏书》、鱼豢《魏略》、韦曜《吴书》、虞溥《江表传》；超过50次者，有习凿齿《汉晋春秋》、张勃《吴录》、疑为王粲所著《英雄记》、郭颁《世语》、鱼豢《典略》等。

对于裴注的优点，首先给予好评的就是宋文帝刘义隆本人，他看了裴松之呈送上来的抄本清稿之后，只说了五个字："此为不朽矣！"他的这一高度评价，主要是从现实政治的角度作出的。至于比较客观的学术性评价，清代《四库全书总目提要》曾认为，裴注优点主要有二：

首先，搜集的资料极为丰富，不仅弥补了《三国志》正文的许多空白，而且使得魏晋六朝许多已经失传的古籍文献，通过此书，使其被引用的内容得以流传至今。

其次，裴注引用的文字，首尾齐备而内容完整，不像郦道元《水经注》、李善《文选注》，大多对原文有所剪裁删减，失去了典籍文献的原始面貌。

笔者恩师缪钺先生撰写的《三国志选注·前言》，则从更为广阔的视野进行了观察，并且作出非常精当的总结性评价：

裴注的优点，不仅在于拾遗、补缺之上，更有三方面的价值。一是开创了注解古书的新体例。在此之前的古书注解，大多都是对字词、事物和制度的简要解释。至于博采群书，补缺备异，是从裴松之才开始的。此后梁代刘孝标注释《世说新语》，就是模仿裴松之的做法。此例一开，学术影响甚大。二是充当了史学考证的先行者。后来司马光主编的《资治通鉴》，其体例和方法，就受到裴注的启发。三是开创了史学评议的先端。裴松之对相关各种史书的记载，评论其长短得失，或对人物和事件，提出自己的看法。总之，裴松之是一个在史学上有卓越贡献的人，他见闻广博，方法精密，不但有史学，而且有史识，他的裴注在史学上有创新之功，而不仅仅是附陈寿的骥尾而已。

以上三方面的突出价值，即补史、考史、论史的全面呈现，就是裴松之所开启的《三国志》专书研究创新风貌。

关于裴注的不足，前人也有比较客观的评价，《四库全书总目提要》就是其中之一。提要认为，裴注搜集的资料有时过于芜杂，出现十余处"凿空语怪"的文字。所谓的"凿空语怪"，是指毫无根据的奇谈怪论。《提要》对此还举例说，比如《钟繇传》中引用《陆氏异林》，说是曹魏大臣钟繇，因为与一名女鬼亲热欢娱，长达几个月都不去参加朝廷的官员会议，而且神态表现明显反常；又如《蒋济传》中引用《列异传》，说是曹魏大臣蒋济之妻，梦见死去的儿子托梦，说自己在阴间如何如何受苦，请求父母帮忙改善处境，这都属于"凿空语怪"的典型例证。《提要》的这一批评，无疑是正确的。因为上面的例子，都属于文学当中的神怪传说，与遵循客观真实原则的史学典籍，在性质上完全不同，所以不应该采纳收入。看来裴松之过于注重采集史料的完备无缺，因而在少数史料的真实性鉴别上有所忽略了。

另外，裴注的说法间或也有讹误。比如，孙吴部分的卷六十五《韦曜传》中裴注说："曜本名昭，史为晋讳，改之。"认为孙吴臣僚韦曜，原本姓名是"韦昭"，陈寿因为要回避司马昭的名讳，所以改名为"韦曜"了。清代著名学者钱大昕就认为，裴注此处的说法是不正确的，因为陈寿《三国志》书中的行文，对于西晋时期出现的皇帝名讳，大多都不刻意回避；比如孙吴的大臣张昭，曹魏的隐士胡昭，东汉末年幽州襄平县的县令公孙昭，以及蜀汉后主刘禅的年号"炎兴"等，就都没有刻意回避司马昭、司马炎的名讳。钱大昕的看法是非常正确的。事实上，韦曜本来就有两个本名，或为韦曜，或为韦昭。其实，另外还有一个非常有力的证据，就是卷五十三《薛综传》中所载的华覈上疏。当时孙吴的一位史官华覈，向皇帝孙皓呈上奏疏，其中列出受命编撰孙吴史书的臣僚姓名，就有"韦曜、周昭、薛莹、梁广及臣五人"的文句。如果按照裴松之所说，韦昭是因为陈寿为了回避司马昭的名讳，所以要改为韦曜的话，为什么此处史文中紧接在"韦曜"后面的"周昭"，又没有改为"周曜"呢？同一句话之中，却有明显的不同，可见裴注此处的说法确实是错误的。

不过总的衡量，裴注全面创新特色的优点依然是主要的。正是因为裴注具有非常鲜明的优点，所以就与陈寿《三国志》的正文，融合成了一个有机性的整体。这一珠联璧合的版本，从此流传后世至今而不分开。

接下来，就该解读第二方面了，即《三国志》版本的广泛流传。

《三国志》持续1700多年的流传过程，从产生的影响来看，是不断在扩大；而从版本的流传来看，大体可以分为三个时期：

从西晋惠帝元康七年（297年）陈寿去世之后不久，《三国志》官方正式抄写本首次问世起，直到唐、五代末年，是抄写本广泛流传的时期，持续时间是六百多年。

从北宋王朝的前期起，直到清代的晚期，是刻印本广泛流传的时期，持续时间是九百多年。

从清朝后期起到现今，是排印本广泛流传的时期，持续时间是一百多年。

先来介绍抄写本时期的概况。

《三国志》最早的流传版本，应当数西晋官方的抄写本。前面已经讲了，西晋惠帝元康七年（297年），陈寿在京城洛阳去世后，范頵等人上奏西晋惠帝，请求朝廷出面接收和抄录他的《三国志》；于是惠帝发布诏令给陈寿家庭所在地洛阳的地方行政长官，派出专人携带纸笔，前往陈寿家中抄写《三国志》全文，然后呈送给皇家图书馆珍藏。这一部抄写本，不仅在性质上属于西晋官方正式认可的权威版本，而且在时间上也是《三国志》的第一部抄写本，所以是传抄本中的第一个"祖本"。接下来，在南朝刘宋文帝元嘉六年（429年）七月二十四，裴松之完成全书的注释之后，向刘宋文帝正式呈交的注释本清稿，又可以称为后世裴注《三国志》这一合成性版本的最早抄写本。至此，《三国志》就出现了第二个"祖本"。

最早的抄写本《三国志》，现今学者称之为"古写本"。目前所能见到的可靠古写本，先后有6种。其中包括：收藏在新疆博物馆的《吴志·吴主传》《魏志·臧洪传》，收藏在甘肃敦煌研究院的《吴志·步骘传》，收藏在日本的《吴志·虞翻陆绩张温传》、《吴志·虞翻传》前半部分、《吴志·韦曜华覈传》。这6种古写本，从完成的时间上说，比较可靠的推定，是从东晋时期到唐代初年；从内容上说，都是《三国志》的残卷，而非完整的全本；从文字上说，都只有陈寿的正文，而没有裴注的注文，反映出《三国志》早期版本的原始面貌；从来源上说，都属于考古或出土的发现；从发现的地域上说，都在气候干燥而纸张不容易很快腐朽的西北沙漠地区，距离中原相当遥远，因而反映出《三国志》向外辐射性传播的过程和影响，其重要性不言而喻。

《三国志》的抄写本，早在北朝时期已经传到海外，即东边的邻国高丽。《周书》《北史》《旧唐书》这三部纪传体正史的《高丽传》部分，对此都有明确的记载。在唐代，包括《三国志》在内的纪传体"前四史"，还被列入官方科举考试的内容，详见《新唐书·选举志》。那时候读书人的通行读本，也应当是抄写本。

古写本《吴志·步骘传》残卷图影

再来介绍刻印本时期的概况。

从现今传世的文献记载可以得知,北宋真宗咸平六年(1003年)十月官方刊刻颁行的《三国志》,应当是早期的刻印本,后世称为"咸平本"。刻印本的问世,与雕版印刷术的发明和应用具有直接的关系。

这一刻本的产生,根据清代学者徐松《宋会要辑稿》的记载,是经历了如下过程:北宋真宗咸平三年(1000年)十月,真宗下诏遴选一批具备学术条件的官员,专门对《三国志》《晋书》和《唐书》三种史书,进行精心校勘,消除在流传过程中出现的文字讹误,以便形成新的优质文本,供给全国学生使用。两年后的咸平五年(1002年),《三国志》和《晋书》的校勘任务完成,将正式文稿送到国子监进行刻版。咸平六年(1003)十月,《三国志》全书刻版印刷完成,正式问世。为此,中央朝廷的中书省、门下省两大机构,还专门联合下发牒文,要求将这一文本作为朝廷官方正式认可的标准文本,颁行各地学生使用。由于这一版本是北宋的国子监刊刻的,故而又称为"北宋监本"。

《三国志》全书六十五卷完整的北宋咸平原刻本,现今已经难以见到。只有被认为是出自北宋咸平本的《吴志》二十卷，还被记载于各种论著之中。成都武侯祠博物馆主编的《三国志版本荟萃》第一辑共七个分册，2016年4月已由巴蜀书社出版。其中第七分册所收入的《吴志》二十卷，其母本应当就是源于北宋咸平的原刻本。笔者研读之后，认为值得注意之处有五：

一是正文目录的后面，确实附有咸平六年（1003年）十月二十九日北宋官方正式下达的牒文全文，其文字的提行格式，也保持了原来的面貌；

二是正文末尾，又有咸平三年（1000年）十月奉敕进行校订、雕印的14位官员，在完成任务之后正式向上报告时列出的官衔、姓名；

三是正文末尾的牒文之后，还附有清代著名藏书家黄丕烈有幸购得此书时，与他三位好友共同观赏，四人各自题写的跋语；

四是文字的版式安排上，裴注字体的大小与正文完全相同，仅仅采用了立即提行并降低一格的版式安排；不像后来出现的南宋刻印本，是以双行小字夹注的版式来安排。这就在整体的版式上具有明显的差别。

五是其中卷五《妃嫔传》中，最末三页的原刻受到损坏，黄丕烈参考自己收藏的其他宋本，使用了工楷手抄的文字，按照咸平版本的行款格式，进行了配补。

不过，这一版本究竟是《吴志》二十卷的单刻本，还是《三国志》全书六十五卷的残存本，学界却有不同的意见。收藏者黄丕烈写的跋语中，根据此书的目录，在前十卷之前标有"上帙十卷"字样，而后十卷之前标有"下帙十卷"字样，因而断定是《吴志》专门的单刻本。但是，现今有学者则认为，此书首卷正文开头的第一行下面，明确标明了"国志四十六"的字样，可见这一卷为《三国志》全书的第四十六卷，这与后来南宋刻印《三国志》全六十五卷本的标注措辞完全相同，所以应当是《三国志》的残存本，而非单刻本。

笔者个人的意见则认为，是《吴志》二十卷单刻本的可能性较大。理由在于，孙吴故地的核心地带，是在三国时期所谓的"江东"，也就是后来的江南地区。这一地区的文化人士，将《三国志》中的《吴志》二十卷抽出来，单独进行刊印，作为江南地区早期乡土文献之一加以弘扬和传播，完全是顺理成章的事。不过，即便这一版本就是《吴志》的单刻本，也绝对不能仅仅依靠这一孤立的证据，进而以偏概全，认为《三国志》在北宋以前，全都是分为魏、蜀、吴三部分单独流行，直到北宋之后才开始合成为整体性一本书的。总之，在现今存世而得见的《三国志》刻印本中，这应当是最早的一种，值得我们高度重视。

到了南宋时期，出现的刻印本有官刻本、坊刻本之分。

官方主持刻印的官刻本，具有代表性的是南宋高宗绍兴九年（1139年）下诏刊刻的校勘本，习称为"绍兴本"。非官方的私人刻印书坊，其刻印本被称为"坊刻本"，具有代表性的是南宋光宗绍熙年间的刻本，习称为"绍熙本"。两者都带有一个"绍"字，容易使人混淆。

著名的商务印书馆百衲本《三国志》，就是南宋坊刻本和官刻本珠联璧合之后的产物。所谓"百衲本"，即多种优质版本的各个部分，拼合起来形成的整本书籍。从前民间有一种"百衲衣"，采用不同颜色花纹的布料拼合而成，所以借此名称来形容这种拼合性的书本。

在百衲本《三国志》的前面，有如下简要说明：

> 上海涵芬楼景印中华学艺社借照日本帝室图书寮藏宋绍熙刊本，原缺《魏志》三卷，以涵芬楼藏宋绍兴刊本配补。

意思是说，这一版本是由两种版本拼合而成：一种是日本皇室图书馆收藏的南宋"绍熙本"六十二卷，另一种是上海涵芬楼收藏的南宋"绍兴本"三卷。可见前者是坊刻本，后者是官刻本，但都是质量上乘的珍贵版本。

另外，书末的跋语中，当时上海商务印书馆的主事者，著名出版家张元济先生，还详细叙述他在1928年，如何前往日本寻访中国古籍，因而得见这一珍贵版本并且进行照相摄影的过程，以及如何根据此书中南宋光宗赵惇名字的避讳，来确定其刊刻时间在光宗绍熙年间的经过。

笔者本人所收藏的缩印版百衲本，是2000年台湾商务印书馆的第八次重印本。根据该书版权页所标示，此书初版于1937年1月，由上海商务印书馆出版。对比之下，母本是上海涵芬楼"绍兴本"的前三卷，与母本是日本皇室图书馆"绍熙本"的后六十三卷，两者在版面格式和字体风格这两方面，确实都有较大的差异。

但是，两者都有一个共同点，就是目录被拆分为魏、蜀、吴三部分，分别放在各部分正文的前面。而不是像现代的版本，目录统一放在了全书正文的前面。值得注意的是，目录虽然分开放置，却又统一使用了"三国志目录"的命名，分别称为"三国志目录上""三国志目录中""三国志目录下"，从而表示三部分是以统一整体的形式刊行，而非三部分各自单独成书。

百衲本的《蜀志》前面，也有一篇北宋咸平六年的官方牒文，与前面提到的《吴志》二十卷版本中目录之后所附牒文，其文字的格式和内容都相同，只是前者的措辞是"蜀志"，而后者是"吴志"，而发文时间也从前者的"十月二十三日"，变成了后者在六天之后的"十月二十九日"。牒文由朝廷的中书省、门下省两大机构联合下达，其行文如下：

> 奉敕："书契以来，简编咸备，每详观于淑慝，实昭示于劝惩；矧三国肇分，一时所纪，史笔颇彰于遗直，策书用著于不刊，谅载籍之前言，助人文之至化；年祀寖远，讹谬居多，爰命学徒，俾其校正。宜从模印，式广颁行。"

大意是说，接到皇帝陛下的如下诏敕："自有文字记载以来，各类书籍都已齐备，每当详细观察过去的善恶，确实能够昭示劝勉和惩戒；想当初三国分立，陈寿对其进行记载，其史笔擅长彰显古人遗存的正直之道，故而他的著作能够长存不朽，如果我们对其著作加以提倡，那就有助于达到人文最好的教化；可惜此书流传的年代久远，其中文字讹误越来越多，因而朕决定命令学者，对其进行校勘更正。各地应当将此校勘后的版本视为楷模进行印刷，使该书得到广泛颁布流行。"

由此可见，北宋皇朝对于陈寿《三国志》给予了高度的评价，官方在推动《三国志》的广泛流传上，作出了切切实实的努力。宋代是雕版印刷科技发明和盛行的时期，也是极为重视文化教育的时期。雕版印刷书籍的大量出现，促进了文教事业的发展；而文教事业的发展，反过来又促进了对雕版印刷书籍的需求。

于是，陈寿《三国志》在两宋，不仅出版的数量大大增多，而且质量也显著提高。可以说，这是裴注陈寿《三国志》在版本流传上的一个黄金时代。

与宋代刻本一样，流传至今的《三国志》元代刻本也很少。其中，元成宗大德十年（1306年）池州路儒学的刻本，原刻的残本和明代修补本两种，都已收入上述《三国志版本荟萃》第一辑之中。

宋元以后的明清两代，是《三国志》得到进一步广泛传播的时期。社会秩序较长时间的安定，文化教育受到上层的重视，是《三国志》得到进一步广泛传播的基本原因。而广泛传播的具体表现至少有三：

一是各种版本大量增多，有官刻本、坊刻本和私刻本之分。著名的官刻本，就有明代万历年间的南京国子监刻本、北京国子监刻本，清代乾隆年间的武英殿刻本、四库全书刻本等。

二是创新性的活字本、石印本开始出现。笔者收藏的清光绪十四年（1888年）上海图书集成印书局《钦定三国志》，就是一种质量上乘的活字本。上海图书集成印书局是著名《申报》报馆的下属机构，曾经用铅字印行了《二十四史》和《古今图书集成》，是清代后期引进国外铅印技术的先行者。由于其母本是乾隆四年武英殿本，所以定名为《钦定三国志》。拙著《三国志全本今译注》的底本，就采用了这一版本。

三是《三国志》开始在外国出版。日本元和二年采用铜活字印刷的《群书治要》本，即是如此，已经收入上述《三国志版本荟萃》第一辑的第七分册。日本元和二年是公元1616年，相当于明万历四十四年。就现今存世的《三国志》而论，这应当是一种早期的活字本。但是，《群书治要》是魏徵等人奉旨为唐太宗编纂的，从大量典籍之中，选取有益于治国理政的内容，加以精简和改写，以供唐太宗借鉴参考。因此，这一版本的《三国志》是一部只有四卷分量的精简改写本，被列入《群书治要》的卷二十五到卷二十八之中。

最后来说排印本时期的概况。

大体说来，从清朝后期起到现今，是排印本广泛流传的时期，持续时间为一百多年。流行的版本主要有集解本、标点本、注译本等。

集解本是指《三国志集解》一书，编撰者卢弼，字慎之，湖北沔阳县（今湖北仙桃市）人。该书前面"序例"末尾标注的此书撰写时间，是民国二十五年，即1936年。1957年由古籍出版社出版排印本，1982年中华书局出版了影印本。清代是《三国志》研究的黄金时期，有关校勘、论辩的研究成果相继出现。卢弼大量吸收了这些成果，同时也加入了自己的研究心得，完成了这部重量级著作。对于从事《三国志》相关研究的学者而言，可以节省搜集资料的劳累，也可以获知挖掘资料的线索，是很有实用价值的参考文本，这在下一章中还要说到。

在多种新式标点本中，最为流行的是中华书局标点本。这一版本大家经常见到，无需多说。只是需要指出一点，就是早在这种新式标点本出现之前，明代陈仁锡的刊本、清末中华图书馆的仿刻殿本、民国扫叶山房的石印本、世界书局的铅印本等，就已经先后对《三国志》进行过断句的工作；传世的宋代刻本、清乾隆文渊阁四库全书本、同治金陵书局活字本等，则已对《三国志》的部分或全部，进行了段落的划分工作。前贤的这些工作和贡献，都为后来新式标点本的出现，开辟了先路，提供了参照，奠定了基础，是不能忽视和埋没的。

《三国志》的现代汉语注译本，现今已经出现了许多种，以适应广大读者阅读的需要。其中，有对全书部分内容进行选注的，比如恩师缪钺先生主编的《三国志选》《三国志选注》；还有只对全书原文进行翻译的各种白话本；还有对全书进行校勘之后，并对陈寿正文进行注释和翻译的，比如拙著《三国志全本今译注》。这正是：

裴注增辉新面貌，千秋版本广流传。

要想知道在后世的长期流传过程之中，陈寿的历史名著《三国志》还在学术性和通俗性两方面，产生了怎样的新成果和新花朵，请看下文分解。

源远流长

最后的这一章中，我们着重介绍从两宋时期起，陈寿的《三国志》在千年流传过程中所出现的新成果和新变化，从而进一步感受这一部不朽杰作的强大生命力量。总的说来，观察角度是在学术性和通俗性这两大方面：

第一方面，性质依然是在历史典籍的学术领域之中。主要观察《三国志》的专书研究，如何沿袭裴松之所开创的优秀传统道路，继续在学术方面贡献出更多的新成果。

第二方面，性质超越了历史典籍的学术领域，进入到更加广阔的通俗性文化范围之中。主要观察《三国志》的文本内容，如何被作为丰富的原始素材，运用改造、移植、夸张和虚构等诸多手法，进行各种形式的艺术再创作，从而在通俗性文化的大花园之中，培育出了许许多多绚丽的新花朵。

先说第一方面，即史学方面的学术性新成果。

裴松之所开启的史书注释新风貌，对后世的《三国志》专书研究留下了久远的影响，这从现今传世的文献典籍中就可以清晰地看出来。

至少从文化昌明的两宋时期起，关于《三国志》专书研究的著作，就已经相继出现，比如北宋唐庚的《三国杂事》，南宋陈亮的《三国纪年》。之后的明、清两代，特别是考据之学极为兴盛的清代，情况更是如此。这时问世的著作，不仅数量急剧增多，据学者不完全统计为60余种，而且分量厚重的大部头著作也开始问世，比如梁章钜《三国志旁证》就有三十卷，而赵一清《三国志注补》更达到六十五卷之多。这些不断问世的专书研究性著作，一方面继承了裴松之在补史、考史、论史等方面的具体做法，另一方面又发扬了裴松之的创新精神，不囿于前人的藩篱，能够开拓出新的学术空间。

比如，在补史方面，已经不限于裴注中那种分散性的史料补充，而是开始补充整体板块性的表和志。清初的学者万斯同，仅仅依靠一人之力，就补充了

《三国大事年表》《三国汉季方镇年表》《三国诸王世表》《魏国将相大臣年表》《魏将相大臣年表》《魏方镇年表》《汉将相大臣年表》《吴将相大臣年表》等八种年表。除了重大事件和上层人物的年表，职官制度上有洪饴孙《三国职官表》，地理行政区划上有吴增仅、杨守敬《三国郡县表附考证》，谢钟英《三国疆域表》《三国疆域志疑》，洪亮吉《补三国疆域志》（谢钟英补注），典籍文献上有侯康《补三国艺文志》、姚振宗《三国艺文志》等。这就大体在最基本的方面，填补了陈寿《三国志》没有表和志的空白。

在考史方面，由于《三国志》在上千年的流传过程中，在原典文字的完整性和准确性上，不断出现了诸多的新问题，于是又有校勘这一种专门性的学术新成果，在问世的著作中大量出现。

另外，利用《三国志》和裴注提供的原始素材，重新设计内容的纲目系统，从而将其改写成为史学新著作的形式也开始出现。这种形式，可以称为"改史"。北宋司马光编年体《资治通鉴》中的三国部分，实际上就是这种形式。其后南宋萧常、元代郝经两位学者，都著有同名的《续后汉书》，其实也是属于同样性质的著作。另外，清代《四库全书》所收入的宋代无名氏《三国志文类》六十卷，是将陈寿《三国志》书中所记载的文章原文单独抽取出来，重新分门别类，变成一部新的书籍，这也属于"改史"性质的新品种。

这些从宋代到近代大量出现，而且现今依然传世的《三国志》专书研究著作，是一笔相当可观和值得重视的文化财富。从继往开来的"继往"层面上看，它们对于陈寿《三国志》和裴松之注释所构建起来的三国典籍文献宝库来说，不仅深化了内涵，而且增添了光彩；而从"开来"上说，又为后世学者的相关研究，提供了非常丰富而有益的启迪、参考和营养。

比如前面提到的民国时期卢弼《三国志集解》，就是在吸收前代学者著作精华的基础之上，又付出主观的努力而完成的。据他本人在书前引录的《覆胡绥之先生书》中所列，他撰写《三国志集解》时所参考的前人相关研究成果，就有何焯、杨守敬、顾广圻、卢文弨、李慈铭、朱邦衡、刘家立、沈均瑜、沈家本等30多家之多。

而笔者本人，也在这方面有切身体会和深刻感受。笔者十年前出版的拙著

《三国志全本今译注》，是采用家藏的善本，即清光绪十四年戊子（1888年）上海图书集成印书局校印的《钦定三国志》，作为基准性的文本，然后对《三国志》和裴注的原文进行了全面的校勘，最后选定下来的校勘记共有1060条。其中，直接或间接引用了清代及其以前学者校勘成果的地方，就有396条，比例高达37%，超过了全部校勘记数量的三分之一。其中成果被引用较多的学者，赵一清有65处，潘眉有57处，何焯有38处，沈家本有26处，梁章钜有16处。对我而言，确实从前贤的贡献中获益良多。

至于考史的其他方面，特别是涉及到多种专业知识的一些疑难问题，清代学者的研究成果，对现今的研究也极具启发性。比如《三国志·诸葛亮传》中，记载了诸葛亮被后主刘禅封为"武乡侯"一事。对于这一爵位的封地"武乡"，究竟应当如何准确理解，就是一个涉及到多种专业知识的难点问题。

清代学者洪亮吉《补三国疆域志》，沿袭唐代学者贾耽《十道记》的说法，认为诸葛亮北伐大本营的所在地，即汉中郡首府南郑县（今陕西省汉中市）的南边，有一个叫作"武乡谷"的山谷，此处的乡级行政地武乡，就是诸葛亮爵位的封地。换言之，这一说法认为诸葛亮的"武乡侯"，是侯爵当中的"乡侯"这一等，封地是位于南郑县下属的武乡。

但是，清代学者潘眉在他的《三国志考证》卷六"封亮武乡侯"这一条目之中，却对上述说法进行了有力的辩驳，并给出自己的缜密考证：

> 诸葛功在魏延上，延尚封南郑邑侯，不应诸葛仅封南郑之乡侯。
>
> 考武乡，乃县名，前汉属琅邪郡，中兴省；至建安中，严幹已封武乡侯，可知武乡县虽省改于中兴，而实复置于汉末矣。
>
> 三国时封爵之制，皆以本郡邑为封土。如魏，张郃鄚人，封鄚侯；徐晃杨人，封杨侯。吴，文钦谯郡人，封谯侯；濮阳兴陈留人，封外黄侯。时谯郡、陈留不属吴，亦遥领之。武侯，琅邪郡人，因以琅邪之武乡封之，犹张桓侯涿郡人，封西乡侯，西乡，涿郡县名：皆邑侯，非乡侯也。

潘眉上述三段文字的缜密考证，是分成三个层面的知识来切入的：

第一步是从封爵制度的知识层面来切入。列举魏延的确凿事证进行反驳，认为诸葛亮的功劳明显在魏延之上，而魏延尚且被封为南郑县的县侯，所以诸葛亮绝对不可能被封为南郑县下属的乡侯。潘眉的判断无疑是非常正确的，因为三国时期蜀汉所承袭的汉代封爵制度，共有王爵、公爵、侯爵三等，皇族宗室成员才能享有前两等，异姓大臣的封爵，正常状态下只能享有侯爵这一等。而侯爵又有三个级别之分：封地为一个县者，是县侯；封地为一个乡者，是乡侯；封地为一个亭者，是亭侯。当时地方基层的行政体制，从上到下是县、乡、亭三级，所以县侯的封地最大，乡侯次之，亭侯的封地最小。

第二步则是从地理沿革的知识层面来切入。认为"武乡侯"的武乡，其实是县名，这一武乡县在西汉时属于琅邪郡，东汉时曾经被撤销；到了东汉末年建安时期，曹魏的臣僚严幹已经被封为武乡侯，可见武乡县虽然在东汉一度被撤销，到了东汉末年却又再度恢复设置了。潘眉的说法，同样也有确凿的证据，班固《汉书·地理志》就明确记载，西汉的琅邪郡，曾经有51县，其中确实有一个名为"武乡"的县。到了东汉的前期和中期，据《后汉书·郡国志》记载，琅邪郡的属县减少到13县，而被并省的38县之中，确实就有上述的武乡县。但是，《三国志·裴潜传》裴注引《魏略》，确实又记载了严幹被封为"武乡侯"的事证，这是东汉后期建安年间曹操执政时期的事，可见此时的武乡县确如潘眉所言，已经再度恢复设置。因此，诸葛亮"武乡侯"的武乡，确实应当是指一个县，而不是指一个乡。

第三步再度从封爵制度的知识层面来切入。为何蜀汉会将武乡县作为诸葛亮的封地呢？潘眉首先列举《三国志》记载的诸多史实，证明当时常常会将受封者家乡所在郡的下属县作为封地，以示荣耀。比如曹魏，张郃是鄚县人，被封为鄚县侯；徐晃是杨县人，被封为杨县侯。又如孙吴，文钦是谯郡人，被封为谯郡下属的谯县侯；濮阳兴是陈留郡人，被封为陈留郡下属的外黄县侯。当时的谯郡、陈留郡，都属于曹魏管辖而不属于孙吴，这种封爵是一种隔空享有的所谓"遥封"。诸葛亮是琅邪郡人，所以也用属于曹魏琅邪郡下属的武乡县作为他的封地，这就好比张飞是涿郡人，被封为西乡侯一样。此处的西乡，虽然同样带一个"乡"字，却是曹魏涿郡下属的一个县，所以诸葛亮的"武乡侯",与张飞的"西乡侯"一样,都属于县侯这一等,并非是等级要低一等的乡侯,而且又都属于"遥封"的性质。

潘眉的上述考证和解读,不仅非常准确,非常简练,而且还含有对后世学者颇具启发性的多种知识点。

比如,对于当时的地名,不能因为其含有"乡"字,就一概将其误判为某县下属的某乡。事实上,两汉时期全国上千个县之中,就有不少带有"乡"字的命名。单以刘备的故乡即涿郡而论,《汉书·地理志》所列出的西汉51个属县之中,依次就有州乡、良乡、利乡、临乡、阳乡、西乡等6个带有"乡"字的县。又比如,当时为何会将受封者家乡所在的县作为封地,这应当是给予受封者的一种特殊荣誉,带有"衣锦还乡"的优待性质。再比如,蜀汉为何会将曹魏所属的武乡县、西乡县,以"遥封"的方式赏给诸葛亮、张飞作为封地,除了给予特殊荣誉的考虑,又还应当是在政治上,具有诸葛亮《出师表》所言"兴复汉室,还于旧都"的期盼和宣示。

至于武乡县的具体方位,清代学者汪士铎《汉志释地略》一文也有考证,认为是在同一琅邪郡的"安丘县北"。西汉琅邪郡的安丘县,故城在今山东省安丘市的西南。这一位置,是在诸葛亮老家阳都县的北边偏东一点,直线距离不过220华里左右,这也从另一方面证明了诸葛亮"武乡侯"的封爵确确实实具有"遥封"的特殊性质。考虑到潘眉的考证非常之准确可靠,笔者的《三国志全本今译注》和其他论著,就都在"武乡侯"的解读上采用了潘眉的研究成果。

如上所述,从宋代到近代大量出现,而且现今依然传世的《三国志》专书研究著作,确实是一笔相当可观和值得重视的文化财富,不仅是对陈寿《三国志》的深化和发展,而且也为后世学者的相关研究提供了丰富有益的启迪、参考和营养。但是,要想全面而充分地汲取这样的启迪、参考和营养,却并不是一件容易做到的事。

原因在于,这些专书研究的著作,先后问世于不同的朝代和时期,不同的地域和书坊,而且刊印的数量往往又很少,所以现今的入藏地点,不仅极其广泛和分散,而且得以收藏的图书馆,也会将其视为古籍的珍本或善本,一般不会轻易示人，更不用说外借出馆了。以笔者的亲身经历而论，当初撰写拙著《三国志全本今译注》时，即便就是本校图书馆所收藏的古籍善本，也必须办好相关的手续，在善本书库的阅读室内当场阅读，读完一册归还之后，再借阅下一册；对于书中有用的文字内容，也只能进行手抄或校对，不能拍照和复印。这样严格的规定，对于馆藏古籍的完善保管，自然是非常合理和必要的，不过对于读者，就必须耗费更多的时间和精力，因而深感不便了。虽然其中的少数著作，也有当今的印刷本出现，却依然不能充分满足学界的需要。因此，从大力促进中华悠久历史文化研究的角度来说，把这些长期积累起来的大量研究成果，精心收集其优质版本，采取影印技术保持原貌，最后汇聚为一部集大成的图书，使得读者能够非常便利地进行研读使用，无疑也是《三国志》专书研究方面具有特殊价值的新成果。

成都武侯祠博物馆编选的《历代三国志文献集成》第一辑共十二分册，2020年9月已经出版问世，就属于这种新成果。此书将宋代到1949年之前，至今依然传世的《三国志》专书研究性古籍，进行了一个总结性的展示。包括考证、校勘、订补、评议等诸多类别，皆在收录之列。所收古籍以刻本为主，也兼收写本、抄本、活字本等。然后编辑影印，汇集成书，分辑出版发行。总之，此书不仅能够展现《三国志》流传及研究的千年沧桑演变，而且也具有保存和传播史料之文献学价值，可谓是造福学林士子的大好事。

笔者初步研读该书第一辑之后，发现其中以"考史"为主的著作就有26种之多，搜罗已经相当可观。

首先，从著者的时代上看，上从南宋起，历经明、清两代而至民国，而以清代的著者为最多，不仅呈现出《三国志》专书研究历代传承不绝的可喜情景，而且也反映出专书研究成果在清代兴盛一时的特征。其中值得一提的著作，比如《三国疑年录》，其著者刘文如，字书之，清代江苏仪征人，是整个《三国志》专书研究历程中极为罕见的女性著者。她的文化修养深厚，丈夫是当时的大学者和名臣阮元。在阮元的建议下，她撰成《四史疑年录》七卷，对于《汉书》《后汉书》《三国志》和《晋书》四部正史所载人物中，其年龄和生卒年可考者，进行细致的探究，清嘉庆二十三年（1818年），由阮元亲自安排刊刻问世。而其中的《三国疑年录》，乃是涉及三国部分的三卷，成为清代《三国志》专书研究中别具光彩的亮点。

其次，从版本刊行的地域上看，西部的四川有《函海》丛书刊本，南部的广州有学海堂刊本、《广雅丛书》刊本和番禺徐氏刊本，中部的长沙有龙氏家塾刊本，江西省上高县敖阳的李氏尚友楼刊本，东南部的江南地区，则有上海的《守山阁丛书》刊本、苏州的江苏书局刊本、杭州《浙江图书馆丛书》刊本、上虞县罗氏铅印本等，堪称是研究成果的版本刊行遍布了全国各地。

最后，从版本的精善上看，所收宋代佚名著者《三国志辨误》一书，系清道光年间钱熙祚《守山阁丛书》刊本。而钱氏的这一刊本，向来以校勘精审而著称于学林。还有所收之潘眉《三国志考证》、周寿昌《三国志注证遗》、钱大昭《三国志辨疑》、梁章钜《三国志旁证》四种著作，均出自《广雅丛书》刊本。晚清名臣张之洞出任两广总督时，创办广雅书院，大力振兴教育。又开设广雅书局刊刻书籍，提供实用性读本给书院的莘莘学子。为了保证书籍的上乘质量，书局在校勘和刊刻上都有严格的制度，单是在校勘上就必须经过初校、复校、总校三次的专人把关。此后，民国时期的广东省图书馆，接收了广雅书局、学海堂所留存的版片，又从中选择精华，统一编辑成为《广雅丛书》刊行。其中单单是史部的著作就多达90余种，上述四种就在其中，其版本的精善不言而喻。

纵观《三国志》的专书研究历程，裴松之注释的出现，总结了陈寿《三国志》问世之后130多年来的相关研究成果，应当是研究历程上的第一块里程碑。现今，裴松之注释问世后又过了1590年，也到了应当建立新里程碑的时候。而《历代三国志文献集成》一书，不仅是专书研究方面的新成果，而且也具有里程碑的意义和价值。

再来说第二个方面，即文化领域的通俗性新花朵。

两宋以来上千年间，取材于裴注《三国志》的新花朵不断绽放，而且越到后来，数量和品种越多，质量和效果也越好，甚至还跨过了国界，最后形成了通俗性三国文化之花的洋洋大观，被现今学者概括为"大三国文化"，从而与三国时期本身的文化相区别。也就是说，最初的历史源泉，后来蔚为文化的渊海，不仅兴盛在华夏，而且流播到友邦。这是陈寿《三国志》和裴注在流传过程中，朝向通俗化和普及化方向发展的重要现象。

之所以会如此，有如下重要原因：

一是在社会背景上。唐宋之后的中国，商品经济的日益发展，城市管理的日益宽松，市民娱乐需要的日益迫切，这都为大三国文化之花的生长和繁荣，提供了很好的社会土壤。

二是在文化事业上。唐宋之后的中国，由于雕版印刷书籍的大批量印行，书籍的成本显著降低，民众获得知识变得更加容易，因而了解历史的兴趣也随之大为提高。在此情况下，具有历史知识的艺人和作家，也更加容易产生和出现。

三是在此书特色上。如果普通的草根民众有了对历史进行了解的兴趣，那么他们最为容易喜爱的历史，会是哪一段呢？笔者认为，这段历史应当具备以下条件：

首先，不能太长，也不能太短。太长了的话，内容就会太多，时间也会太长，容易产生现今所说的"审美疲劳"。如果太短了的话，刚刚才提起的兴趣，又很快就结束了，效果也不会好。

其次，一定要有众多各具特色的精彩人物。他们个性突出，各具才能，他们的有趣故事和精彩人生，散发出非同凡响的吸引力，令人百听不厌。

再次，这段历史又要有剧烈的冲突和竞争，因为冲突和竞争，最能吸引读者；还能在历史的结局上，给人以深刻的启迪和借鉴。

最后，记载这段历史的史书，应当具有两项基本条件：在叙事上要层次清晰，不能头绪过于纷繁；在文句上要精练明晰，不能过于典雅难懂。

如果使用以上四项基本条件去衡量此前的史书，比如享有盛名的纪传体"前四史"，结果会如何呢？

司马迁的《史记》，是纪传体通史，从三皇五帝、夏商周秦，一直说到西汉的前期。朝代多，持续的时间也就太长了。班固的《汉书》，部头不仅太大，何况文辞也过于典雅难懂了。范晔的《后汉书》，不仅持续时间相当长，又还撰写于陈寿《三国志》流行之后的南朝，书中涉及到的东汉后期部分，其中的人物往往与《三国志》重复，比如董卓、刘虞、公孙瓒、陶谦、袁绍、刘表、刘焉、袁术、吕布、华佗等等，文字描绘的精彩程度也比《三国志》要逊色一筹。

唯有余下的陈寿《三国志》附裴注，能够全部满足上述四项基本条件。

首先，时间接近一百年，不长，但也不短，正好合适。

其次，精彩人物众多。前面已经说过，笔者统计全书，总共列入正传和附传的人物，数量为544人，其中曹魏281人，蜀汉107人，孙吴156人。不仅人物众多，而且主要人物都有各自的特色，曹操、刘备、孙权、诸葛亮、周瑜、司马懿等，都是历史舞台上各具非凡光彩的第一流角色。

再次，众多人物又分成三方，三方之间和三方内部，不断出现激烈冲突和全力竞争，堪称是精彩好戏连连上演。而且全书开头从天下大乱开始，结尾又重新归于统一，形成一个完整的循环。正如后来《三国演义》开篇的三句话所言："话说天下大势，分久必合，合久必分。"这能不能给人以一种深刻的启迪呢？当然能了。物极必反，天道轮回，正好上升到古代哲学的高度。

最后，叙事清晰，文句精练，也正是此书的突出特色。

于是乎，大三国文化的花朵，就这样开始灿烂绽放出来。

较早绽放的花朵之一，就有北宋时期的讲说艺术，类似后世的评书。在北宋皇朝的东京开封城中，已经有收费艺人擅长讲说古代历史故事，当时称为"说古话"；其中擅长讲说三国故事者，又有专门性的称呼即"说三分"。

北宋苏轼的《东坡志林》，是东坡先生的日常札记汇集。其中的卷六记载，他的好友王彭，字大年，曾经给他讲了当时的一段故事：

> 途巷中小儿薄劣，其家所厌苦，辄与钱，令聚坐听说古话。至说三国事，闻刘玄德败，颦眉蹙，有出涕者；闻曹操败，即喜，唱"快"。以是知君子、小人之泽，百世不斩。

意思是说，大街小巷中居民家的小娃娃如果顽皮难管，家中大人对其讨厌苦恼时，总是给他们一点儿钱，让他们聚坐在有艺人讲说古代历史的地方去听故事。讲到三国的故事时，每当听到刘玄德失败了，娃娃们就会频频皱眉头，甚至还有流下涕泪的；而每当听到曹操失败了，娃娃们就很高兴，口中还叫道"痛快"。从这种情况可以明白君子和小人的深远影响，哪怕经过一百代人也都还是存在的。

南宋孟元老《东京梦华录》一书，记载了北宋时期东京开封城的风俗、民情、节庆、娱乐表演等内容。其中卷五的"京瓦伎艺"一节，对于北宋徽宗时城中表演大棚的各种娱乐表演项目，就有如下描绘：

> 霍四究"说三分"，尹常卖"五代史"。……不以风雨寒暑，诸棚看人，日日如是。

意思是说，艺人霍四究，专门表演"说三分"；还有艺人尹常卖，专门讲说"五代史"。不管吹风下雨，寒冬暑夏，各个表演大棚中的看客，天天都有那么多。

从这两段生动的描绘中可以看出两点：第一，北宋时期讲说三国历史故事的大三国文化之花，已经形成了一种艺术表演的专业性节目；第二，从事这种表演的艺人，具有极高的表演才能，散发出非常强烈的吸引力和感染力。不管吹风下雨，寒冬暑夏，通俗表演大棚的成年听众每天爆满；就连小娃娃们听了，都能表现出爱憎分明的情绪，成为大人们应对他们调皮捣蛋的一种绝招。陈寿和裴松之如果地下有知，得知他们的史文还能具有如此的妙用，恐怕也要莞尔一笑了。

流传至今的元代刊行本《三国志平话》，实际上就是当时专业说书艺人讲说三国历史故事的脚本大纲之一。该书的分量不大，6万字左右，分为上中下三卷。除了开头和结尾的少量怪诞性文字成分，主要内容是讲说蜀汉政权的兴亡。而书中全力刻画的核心人物，则是诸葛亮和刘备君臣。上卷讲说刘备前期的创业，因为没有得力的军师辅佐而屡遭挫败；中卷讲说诸葛亮应聘出山效力，从此刘备的创业一帆风顺；下卷讲说诸葛亮接受托孤，执掌国政，出兵北伐，不幸病死，蜀汉政权迅速灭亡。书中不仅强调"诸葛本是一神仙……达天地之机,神鬼难度之志,呼风唤雨,撒豆成兵,挥剑成河",对蜀汉的兴衰成败起着决定性作用,而且在他不幸去世之后,全书很快就收尾结束。

此书的艺术特色,是想象丰富,故事曲折,能够充分满足广大草根听众的心理需要。当时讲说三国故事之所以受到市井民众的普遍欢迎,从中可以窥知端倪。

另外值得注意的是,书中还有不少的虚构情节,在陈寿《三国志》中并无记载,然而却成为后来《三国演义》中的著名段落,比如虎牢关三英战吕布、关公千里走单骑、诸葛亮登坛祭东风等等。由此可见,早在《三国演义》产生之前,就已经有前人作出了不少的精心构思和有利铺垫,《三国演义》并非纯粹出自罗贯中一人的匠心原创。

接下来绽放的大三国文化之花,要数舞台上的戏剧艺术了。元代最为流行的杂剧,就是最早的报春花。沈伯俊、谭良啸二位先生编撰的《三国演义辞典》中,搜集内容有关三国的元杂剧就有59种,在全部元杂剧530多种中,占有的比例超过了十分之一。元代最伟大的戏剧家关汉卿,一人就编撰了《关大王单刀会》《关张双赴西蜀梦》《徐夫人雪恨万花堂》《终南山管宁割席》等剧目;另一位杰出戏剧家王实甫,也编撰了《作宾客陆绩怀橘》《曹子建七步成章》;另一位有"小汉卿"美称的高文秀,也编撰了《刘玄德独赴襄阳会》《周瑜谒鲁肃》。这三位元杂剧的顶级名家,都对三国题材情有所钟。至于三国英杰之中,最受剧作家关爱的自然是诸葛亮,以他为主角的剧目,就有王仲文的《七星坛诸葛祭风》《诸葛亮军屯五丈原》,尚仲贤的《武成庙诸葛论功》,王晔的《卧龙岗》,还有佚名剧作家的《诸葛亮挂印气张飞》《诸葛亮博望烧屯》《诸葛亮赤壁鏖兵》《诸葛亮火烧战船》《诸葛亮石伏陆逊》等多达9种。

后来大量出现的传统剧种当中,取材于三国的剧目数量极多,故而有"唐三千,宋八百,演不尽的三列国"之说。三国戏剧中的诸葛亮,通常是以文唱的须生即老生角色出现。其中最为脍炙人口而且经久不衰的精彩剧目,当数折子戏《三顾茅庐》《借东风》《卧龙吊孝》《定军山》《失街亭》《空城计》《斩马谡》等。其中的后面三折,合称为"失空斩"。以京剧为例,著名的须生名家余叔岩、言菊朋、马连良、谭富英、杨宝森、奚啸伯等，都在孔明戏的表演上留下了脍炙人口的经典性不朽作品。

另外，当今大量的三国题材影视作品，实际上是从传统的戏剧发展而来，也可以归入戏剧这一大类之中。

稍后绽放的大三国文化新花朵，就是文学性质的长篇章回小说。元末明初，天才作家罗贯中编撰完成的《三国演义》，是此后流传最广而且影响最大的长篇历史题材小说，被誉为古典文学"四大名著"之一。

《三国演义》的早期书名，曾经叫作《三国志通俗演义》和《三国志演义》。书名带有"三国志"的字样，说明陈寿《三国志》是该书创作的基本素材来源。至于"演义"这一词汇，早在三国之前的东汉就已经出现，当时是指对儒家经典的诠释和发挥，还不是文学领域中对体裁进行定义的名词。《三国志通俗演义》的书名，借用了早就有的"演义"这一词汇，意在说明，自己这部作品是对陈寿《三国志》的通俗化诠释和发挥。不过，罗贯中的诠释和发挥，程度真是有点儿大，大得来对《三国志》的内容，进行了至少三方面颠覆性的彻底改造：

一是在立场倾向上，从以曹魏为正统，改为以蜀汉为正统，奉行"尊刘抑曹"的创作方针。

二是在内容分量上，最大限度增加蜀汉主要人物的比重，特别是诸葛亮的比重。

三是在人物描绘上，尽量美化蜀汉人物的形象，特别是其正义性和正确性，为此采用了大量的文学创作手法，包括夸张、移植、虚构、穿越，甚至神化或魔幻等。孙吴人物多是衬托性的配角，曹魏人物则是反面性的主角。

在该书正面塑造的人物当中，高居第一名的主角要数蜀汉的诸葛亮。

首先，从文字分量上看，全书一百二十回中，单是在回目的标题上，明确标出了诸葛亮的姓名或别称，从而可以确定该回目是以他为主角者，就有三十九回之多，占了全书回目的三分之一。分量不仅远远多于刘备、关羽等，而且也高于其他任何人物，包括第一反面主角曹操。

其次，为了提高诸葛亮形象的正义性和正确性，甚至不惜把孙吴顶尖级的英杰贬低为孔明的陪衬。比如，孙吴的全军主帅周瑜，在陈寿《三国志》中原本是为人气度恢弘，而且是正常死亡；而罗贯中笔下的周瑜，却变得狭隘小气至极，最后竟然被孔明活活气死。鲁肃在《三国志》中，也是深具战略眼光的孙吴主帅，在罗贯中笔下却变得老实可欺，智商低下。贬低这两位，都是为了美化诸葛亮。

最后，全书布局上最为精彩动人的篇章，是在第三十六回诸葛亮出山之后，到第一百零五回诸葛亮去世之间的中段部分；在诸葛亮去世之后，全书很快就收笔结束。

由此可见，《三国演义》倾情歌颂和倾力塑造的第一主角，不是他人而是诸葛亮。从这个角度上说，该书几乎可以叫作《诸葛亮演义》了。

《三国演义》问世之后，讲说三国英雄风云际会的这部大书，因为在艺术上的无穷魅力，又成为推进大三国文化进一步深广发展的强劲动力，还成为催生更多通俗文化新花朵的新源泉和新土壤。比如，讲说《三国演义》，是后来评书艺人最为看重的节目之一。现今在全国各地，也依然可以欣赏到不同风格的《三国演义》评书节目。

接下来绚丽绽放的，当数美术作品的艺术之花。又可分为图画和塑像两大类。

图画这一大类当中，又有卷册图画、绣像插图、器物图画、连环图画、邮票图画等多种分支。

现今所能见到的早期卷册图画，当数原来清朝皇宫的珍藏。其中，内务府所藏《历代功臣像》中的《汉诸葛亮像》，被定为元代佚名画家的作品。此画为诸葛亮站立肖像，头戴纶巾，神态宁静。现今所传的清宫南薰殿摹本诸葛亮站立肖像，应当就是据此而来。明朝的宣德皇帝朱瞻基，经常将自己的绘画作品赏赐给臣僚。赐给大臣陈瑄的《武侯高卧图》，描绘诸葛亮隐居时的情景，现藏于故宫博物院。画中诸葛亮仰卧于茂林修竹之下，头枕书册，左手支撑面颊，解衣袒露胸腹，凝神远眺青天，颇有魏晋竹林名士放达不拘的情态，而与通常形象中的端庄肃穆迥然不同。故宫博物院还藏有明代画家戴进的《三顾草庐图》，图中的诸葛亮，端坐于峻岭之下的竹林草庐之中；门前青松之下，则是身着便装的刘备、关羽和张飞。当代画家蒋兆和、程十发等，也曾创作过诸葛亮的肖像画作。

绣像图画，就是古本书籍中的人物插图。"绣像"一词，最初是指刺绣在锦缎上的精美图像。清代后期，与各种话本小说相配的人物插图大量出现。为了突出插图的精美细致，刊行者就用"绣像"一词来作为宣传用语。如果人物的插图很多，又会使用"绣像全图"或者"全图绣像"的营销措辞。以诸葛亮为核心人物的《三国演义》，就有种类繁多的绣像版本，成为最早在社会上广泛流传的三国人物图画类别之一。

器物图画，描绘在各种器物之上。比如在民间流传的瓷器、漆器、木器、竹器的表面，就有多种三国人物的形象出现。

连环画册，实际上是从绣像小说发展而来。只不过绣像小说是以文字为主而图画为辅，而连环画册则正好相反，是以图画为主而文字为辅。对于少年儿童和文化程度较低的草根群体而言，这是一种极受欢迎的读物。有关三国人物的连环画册，早期主要有20世纪20年代的《连环图画三国志》，此后则有50年代的《三国演义》，两种版本都出自上海，发行量很大。

邮票图画是现今发行量也很大，因而影响面也很广泛的品种。据媒体报道，中国大陆发行的《三国演义》成套邮票，从1988年开始到1998年结束，先后发行了5次，每次1组，合计20枚，另外再加3枚小型张，即"千里走单骑""赤壁鏖兵""空城计"，共为23枚。由于题材好，设计好，质量好，所以受到广大集邮爱好者的欢迎，5次的发行总量达到12395万套之多。

另外，在中国的台湾地区，也先后发行过有关三国的邮票，比如表现诸葛亮者，就有"三顾草庐""草船借箭""三气周瑜""锦囊妙计"等，也很受欢迎。在中国澳门地区的邮票中，也有"三顾茅庐""三气周瑜""诸葛禳星"等有关三国内容的品种。

塑像这一大类中，数量也非常多。个人塑像，以关公塑像为最常见：枣红脸，卧蚕眉，绿战袍，再加一柄青龙偃月刀，成为关公塑像的标准配置。民间普遍将关公视为降妖驱魔的吉祥神，凝聚人心的忠义神，赐予财运的武财神，不论在遍布各地的关帝庙，还是在民间企业和私人家中，关公塑像随处可见。

大型群体塑像，最为著名的就是成都武侯祠博物馆的彩色三国蜀汉君臣塑像群体。这一群体塑像最初建造于清代康熙年间，在祠内的刘备殿、孔明殿和文臣、武将两廊中，共有塑像47尊之多。刘备殿正中供奉的刘备像，是其中体量最大的一尊。像高3米多，刘备身着黄袍，头戴冕旒，双手执圭，神态肃穆。孔明殿正中供奉的孔明像，正襟端坐，头戴冠帽，身穿长袍，右手持白色羽扇，左手轻放在膝上，面颊丰满，长须垂胸，目视前方，神态安详。其他的塑像，比如关羽、张飞、庞统、赵云、黄忠等，也都精神饱满，形态生动。总之，这一群体塑像，是兼具文物和艺术两方面珍贵价值的作品，早已闻名四方，每年都吸引数以百万计的游客前来观赏。

最后还应当介绍古迹名胜方面的新花朵。三国之后，与《三国志》记载内容密切相关的古迹名胜相继出现，成为《三国志》影响继续得到传播的又一种特殊形式。比如，重要的建筑古迹，就有河南省洛阳市汉魏洛阳故城、河南省临颍县汉魏受禅台（附《公卿将军上尊号奏》石碑与《受禅表》石碑）、江苏省南京市石头城、湖北省鄂州市武昌古城、湖北省荆州市荆州古城、安徽省合肥市合肥新城等；关键战役的古迹，就有河南省中牟县官渡之战遗址、湖北省赤壁市赤壁之战遗址、湖北省宜昌市猇亭之战遗址、安徽省合肥市逍遥津之战遗址等；著名人物的陵墓，就有四川省成都市刘备惠陵、陕西省勉县诸葛亮墓、湖北省当阳市关羽墓、河南省洛阳市关林、四川省阆中市张飞墓、江苏省南京市孙权墓、安徽省马鞍山市朱然墓、安徽省亳州市曹氏宗族墓群等；著名人物的故居地和纪念地，就有湖北省襄阳市隆中风景名胜区、四川省成都市武侯祠、河南省南阳市卧龙岗、河南省修武县东汉献帝庙、山西省运城市关帝庙等；著名的古代道路遗迹，也有四川省剑门古蜀道、陕西省秦岭褒斜道等。

以上，我们概括介绍了《三国志》专书研究方面的学术性新成果，以及大三国文化方面各类具有代表性的通俗性新花朵。这种大三国文化，拥有数量极多的中外爱好者，影响面最为广泛而深远。但是追根溯源，其原始素材基本上都是来自陈寿《三国志》这部不朽的史书杰作。完全可以说，没有陈寿，也就没有《三国志》；而没有《三国志》，也就没有后来这种灿烂多姿、源远流长的大三国文化。这正是：

陈寿风云三国史，流传千载耀中华。
源泉一脉成渊海，喜看人间百态花。

陈寿年谱

233年　癸丑　蜀汉后主刘禅建兴十一年

出生，虚岁一岁。祖籍东汉益州巴西郡安汉县。安汉县有四大著名家族，而以陈氏为首。先祖陈禅，是东汉皇朝以正直留名青史的官员。陈禅的儿子陈澄、曾孙陈宝，在从政中都能够继承先辈的高尚风范。陈寿的父亲，此前在建兴六年（228年）春天诸葛亮第一次北伐曹魏时，曾任蜀汉前军主将马谡的参军。马谡街亭战败被处死，陈寿父亲受到牵连被判处髡刑，服刑期为五年，应到建兴十一年（233年）才能期满。而陈寿却在此年已经出生，证明其父被诸葛亮提前释放，宽大处理。

236年　丙辰　蜀汉后主刘禅建兴十四年

四岁。约在此年，陈寿开始少年时代十一年的初级阶段读书生活。

247年　丁卯　蜀汉后主刘禅延熙十年

十五岁。约在此年，陈寿离家外出，开始独立生活和学习。进入京城成都的蜀汉太学，接受著名学者谯周的指导，进一步在学业上全面深造。在此期间，谯周指导陈寿研读了史学典籍《尚书》，与《春秋经》配套的《左传》《公羊传》《谷梁传》，尤其是对司马迁的《史记》、班固的《汉书》这两部纪传体史学名著，陈寿锐意进行了精深的研究。他天资聪明机警，见识敏锐，撰写的文章内容丰富而文采艳丽，被比喻为孔子优秀门生子游、子夏。这为他后来写出不朽的纪传体史学名著《三国志》，奠定了坚实的专业基础。

252年　壬申　蜀汉后主刘禅延熙十五年

二十岁。约在此年，陈寿结束在太学的学业，开始进入仕途。最初担任益州政府中的低级办事员"书佐"；此后担任卫将军府署的主簿、东观的东观郎、秘书省的秘书郎；又还升任皇帝身边的侍从官员，即散骑侍郎、黄门侍郎。以上任职轨迹，是从基层的地方政府，转往前线的野战军营，再进入朝廷的皇宫，最后来到皇帝身边的皇朝核心。从政府的范围上说，既包含了地方，又包含了中央；从官职的性质上说，既包含了文职，又包含了武职。可见他的仕宦经历，涉及到整个蜀汉国家机器中各个重要运转部分。这一份完整的仕宦经历，为他今后撰写《三国志》，积累起必须具备的体验和历练。

258年　戊寅　蜀汉后主刘禅景耀元年

二十六岁。后主刘禅宠信的宦官黄皓在此年开始干政。陈寿坚决抵制邪恶的黄皓，不肯与之同流合污。

261年　辛巳　蜀汉后主刘禅景耀四年

二十九岁。黄皓强力操纵蜀汉政务。约在此年，陈寿遭到黄皓打击报复而被罢官。

262年　壬午　蜀汉后主刘禅景耀五年

三十岁。约在此年，陈寿父亲去世，陈寿因在服丧期间"使婢丸药"而遭到社会舆论的严厉抨击。

263年　癸未　蜀汉后主刘禅炎兴元年

三十一岁。当年十一月，蜀汉政权被曹魏大军攻灭，陈寿成为亡国之人。由于"使婢丸药"事件影响，蜀汉灭亡后较长时间内，陈寿都没有能够重新进入政坛。

265年　乙酉　西晋武帝司马炎泰始元年

三十三岁。当年十二月，司马炎代魏称帝，曹魏政权灭亡。

267年　丁亥　西晋武帝泰始三年

三十五岁。陈寿老师谯周应召到达洛阳，病重卧床不起。西晋朝廷派遣特使到家中给予谯周骑都尉的官职以示荣宠。

268年　戊子　西晋武帝司马炎泰始四年

三十六岁。之前陈寿已经完成《益部耆旧传》一书，问世后获得好评。约在此年，在张华、罗宪、文立等人的大力帮助下，陈寿被西晋官方举荐为"孝廉"，正式任命为佐著作郎，前往京城洛阳赴任。到职后，陈寿撰写名臣传一篇，顺利通过入职测试。在洛阳期间，撰写三国史书的想法开始萌生。

269年　己丑　西晋武帝司马炎泰始五年

三十七岁。陈寿出任家乡所在地巴西郡中正，完成对本郡人才的清理和确定工作后，请求休假回巴西郡老家探望，临行前与谯周告别。之前完成《古国志》五十卷，书中对史事的品评显现出"品藻典雅"的突出特色，中书监荀勖、中书令张华，认为陈寿的优秀史学才能，即便是与编撰《汉书》的班固和编撰《史记》的司马迁相比也毫不逊色。

270年　庚寅　西晋武帝司马炎泰始六年

三十八岁。当年冬天，谯周在洛阳去世，终年七十一岁。

274年　甲午　西晋武帝司马炎泰始十年

四十二岁。当年二月初一癸巳，在平阳侯相的任职期间，陈寿完成了西晋官方交给的重要任务，对诸葛亮留下的各类文书进行全面整理，编订《诸葛氏集》二十四篇，向西晋武帝呈上奏章并上交文集誊清全稿。约在当年秋天或冬天，陈寿被调回京城洛阳，升任著作省的长官著作郎。平阳侯相的任职经历，对他此后编撰三国史书大有助益。

278年　戊戌　西晋武帝司马炎咸宁四年

四十六岁。因杜预大力推荐，陈寿被任命为兼职治书侍御史。

280年　庚子　西晋武帝司马炎太康元年

四十八岁。三月，西晋大军攻灭孙吴，统一天下。因张华大力推荐，陈寿兼任职务被调整为中书侍郎。写出《官司论》七篇，依据典故，议所因革；又写出《释讳》《广国论》。呈上晋武帝御览。加紧三国史书编撰工作，陈寿决定先从曹魏部分写起。

282年　壬寅　西晋武帝司马炎太康三年

五十岁。正月，张华因在帝位继承人选上支持齐王司马攸，引起晋武帝不满。晋武帝下诏将张华调离京城洛阳，前去镇守北方边境的幽州。张华失去信任，深受他赏识和提携的陈寿，也随之遭到打击。张华政敌荀勖指使吏部将陈寿分配到远方长广郡去当太守。陈寿以继母老病为由坚决推辞，继续编撰三国史书不辍。张华在幽州做出显著成绩，声望反而上升。

284年　甲辰　西晋武帝司马炎太康五年

五十二岁。晋武帝又将张华调回洛阳，改任文职官员太常。约在此年前后，陈寿继母去世，他辞去官职回家服丧。因遵循继母生前遗嘱，将其遗体就近安葬在洛阳，没有运回老家安葬，受到别有用心者的舆论抨击。陈寿不为所动，继续奋笔著史不辍。

287年　丁未　西晋武帝司马炎太康八年

五十五岁。约在此年，陈寿完成《三国志》中记述曹魏历史的《魏书》，受到夏侯湛、张华等有识之士的高度评价，社会舆论认为他的《魏书》，对于曹魏时期诸多敏感史事都能够如实加以记录，不像此前王沈撰写的《魏书》，对敏感史事采取回避的做法。陈寿信心倍增，加快了蜀汉和孙吴部分的初稿写作。

289年　己酉　西晋武帝司马炎太康十年

五十七岁。张华政敌荀勖去世。

290年　庚戌　西晋武帝司马炎太熙元年

五十八岁。当年四月，晋武帝司马炎去世，终年五十五岁。其子司马衷继承帝位，即晋惠帝。陈寿在晋惠帝前半期最起码的安稳状态中，抓紧时间撰写《三国志》。

291年　辛亥　西晋惠帝司马衷元康元年

五十九岁。张华因稳定政局有功，升任侍中、中书监，不仅担任晋惠帝的侍从长官，而且掌管中书省草拟皇帝诏令的职责，参与决策。

296年　丙辰　西晋惠帝司马衷元康六年

六十四岁。当年正月，张华升任司空，成为朝廷执政"三公"之一。在张华被提升前后，陈寿再度进入政坛，担任太子中庶子，成为皇太子侍从官员之一。在张华的支持下，编撰《三国志》的进程更加快速顺利。

297年　丁巳　西晋惠帝司马衷元康七年

六十五岁。陈寿完成《三国志》全书六十五卷的编撰，因病在京城洛阳去世。当时兼任梁州大中正的尚书郎范𫖯等人，联名向晋惠帝上奏，认为陈寿的《三国志》"辞多劝诫，明乎得失，有益风化……愿垂采录"。晋惠帝颁布诏令，要求京城洛阳的郡、县两级地方行政长官，即河南尹、洛阳县令，派出专人携带纸笔，前往陈寿家中抄写《三国志》原稿的全文，然后放到皇家图书档案馆妥善保存。这一官方正式认同的全书誊清抄本，就是流传后世至今的《三国志》最早传世版本。

300年　庚申　西晋惠帝司马衷永康元年

四月，长期大力扶持陈寿的司空张华，在朝廷政变中惨遭杀害，终年六十九岁。

429年　己巳　宋文帝刘义隆元嘉六年

南朝刘宋杰出史学家裴松之，根据宋文帝诏令，完成对陈寿《三国志》全书的注释，将全书清稿呈送朝廷，受到宋文帝称赞。从此，陈寿正文与裴松之注文珠联璧合，成为流传后世至今的版本。此后，历代取材于《三国志》的"大三国文化"之花灿烂开放，源泉汇为渊海，影响更加深广，持续至今不绝。

《华阳国志·陈寿传》

陈寿字承祚，巴西安汉人也。少受学于散骑常侍谯周，治《尚书》《三传》，锐精《史》《汉》。聪警敏识，属文富艳。初应州命，卫将军主簿，东观、秘书郎，散骑、黄门侍郎。大同后察孝廉，为本郡中正。

益部自建武后，蜀郡郑伯邑、太尉赵彦信及汉中陈申伯、祝元灵，广汉王文表，皆以博学洽闻，作《巴蜀耆旧传》。寿以为不足经远，乃并巴、汉，撰为《益部耆旧传》十篇。散骑常侍文立表呈其传，武帝善之，再为著作郎。

吴平后，寿乃鸠合三国史，著魏、吴、蜀三书六十五篇，号《三国志》。又著《古国志》五十篇，品藻典雅。中书监荀勖、中书令张华深爱之，以班固、史迁不足方也。出为平阳侯相。华又表令次定《诸葛亮故事集》为二十四篇。时寿良亦集，故颇不同。复入为著作郎。镇南将军杜预表为散骑侍郎，诏曰："昨适用蜀人寿良具员，且可以为侍御史。"上《官司论》七篇，依据典故，议所因革。又上《释讳》《广国论》。华表令兼中书郎，而寿《魏志》有失勖意，勖不欲其处内，表为长广太守。遵继母遗令，不附葬，以是见讥。数岁，除太子中庶子。太子转徙后，再兼散骑常侍。

惠帝谓司空张华曰："寿才宜真，不足久兼也。"华表欲登九卿，会受诛，忠贤排摈，寿遂卒洛下，位望不充其才，当时冤之。

兄子符，字长信，亦有文才，继寿著作佐郎，上廉令。符弟莅，字叔度，梁州别驾，骠骑将军齐王辟掾，卒洛下。莅从弟阶，字达芝，州主簿，察孝廉，褒中令、永昌西部都尉、建宁、兴古太守。皆辞章粲丽，驰名当世。凡寿所述作二百余篇，符、莅、阶各数十篇。二州先达及华夏文士多为作传，大较如此。

时梓潼李骧叔龙，亦隽逸器，知名当世。举秀才，尚书郎。拜建平太守，以疾辞不就，意在州里，除广汉太守。初与寿齐望，又相昵友，后与寿情好携隙，还相诬攻，有识以是短之。亦自有传。

《晋书·陈寿传》

陈寿字承祚，巴西安汉人也。少好学，师事同郡谯周。仕蜀为观阁令史。宦人黄皓专弄威权，大臣皆曲意附之，寿独不为之屈，由是屡被谴黜。遭父丧，有疾，使婢丸药，客往见之，乡党以为贬议。及蜀平，坐是沉滞者累年。

司空张华爱其才，以寿虽不远嫌，原情不至贬废，举为孝廉，除佐著作郎，出补平阳令。撰蜀相《诸葛亮集》，奏之，除著作郎，领本郡中正。撰魏、吴、蜀《三国志》，凡六十五篇，时人称其善叙事，有良史之才。夏侯湛时著《魏书》，见寿所作，便坏己书而罢。张华深善之，谓寿曰："当以《晋书》相付耳！"其为时所重如此。

或云：丁仪、丁廙有盛名于魏，寿谓其子曰："可觅千斛米见与，当为尊公作佳传。"丁不与之，竟不为立传。寿父为马谡参军，谡为诸葛亮所诛，寿父亦坐被髡，诸葛瞻又轻寿。寿为亮立传，谓"亮将略非长，无应敌之才"，言"瞻惟工书，名过其实"，议者以此少之。

张华将举寿为中书郎，荀勖忌华而疾寿，遂讽吏部，迁寿为长广太守。辞母老不就。杜预将之镇，复荐之于帝，宜补黄散，由是授御史治书，以母忧去职。母遗言令葬洛阳，寿遵其志。又坐不以母归葬，竟被贬议。初，谯周尝谓寿曰："卿必以才学成名，当被损折，亦非不幸也，宜深慎之。"寿至此再致废辱，皆如周言。后数岁，起为太子中庶子，未拜。元康七年，病卒，时年六十五。

梁州大中正、尚书郎范頵等上表曰："昔汉武帝诏曰'司马相如病甚，可遣悉取其书'，使者得其遗书，言封禅事，天子异焉。臣等按，故治书侍御史陈寿作《三国志》，辞多劝诫，明乎得失，有益风化。虽文艳不若相如，而质直过之。愿垂采录。"于是诏下河南尹、洛阳令，就家写其书。寿又撰《古国志》五十篇、《益都耆旧传》十篇，余文章传于世。

《宋书·裴松之传》（节选）

裴松之字世期，河东闻喜人也。祖昧，光禄大夫。父珪，正员外郎。

松之年八岁，学通《论语》《毛诗》。博览坟籍，立身简素。年二十，拜殿中将军。此官直卫左右。晋孝武太元中，革选名家以参顾问，始用琅邪王茂之、会稽谢輶，皆南北之望。舅庾楷在江陵，欲得松之西上，除新野太守，以事难不行，拜员外散骑侍郎。义熙初，为吴兴故鄣令。在县有绩，入为尚书祠部郎。

高祖北伐，领司州刺史，以松之为州主簿，转治中从事史。既克洛阳，高祖敕之曰："裴松之廊庙之才，不宜久尸边务，今召为世子洗马，与殷景仁同，可令知之。"于时议立五庙乐，松之以妃臧氏庙乐亦宜与四庙同。除零陵内史，征为国子博士。

转中书侍郎，司、冀二州大中正。上使注陈寿《三国志》。松之鸠集传记，增广异闻，既成奏上。上善之，曰："此为不朽矣。"

出为永嘉太守，勤恤百姓，吏民便之。入补通直，为常侍，复领二州大中正。寻出为南琅邪太守。十四年致仕，拜中散大夫，寻领国子博士。进太中大夫，博士如故。续何承天国史，未及撰述，二十八年，卒，时年八十。

子骃，南中郎参军。松之所著文论及《晋纪》，骃注司马迁《史记》，并行于世。

裴松之《上三国志注表》

臣松之言：臣闻智周则万理自宾，鉴远则物无遗照。虽尽性穷微，深不可识，至于绪余所寄，则必接乎粗迹。是以体备之量，犹曰好察迩言。蓄德之厚，在于多识往行。伏惟陛下道该渊极，神超妙物，晖光日新，郁哉弥盛。虽一贯坟典，怡心玄赜，犹复降怀近代，博观兴废。将以总括前踪，贻诲来世。

臣前被诏，使采三国异同以注陈寿《国志》。寿书铨叙可观，事多审正。诚游览之苑囿，近世之嘉史。然失在于略，时有所脱漏。臣奉旨寻详，务在周悉。上搜旧闻，傍摭遗逸。按三国虽历年不远，而事关汉、晋。首尾所涉，出入百载。注记纷错，每多舛互。其寿所不载，事宜存录者，则罔不毕取以补其阙。或同说一事而辞有乖杂，或出事本异，疑不能判，并皆抄内以备异闻。若乃纰缪显然，言不附理，则随违矫正以惩其妄。其时事当否及寿之小失，颇以愚意有所论辩。自就撰集，已垂期月。写校始讫，谨封上呈。

窃惟缋事以众色成文，蜜蜂以兼采为味；故能使绚素有章，甘逾本质。臣寔顽乏，顾惭二物。虽自馨励，分绝藻缋，既谢淮南食时之敏，又微狂简斐然之作。淹留无成，只秽翰墨，不足以上酬圣旨，少塞愆责。愧惧之深，若坠渊谷。谨拜表以闻，随用流汗。臣松之诚惶诚恐，顿首顿首，死罪谨言。

元嘉六年七月二十四日，中书侍郎、西乡侯臣裴松之上。

主要参考书目

业师缪钺先生《读史存稿》，北京三联书店，1963年
业师缪钺先生主编《三国志选注》，中华书局，1984年
业师缪钺先生《缪钺全集》，河北教育出版社，2004年
唐长孺先生《魏晋南北朝史论丛》，北京三联书店，1978年
王仲荦先生《魏晋南北朝史》，上海人民出版社，1979年
周一良先生《魏晋南北朝史札记》，中华书局，1985年
陈垣先生《二十史朔闰表》，中华书局，1962年
谭其骧先生《中国历史地图集》，地图出版社，1982年
刘琳先生《华阳国志校注》，巴蜀书社，1984年

图书在版编目（CIP）数据

陈寿传/方北辰著.—成都：天地出版社，2022.5
（四川历史名人丛书.传记系列）
ISBN 978-7-5455-6647-5

Ⅰ.①陈… Ⅱ.①方… Ⅲ.①陈寿（233-297）-传记 Ⅳ.①K825.81

中国版本图书馆CIP数据核字（2021）第214732号

四川历史名人丛书.传记系列
CHENSHOU ZHUAN

陈寿传

出 品 人	杨　政
作　　者	方北辰
责任编辑	李　倩　刘俊枫
封面设计	今亮后声
电脑制作	跨　克
责任印制	刘　元
出版发行	天地出版社 （成都市锦江区三色路238号　邮政编码：610023） （北京市方庄芳群园3区3号　邮政编码：100078）
网　　址	http://www.tiandiph.com
电子邮箱	tianditg@163.com
经　　销	新华文轩出版传媒股份有限公司
印　　刷	河北鹏润印刷有限公司
版　　次	2022年5月第1版
印　　次	2022年5月第1次印刷
开　　本	710mm×1000mm　1/16
印　　张	18.25
字　　数	297千字
定　　价	59.80元
书　　号	ISBN 978-7-5455-6647-5

版权所有◆违者必究

咨询电话：（028）86361282（总编室）
购书热线：（010）67693207（营销中心）

如有印装错误，请与本社联系调换